“十二五”职业教育国家规划教材
经全国职业教育教材审定委员会审定
普通高等教育“十一五”国家级规划教材
教育部高职高专规划教材
全国普通高等学校优秀教材

高职高专法律系列教材

知识产权法

（第六版）

主　编◎郭　禾

中国人民大学出版社
·北京·

出版说明

教材建设工作是整个高职高专教育教学工作中的重要组成部分。改革开放以来，在各级教育行政部门、学校和有关出版社的共同努力下，各地已出版了一批高职高专教育教材。但从整体上看，具有高职高专教育特色的教材极其匮乏，不少院校尚在借用本科或中专教材，教材建设仍落后于高职高专教育的发展需要。为此，1999 年教育部组织制定了《高职高专教育基础课程教学基本要求》（以下简称《基本要求》）和《高职高专教育专业人才培养目标及规格》（以下简称《培养规格》），通过推荐、招标及遴选，组织了一批学术水平高、教学经验丰富、实践能力强的教师，成立了“教育部高职高专规划教材”编写队伍，并在有关出版社的积极配合下，推出一批“教育部高职高专规划教材”。

“教育部高职高专规划教材”计划出版 500 种，用 5 年左右时间完成。出版后的教材将覆盖高职高专教育的基础课程和主干专业课程。计划先用 2～3 年的时间，在继承原有高职、高专和成人高等学校教材建设成果的基础上，充分汲取近几年来各类学校在探索培养技术应用型专门人才方面取得的成功经验，解决好新形势下高职高专教育教材的有无问题；然后再用 2～3 年的时间，在《新世纪高职高专教育人才培养模式和教学内容体系改革与建设项目计划》立项研究的基础上，通过研究、改革和建设，推出一大批教育部高职高专教育教材，从而形成优化配套的高职高专教育教材体系。

“教育部高职高专规划教材”是按照《基本要求》和《培养规格》的要求，充分汲取高职、高专和成人高等学校在探索培养技术应用型专门人才方面取得的成功经验和教学成果编写而成的，适用于高等职业学校、高等专科学校、成人高校及本科院校举办的二级职业技术学院和民办高校使用。

教育部高等教育司

曾宪义

总 序

曾宪义

中国是一个具有悠久历史和灿烂文化的国度。在数千年传承不辍的中国传统文化中，尚法、重法的精神一直占有重要的位置。中国古代虽然崇尚“礼治”，如《礼记·礼运》所说：“圣人之所以治人七情，修十义，讲信修睦，尚辞让，去争夺，舍礼何以治之?”，但从《法经》到《唐律疏议》《大清律例》等数十部成文法典的存在，充分说明了成文制定法在中国古代社会中的突出地位，只不过这些成文法所体现出的精神旨趣与现代法律文明有较大不同而已。时至20世纪初叶，随着西风东渐，中国社会开始由古代文化文明和传统社会体制向近现代文明过渡，建立健全的、符合现代理性精神的法律文化体系方成为现代社会的共识。正因为如此，近代以来在西方和东方各主要国家里，伴随着社会变革的潮起潮落，法律改革运动也一直呈方兴未艾之势。

法律的进步和法制的完善，一方面取决于社会的客观条件和客观需要，另一方面取决于法学研究的深入和法律教育的发展。而法治观念的普及、法治素质的培养则有赖于法学教育和法学人才的培养。

中国古代社会素有法律研究和法学教育的传统。先秦时期，百家争鸣，商鞅、韩非好“刑名之学”。逮至秦汉，律学滥觞。秦朝“以吏为师”。中国传统律学的勃兴始自汉代。自一代硕儒董仲舒开“引经注律”之先河，律学遂成为一门显学。南齐崔祖思曰：“汉来治律有家，子孙并世其业，聚徒讲授，至数百人。”(《南齐书·崔祖思传》) 东汉以后，律学不限于律文的语义注释和儒经考据，领域拓展至法典名词术语和编纂体例。西晋张斐、杜预将中国古代律学发挥到私家注律之空前高度——“张杜律”为国家认可，具有法律效力。魏晋以后，律家流派纷呈，至唐而集大成。《唐律疏议》之“疏议”为传统中国律学之完备结晶。自宋至元，律学渐至衰落，直至清末西方外来法律文化的传入。

中国近代意义上的法学教育和法学研究，肇始于一个多世纪以前的清代末年。清光绪二十一年 (1895) 开办的天津北洋大学堂，首开法科并招收学生。是谓“开一代风气之先”，为中国最早的近代法学教育机构。三年后，中国近代著名启蒙思想家、戊戌维新运动著名领袖、自号“饮冰室主人”的梁启超先生在湖南《湘报》发表宏文《论中国宜讲求法律之学》，号召国人重视法学、发明法学、讲求法学。数年之后，清政府被迫变法修律、实施“新政”。以修订法律大臣沈家本、伍廷芳为首的一批有识之士，艰难地在固有体制中运作、推行变法修律，同时不忘培植法治之基——引介法学译著、倡导法学研究、开展法学教育。20世纪初，中国最早设立的三所大学——北洋大学堂、京师大学堂、山西大学堂均开设法科或法律学科目，以期“端正方向、培养通才”。1906年，应修订法律大臣沈家本、伍廷芳之奏请，清政府在京师正式设立专门的法律教育机构——京师法律学堂。次年，另一所专门法律教育机构——隶属清政府学部的京师法政学堂亦正式开科招生。

自清末以降，在外族入侵、民族危亡的紧急关头，中国人民上下求索，寻求实现民族独立和民主政治的发展道路。客观言之，政治社会变迁和长期社会动荡导致了法制建设的荒废、法律文化进步的中断。新中国成立以来，民主法制建设在艰难中曲折前进。以党的十一届三中全会的召开为标志，中国社会开始从政治阵痛中苏醒，转换思路进入法制轨道。中国的法学研究和法律教育事业迎来了春天。

回顾改革开放以来的法律建设，中国的法学教育事业取得了辉煌的成就。首先，社会主义法治理念确立并深入人心。中国法学界摆脱了“法律虚无主义”和苏联法学模式的消极影响，建设社会主义法治国家已成为国家民族的共识。1999年，第九届全国人民代表大会第二次会议通过的宪法修正案第一次确认“依法治国”的国家治理模式和“建设社会主义法治国家”的宏伟目标，从而为法学教育事业的发展奠定了稳固的思想基础和法律基石。其次，法学研究不断深入，法律科学渐成体系。老中青法学家组成一个前后相继、以帮带进的学术群体，基础法学、部门法学和国际法学形成较为成熟的理论体系和学术框架，边缘法学渐次成型。1997年，国家教育主管部门调整原有专业目录，决定从1999年起法学类本科只设一个单一的法学专业，按一个专业招生，研究生专业目录新定为10个二级学科（含军事法学），从而使法学学科的布局更加科学和合理。同时，确定了法学专业本科教学的14门核心课程，加上其他必修和辅修课程，形成一个传统与更新并重、基本适应国家和社会需要的教学体系。再次，法学教育规模迅速扩大，层次日趋全面，结构日臻合理。据初步统计，目前中国有300余所普通高等院校设置了法律院系和法律专业，在校学生达6万余人。除本科生外，在国内一些重点大学和全国的知名法律院系，法学硕士研究生和博士研究生已成为培养重点。高职高专法律教育日益受到教育主管部门的重视，成为高等法学教育的重要组成部分。

高职高专教育是社会经济发展和高新技术发展的必然结果，是促进经济、社会发展和劳动就业的重要途径。作为高等教育的一个重要组成部分，高职高专教育对于调整教育结构、广开成才之路、促进义务教育的普及、提高教育整体效益、全面落实教育方针、增进教育与经济的紧密结合，具有重要作用。加强法律教育，除了建设一流的法学院，还需要实现多元化模式和拓展多角度的渠道。高职高专法律教育是高等法学教育不可或缺的重要组成部分。高职高专法律教育，培养目标应当是“基础理论知识适度、技术应用能力强、知识面宽、素质高的专门人才”。换言之，即培养适应社会需要的应用型人才。因此，高职高专法律教育的专业设置、办学模式和办学思想都应当主动适应区域经济和社会发展的需要。高职高专法律教育的落实，对于我国目前法治观念的普及、群体法律意识的提高以及正在进行的司法制度改革均具有非同寻常的意义。

鉴于高职高专法律教育与高等院校法律本科教育的差异，高职高专法律教育教学科目的设置、教学体系的安排以及教学层次的选定均体现了培养目标的不同。但从目前看来，不少高职高专院校法律教育借用法律本科或中专教材，教材建设滞后于高职高专法律教育的发展需要。我们编写并出版这套适合高职高专教育的专门教材，期望能够既照顾到高职高专的教学层次，又能满足“高水准”“高质量”的要求。本套教材约请全国各高等院校、科研机构的优秀学者参加，形成颇具实力的学术阵容。在编写这套教材时，我们吸收了改革开放以来我国法学界的最新研究成果，密切关注国内外学术发展动态，力争使教材基点立足于法学前沿。为了适应高职高专教学的实际需要，我们将教材定位于“应用性”层次，强调了高职高专法学教育培养应用能力的特色。

我们期冀，经过组织者、编写者和出版者的不断努力，高职高专法律系列教材能以“高质量、高水准、应用性强”的特色满足莘莘学子的求知渴望，为中国的法学教育和法治建设略尽绵薄之力。

是为序。

第六版前言

“逝者如斯夫”，自本教材第五版发行至今，已逾五年。五年里，我国所有知识产权专门法都经历了或正在经历修订，专利法、著作权法、商标法和反不正当竞争法无一例外。这其中，专利法、著作权法的修订工作自上次修订均在十年左右。作者本以为这两部法律的修订工作启动较早，能够先行完成，并等待着其中任何一部修订完成后即推出本教材的第六版。但事情的发展完全出乎预料，专利法和著作权法的修订均面临一波三折的境况，几度呼之欲出，又几度偃旗息鼓。在如何让著作权法和专利法能在“创新驱动发展模式”中充分发挥作用上，各利益相关方未达成一致，以致两部法律的修订一拖再拖。然而，在国际上近五年来形势可谓风云诡谲。美国不断地扮演单边主义角色，以致《反假冒贸易协定》《跨太平洋伙伴关系协定》等先后流产；我国参与的《区域全面经济伙伴关系协定》即将完成谈判。为应对中美贸易摩擦和我国经济发展的需求，我国在2017年和2019年两度修订《反不正当竞争法》，在2019年第四次修订《商标法》。这些制度条款的变动直接反映了我国经济发展的需求，为国家经济的进一步发展做好了铺垫。

为了深入贯彻落实习近平法治思想，全面融入党的二十大精神，坚持立德树人、德法兼修、创新法治人才培养机制，提高法治人才培养质量，本次教材修订除了根据商标制度和反不正当竞争制度调整的内容进行修改之外，其余部分也以近五年来知识产权制度发展和进步为背景，进行了适度的调整。比如，中央国家机关的改革调整直接影响到知识产权相关行政部门的设置，本教材对此在表述上做了适当调整。但因机构改革的情况在现行法上并未得到完全反映，即使是2019年修订的《商标法》亦如此，因此教材中表述还有遗留问题。尽管如此，为反映近年来技术发展对知识产权制度的影响，反不正当竞争法编中增加了互联网相关问题的专论，专利法编中也根据国际上最新发展增加和修正了原来的内容。同时，还吸收了各地老师和同学向作者提出的若干意见和建议。

本次修订工作的具体分工如下：郭禾负责修订第一编、第四编；张勇凡负责修订第二编；姚欢庆负责修订第三编、第五编。

作者殷切希望读者不吝赐教，对本教材予以批评。作者的联系方式：guohe@ruc.edu.cn。

主编

于中国人民大学明德法学楼

重印说明

党的二十大报告提出，我们要坚持走中国特色社会主义法治道路，建设中国特色社会主义法治体系、建设社会主义法治国家，围绕保障和促进社会公平正义，坚持依法治国、依法执政、依法行政共同推进，坚持法治国家、法治政府、法治社会一体建设，全面推进科学立法、严格执法、公正司法、全民守法，全面推进国家各方面工作法治化。

鉴于2020年10月17日第十三届全国人民代表大会常务委员会第二十二次会议通过了《关于修改〈中华人民共和国专利法〉的决定》，2020年11月11日，第十三届全国人民代表大会常务委员会第二十三次会议通过了《关于修改〈中华人民共和国著作权法〉的决定》，为了更好地服务一线教学，我们对第六版教材进行了修改，将第一编、第二编和第三编涉及的相关法律法规进行了更新。

本次修改由于时间仓促，可能存在不足，请指正！

主编

目　录

第一编　导　论

第一章　知识产权概述 …… 3
　第一节　知识产权的概念 …… 3
　第二节　知识产权法概述 …… 8
　第三节　与知识产权相关的国际条约 …… 13

第二编　著作权法

第二章　著作权法概论 …… 21
　第一节　著作权和著作权法的概念 …… 21
　第二节　著作权制度的起源与发展 …… 25

第三章　作品 …… 30
　第一节　作品的概念 …… 30
　第二节　作品的种类 …… 32
　第三节　不受保护的对象 …… 33

第四章　著作权的内容：取得和消灭 …… 36
　第一节　著作人身权 …… 36
　第二节　著作财产权 …… 40
　第三节　著作权的取得 …… 46
　第四节　著作权保护期 …… 46

第五章　著作权的主体和归属 …… 49
　第一节　著作权的主体 …… 49
　第二节　著作权归属 …… 51

第六章　邻接权 …… 59
第一节　邻接权概述 …… 59
第二节　与著作权相关的权利的内容 …… 60

第七章　著作权的利用 …… 68
第一节　著作权的许可使用 …… 68
第二节　著作权的转让 …… 71
第三节　著作权的继承 …… 73
第四节　著作权的其他利用 …… 74
第五节　违反著作权合同的民事责任 …… 75
第六节　著作权合同纠纷的解决 …… 78

第八章　著作权的限制 …… 82
第一节　合理使用与著作权的限制 …… 83
第二节　法定许可 …… 85

第九章　法律责任 …… 88
第一节　保护著作权的技术措施和相关信息 …… 88
第二节　侵害著作权的民事责任 …… 89
第三节　侵害著作权的行政责任 …… 95
第四节　侵害著作权的犯罪及法律责任 …… 98

第三编　专利法

第十章　专利的种类 …… 105
第一节　专利法概述 …… 105
第二节　发明 …… 107
第三节　实用新型 …… 109
第四节　外观设计 …… 110

第十一章　专利法律关系的主体 …… 114
第一节　有权取得专利权的主体 …… 114
第二节　专利权的归属 …… 117

第十二章　专利权产生的实质条件 …… 122
第一节　专利权产生的消极条件 …… 122
第二节　专利权产生的积极条件 …… 125

第十三章　专利权产生的程序 …… 130
第一节　专利申请 …… 130
第二节　专利审查 …… 134

第十四章 专利权 …… 138
第一节 专利权人的权利 …… 138
第二节 专利权人的义务 …… 142
第三节 专利权的限制 …… 143

第十五章 专利权的保护 …… 149
第一节 专利侵权的判断 …… 149
第二节 侵犯专利权的法律责任 …… 151
第三节 专利纠纷的解决 …… 153

第四编 商标法

第十六章 商标概述 …… 159
第一节 商标 …… 159
第二节 商标法的历史与现状 …… 163
第三节 商标法与其他知识产权法的关系 …… 166

第十七章 商标法中的有关主体 …… 171
第一节 商标权人 …… 171
第二节 商标行政管理机构 …… 174

第十八章 商标的种类 …… 177
第一节 文字商标、图形商标、立体商标、声音商标和组合商标 …… 177
第二节 产品商标与服务商标 …… 180
第三节 集体商标、证明商标和等级商标 …… 181
第四节 联合商标与防御商标 …… 183

第十九章 商标权 …… 186
第一节 商标权的产生方式 …… 186
第二节 商标注册条件 …… 188
第三节 商标权的内容 …… 193

第二十章 商标注册、续展与无效 …… 197
第一节 商标注册的程序 …… 197
第二节 商标权的续展与商标变更 …… 199
第三节 商标无效宣告程序 …… 200

第二十一章 商标权的保护 …… 203
第一节 侵犯商标权的行为 …… 203
第二节 驰名商标的认定与法律保护 …… 207
第三节 侵权纠纷的解决 …… 209

第五编　反不正当竞争法

第二十二章　反不正当竞争法概述 …… 215
第一节　不正当竞争行为概述 …… 215
第二节　反不正当竞争法在知识产权法中的地位 …… 218

第二十三章　仿冒混淆行为 …… 221
第一节　混淆行为概述 …… 221
第二节　仿冒有一定影响的商品名称、包装、装潢行为 …… 222
第三节　仿冒有一定影响的企业名称或者姓名及其他混淆行为 …… 223
第四节　仿冒混淆行为的法律责任 …… 224

第二十四章　侵犯商业秘密的行为 …… 227
第一节　商业秘密与商业秘密保护 …… 227
第二节　侵犯商业秘密的行为及其法律责任 …… 228

第二十五章　商业诋毁行为 …… 233
第一节　商业诋毁行为的概念和特征 …… 233
第二节　商业诋毁行为及其法律责任 …… 234

第二十六章　互联网环境下的不正当竞争行为 …… 237
第一节　互联网不正当竞争行为概述 …… 237
第二节　互联网不正当竞争行为及其法律责任 …… 238

第一编

导　论

第一章　知识产权概述

【本章引例】

出版社甲出版了《中国图书发行商名录》一书。在编写该书的过程中，编者曾直接从书商乙处获取了大量分布于全国各地的图书发行商的名称或姓名以及地址、电话号码等资料。这些资料是乙在其日常业务往来中逐渐积累起来的。该书中有很大一部分内容直接照录了从乙处获得的资料。该书出版发行后，书中没有提及乙的姓名，编者和出版者也没有向乙支付任何报酬。乙对此愤愤不平，便向法院起诉要求维护其著作权。在这里，乙对其向该书编者提供的资料拥有什么权利？这种权利是否属于知识产权，是否属于著作权？更进一步，该书是否是著作权法意义上的作品，是否受著作权法保护？

【本章学习目标】

通过本章的学习，你应该能够：

- 掌握知识产权的概念
- 了解知识产权对象的范围
- 了解知识产权法的分类
- 熟悉国际条约在知识产权保护中的作用

第一节　知识产权的概念

一、知识产权的定义

据有关文献记载，“知识产权”作为一个名词提出，到现在只有300多年的历史；而将其作为法学领域的学术概念或者法律规范中的法律概念的时间则更为短暂；直接赋予其现在的含义大约只有100年。相对于已有数千年历史的民商法中的物权、债权等基本概念，知识产权这一概念的历史仅仅是弹指瞬间。正是由于其历史短暂，从而导致知识产权无论是在学术理论的研究上，还是在立法、司法实践的运用中都存在许多不甚严谨，甚至不正确的情形。

关于知识产权的定义，国内外学术界均存在各种不同看法。就国内而言，具有代表性的观点大体上有下列几种：

（1）知识产权是指人们就其智力创造的成果依法享有的专有权利。

（2）知识产权是智力成果专有权和工商业标记专有权的统称。

（3）知识产权是智力成果的创造人和工商业标记的所有人依法享有的权利的统称。

（4）知识产权是一种人们就其创造的非物质财产——智力成果和工商信誉所依法享有的权利。

如何概括知识产权的内涵，学术界可谓“见仁见智”。事实上，知识产权一词的含义也随着时间在不断变化。国际著名知识产权学者、英国剑桥大学教授科尼什（Cornish）指出：“知识产权一词过去很少用来描述商标以及类似的市场经营手段；但现在这已为国际社会所接受。”“按早期大陆法的用法，知识产权是针对作者作品保护而言的。”

事实上，关于知识产权的定义，不仅在学术界有不同的看法，就是在有关知识产权的国际组织中也是众说纷纭。这从各个国际组织在各自管理的知识产权条约中对知识产权范围所作的限定即可看出。比如，联合国世界知识产权组织的《成立世界知识产权组织公约》第 2 条第 8 项的规定同世界贸易组织在《与贸易有关的知识产权协议》第 1 条第 2 项中的规定，以及《保护工业产权巴黎公约》中专门对工业产权的范围作的界定等，在内容上都存在一定差异。从历史唯物主义的观点看，由于知识产权法作为一个法学学科还处于幼年时期，因此，目前国际社会以及学术界对知识产权的概念莫衷一是的状况是完全正常的。

在各种知识产权的定义中，我们认为，下面的界定或许更为恰当，即知识产权是指关于创造性智力成果和区别性商业标志的专有权利。尽管这一界定不是形式逻辑上从概念内涵角度给出的严格定义，而是以罗列概念外延的方式所给出的一种列举，但其所划定的内容更符合现代知识产权的构架。因为将知识产权界定为智力成果创造人和工商业标记的所有人的权利的统称，显然失之宽泛，知识产权有别于其他财产权并非以主体差异为标准；而以非物质财产限定知识产权的标的，即使限定在智力成果和工商信誉上，也仍然过于宽泛，因为工商信誉并非仅仅建立在有关商业标记上，还包括一些与知识产权毫无关系的标的，如产品质量、管理制度或模式等；至于将知识产权标的仅仅限定在智力成果上，又失之狭窄，因为许多商业标记并不能简单地被划归为智力成果。在后面有关内容中还将对此予以讨论。

二、知识产权的特征

严格地说，知识产权的特征与知识产权的属性是不同的。特征或特点是指此有别于彼的差异，即个性所在；而属性则不限于彼此间的差异，还包括同时包含于彼此之中的一些共性。我们说知识产权是一种民事权利，这便是就知识产权的属性而言的，前述债权、物权等同样具备民事权利的属性。长期以来，许多教科书在论及知识产权的特征时，都标称知识产权具有专有性、地域性、时间性等。但这些说法能否经得起严格推敲尚存疑问。下面进行简单分析。

首先，民事权利无不为权利人所专有。知识产权作为民事权利的一种，何以专有性为其特征？只要法律上承认因某一事件或行为所产生的社会关系为民事法律关系，从而导致民事权利和义务的产生，这其中的权利即具有专有性。故而专有性只能被认为是作为民事权利之一的知识产权的属性，而非特征。

其次，所谓地域性是指一国的知识产权并不当然在他国有效，比如一项在中国享有专利权的技术并不因其在中国的专利权而当然地在其他国家受到专利法的保护。任何法律都

仅在其法域内有效，这导致依法律而产生的权利也必然具有地域性，即任何因法所生之权利必然在特定法域内有效。换言之，法定权利都只能依照在权利产生地有效之法律而受保护。法律效力的地域性，致使权利具有地域性。即便是物权也是一样，在不同的国家针对同一有体物的物权分别源自不同国家的民事法律，比如物权法或财产法。这些法律所规定的权利内容也未必相同，且各自均在自己的法域内有效。这说明一切法定权利都是有地域性的，可见地域性也不能成为知识产权的特征。但这一结论并不是要否认一国的知识产权不在他国当然有效的事实。从法理上看，一切权利都不可能在他国当然有效。他国法律所承认的往往只是某一事件或行为，即只有当某一事件或行为依照他国法律被当作法律事实时，他国法律才据此法律事实所生之法律关系的内容赋予其权利，并依他国法律予以保护。比如，甲在荷兰合法地购买了含有大麻成分的香烟，依当地法律甲对该香烟拥有所有权。如果将这种香烟带到新加坡贩卖，甲在荷兰因购买该香烟而得到荷兰法承认的所有权，便可能得不到新加坡法律的保护。因为依照新加坡法律，甲在荷兰购买这类香烟的行为不属于法律事实。可见，即使是作为物权之一的所有权，也不可能在法域之外当然有效。严格地讲，一些教科书中所称的知识产权的“地域性”，实际上是因各国法律对特定事件和行为是否构成本国法上的法律事实的态度所致，而绝不是知识产权本身具有地域性。这就如同不能把无形性当作知识产权的特征一样，因为一切权利都是无形的，不能将权利标的或保护对象的特征作为权利的特征。

最后，有学者将知识产权的法定保护期称为时间性。考察整个民法制度，其中也有类似的规定，我国《民法典》中有关除斥期间的概念便可适用于知识产权的保护期，即所谓时间性的具体表现。理由如下：第一，除斥期间的起算日和长短直接由法律规定，除斥期间不存在中断或终止问题。第二，法院可以直接依法适用除斥期间的规定，而不像消灭时效制度那样必须由当事人自行主张。第三，除斥期间消灭的是实体权利，而不同于诉讼时效仅消灭胜诉权。所有这些特征都同知识产权的保护期完全相容。故而应当可以利用除斥期间的概念来解释知识产权的时间性。除斥期间这一制度最早并非为知识产权而设立，但这恰恰可以推定时间性也并非知识产权所特有，自然也就不能称其为知识产权的特征，而只能将其归为知识产权的属性。

由此观之，在概括知识产权的特征之前，必须弄清其定位，找准参照物，否则便无法概括出逻辑上能够自圆其说的所谓“特征”，即区别性属性。在这里，我们将知识产权限定在民事权利的范围内来讨论其特征。我们之所以在众多民事权利之中专门设立知识产权，其根本原因还是由于知识产权的保护对象有着与众不同的特征。无论是智力成果还是商业标记，都是以无体状态存在于世的一种信息，是无体财产的一种。“无体”应为知识产权保护对象的一个自然属性。知识产权的特征应当也是由其对象的自然属性中衍生出来的。

由于知识产权保护对象的存在方式是一种可为人感知的信息状态，因而其被占有、使用方式的法律意义都不同于有体财产。有体物不可能同时为多数人占有，因而所有权可以被解释为法律对这种占有状态的承认，占有成了权利公示的一种方式；而知识产权的保护对象则不同，它可能为多数人同时占有。比如一首诗可以为公众同时传诵，一项专利技术可以为多数人同时掌握，一个商业标记可以同时为多家企业共同使用。不仅如此，这种无体财产的占有者越多，其社会价值的实现往往越充分。故从社会公共利益的角度出发，应当鼓励这种无体财产的传播，以使其得以更广泛地为人所占有。因此，知识产权的禁止或排他效力不应当延伸到对这种信息的占有。从这种意义上看，知识产权较之如物权等针对有体物的权利而言，其专有性的效力相对较弱。这也从另一个角度说明不应将专有性作为知识产权的特点。这种无体财产的使用方式也不同于有体财产。有体财产在使用过程中是存在物质损耗的，物的使用价值随着使用过程逐渐减小，直至完全耗尽。物的使用价值的存续期间即是物的寿命。法律以物的寿命作为设立于物上的物权的存续期限。一旦物因使用而用尽，物权也一并消灭。法律在这里顺应了物的这种自然属性，而没有强制性地规定物权的期限。但是对于知识产权的保护对象则完全不同，由于其存在方式是一种非物质状态，故在使用过程中不可能存在任何意义的物质损耗。这使其永远不可能因使用而在自然状态上消失。如果完全按照物权的保护模式，则关于这种无体财产的权利便可无限制地存续下去。这显然不利于社会公共利益。因而在法律制度的设计上人们不得不强制性地作出保护期的时间限制。

由于知识产权保护对象的存在方式是一种可为人感知的信息状态，因而不应当完全牺牲公共利益、片面地只强调保护知识产权，因为信息的自由传播关系到人类社会健康发展的机制，比如表达自由等社会的基本人权和监督制约机制都与此相关。故在各国的知识产权法中在许多方面都对知识产权的效力作出了限制性规定，比如合理使用、法定许可或强制许可、临时过境等。

综合前述分析，可以肯定地说，知识产权是一种受限制的对世权。这应是知识产权有别于其他民事权利的特征。很显然，债权是一种对人权，不具有广泛的对世效力；而物权的排他效力则不像知识产权受到诸多限制。这里所称的限制是一种狭义的限制，不同于行使任何权利都不得侵犯他人权利之类的广义的限制。在法律规范上，这两种限制的表现不尽相同。狭义的限制往往表现为对法律明确的授权范围内部的限制。比如，各国著作权法往往都规定了作者享有作品的复制权或使用权，但同时又对复制和使用的某些特定方式作出限制，将其划出著作权排他效力范围之外，比如为了个人学习或欣赏而少量复制他人作品，如小学生抄课文等行为。而广义的限制则往往表现为权利行使的一般原则，严格地讲在法律的授权规范中根本就没有将其作为权利规定。因此，知识产权的权利范围之内存在若干公共空间应被视作知识产权有别于其他民事权利的特征。

三、知识产权的保护对象

我国《民法典》第123条第2款规定："知识产权是权利人依法对下列客体享有的专有权利：（一）作品；（二）发明、实用新型、外观设计；（三）商标；（四）地理标志；（五）商业秘密；（六）集成电路布图设计；（七）植物新品种；（八）法律规定的其他客体。"该条款罗列了我国法律保护的主要知识产权对象的范围。在国际社会，无论是世界知识产权组织，还是世界贸易组织，都在有关国际公约中对知识产权的范围作出了具体规定。《成立世界知识产权组织公约》第2条第8款规定，知识产权包括有关下列各项的权利：（1）文学、艺术和科学作品；（2）表演艺术家的表演以及唱片和广播节目；（3）人类一切活动领域的发明；（4）科学发现；（5）工业品外观设计；（6）商标、服务标记以及商业名称和标志；（7）制止不正当竞争；（8）在工业、科学、文学或艺术领域内由于智力活动而产生的一切其他权利。这里列举的第一项、第二项属著作权保护的对象；第三项属专利权范围；第五项在我国仍属于专利法的调整范围，而在德国、日本、韩国等一些国家则是在专利法之外专门立法保护；第六项属于商业标记，其中包括专门由商标法保护的商标

以及其他相关商业标记；第七项则属于反不正当竞争法领域。尽管学术界和各国立法对于该条约所规定的知识产权范围存在各种不同解释或规定，但对于其中第四项科学发现的看法却是一致的，即科学发现不能以专有权的方式加以保护。关于科学发现的问题，在专利法相关内容中还将详细讨论。

世界贸易组织在《与贸易有关的知识产权协议》的第1条第2项中规定，知识产权一词是指在第二部分的第一至第七节中所涉及的所有知识产权类型。该协议第二部分的第一至第七节分别规定了：著作权及其相关权利；商标；地理标记；工业品外观设计；专利；集成电路布图设计；未公开信息的保护。很显然，这一条约与《成立世界知识产权组织公约》所规定的内容有所不同。集成电路布图设计和未公开信息的保护都是《成立世界知识产权组织公约》中所没有的内容。《成立世界知识产权组织公约》订立于1967年，在当时集成电路知识产权保护问题尚未在立法程序中正式提出，故而公约中不可能反映这种与新兴技术的进步直接相关的内容。至于未公开信息的保护问题很早就有人提出，比如商业秘密的保护曾在国际社会中引起广泛的关注。但国际上长期以来一直将其摒于严格意义的知识产权范围之外。任何国家的法律对于商业秘密的保护都没有赋予类似于专利权的排他性权利，即商业秘密的占有人不能对抗通过合法渠道获得或使用商业秘密的第三人。我国《民法典》和世界贸易组织的《与贸易有关的知识产权协议》将商业秘密列入知识产权保护对象的行列，但在实质意义上，商业秘密在各国法律上还是不具有对抗第三人的专有权效力。这种逻辑上的矛盾在一定程度上是由不同语言之间的翻译难以严格匹配所致。我们常把英文中的“intellectual property”和“intellectual property right”均译为“知识产权”。对后者而言，这种翻译不会产生任何误解。但对前者则可能产生歧义，因为“property”既可解释为财产权，还可解释为财产，故前者还可以译为“知识财产”或“智慧财产”。在《与贸易有关的知识产权协议》的第1条第2项中，综合上下文看，其中的“intellectual property”应指知识财产、智慧财产或智力财产。因此，称商业秘密是一种财产或利益而非权利，在法理上是没有任何问题的。

知识产权所涵盖的范围非常广阔。在市场经济的各个领域乃至日常生活的每个角落均会遇到知识产权问题。前述所罗列的内容并没有穷尽所有知识产权的保护对象。事实上，以列举的方式是不可能穷尽所有的知识产权保护对象的，尤其在技术发展如此迅速的信息时代更是如此。在20世纪末，国际知识产权领域中最热门的课题大都与信息技术相关，比如网络传播技术对著作权制度的影响、电子数据库、域名以及与网络技术相关的商业方法等的法律保护问题。在21世纪，随着技术的发展进步还将有一系列新的保护对象诞生。尤其是人工智能技术的突飞猛进，让我们不得不重新审视人工智能生成物的权利归属问题。当然，现阶段的人工智能技术的算法都是基于冯·诺依曼计算机，即机器只能执行人类事先编制的指令，故尚不足以颠覆知识产权法的理论基础。类似地，生物技术在21世纪将从定性描述的学科向定量描述学科转变，这必将为人们带来众多全新的发明创造。有关生物技术的专利保护问题，比如基因专利问题等，已经成为知识产权法律制度提出新的课题。此外，公共健康与知识产权保护间的冲突，也已经成为世界关注的焦点。随着技术的进步和发展，人们必将从哲学、伦理学的角度对整个知识产权法律制度的设计进行反思。这其中，当然也包括目前国际社会中已经提出的一些程度不同的反知识产权学说，比如针对著作权（copyright）提出了“copyleft”，甚至“copyfault”或“copywrong”等假设。

参考案例 1－1

1998 年，王蒙、张抗抗、刘震云等六位作家发现一网站上全文上载了他们各自创作的小说若干。该网站并未在事前征得各位作者同意，也未向权利人支付任何报酬，于是六位作家同时向人民法院提起了侵犯著作权之诉。由于当时我国著作权法中并未专门规定针对互联网上使用作品的网络传播权，因此在经过细致的研究、征求了各方的意见后，法院最后根据法律的基本原则和立法宗旨判定这种行为侵犯了著作权，并判决停止侵害、赔偿损失。此案的判决反映了知识产权制度和技术进步间的关系。知识产权制度的产生和发展原本就与技术进步有着非常密切的关系。比如，没有印刷术的发明，也就不可能有著作权制度。

从总体上讲，知识产权制度尚且年轻，因为其发展历史尚且短暂；同时知识产权制度也将永远年轻，因为知识产权保护的对象是直接反映人类文明的文学艺术和科学技术。而人类文明的脚步永远不会停息，文学艺术和科学技术的发展永远没有止境。为紧跟人类文明的脚步，知识产权制度也就必须不断发展进步，因而也将永葆青春。

第二节　知识产权法概述

一、知识产权法的概念和种类

知识产权是指关于创造性智力成果和区别性商业标志的专有权利。由此可以推知，知识产权法是指调整有关创造性智力成果专有权和区别性商业标志专有权的社会关系的法律规范的总称。

界定知识产权法必须以知识产权为核心。现实中有人将知识产权法定义为调整人类在创造性智力活动中所产生的社会关系的法律规范的总称。且不论知识产权的保护对象并不限于创造性智力成果，这一定义中的最大问题在于将知识产权法定位在调整一种活动或者劳动中所产生的社会关系上。这无疑混淆了知识产权法与劳动法等法律的关系。应当看到，现实中并不是所有的智力劳动都能产生创造性智力成果。那些不可能产生创造性智力成果的智力劳动往往不会涉及知识产权的法律问题。比如某小学生参加期末考试时，为一道四则运算题而绞尽脑汁。尽管这一过程属于智力劳动，但却难以产生创造性智力成果。无论该同学的答案如何精确，无论其运算方法与其他同学采用的方法相比如何简捷，都不可能产生知识产权，因为解决这类问题所需的方法或者可能产生的结果，以及这些方法和结果的表达早已为先人们所穷尽。从宏观上看，该小学生不过就是重蹈前人的脚步而已。可见，并非所有的智力劳动都可以产生知识产权法律关系。从这个例子中我们还可以看到，法律不应当完全禁止复制或模仿，人类的知识学习或经验积累多是在这一过程中完成的。著作权法和专利法中有关权利限制的规定均反映了这一原则。

上一节中介绍了知识产权的保护对象。根据其保护对象的不同，可以对知识产权法进行分类。在知识产权法领域，已有一个被奉为“圣经”的分类原则，即实用与非实用的二分法原则。根据这一原则，传统的知识产权法被分为著作权法和工业产权法。著作权法所调整的对象包括作者权、邻接权等。其权利标的或者保护对象多为不具有实用功能的文学、艺术领域的智力创造，如作品。对于工艺美术品或实用艺术品，在著作权法上则不考虑其实用功能，而是将其作为作品来保护。无论在世界上哪个国家，著作权法所提供的保护原则上都不延伸到实用功能。而工业产权法则完全不同于著作权法。工业产权法所保护

的对象全都在一定意义上具备实用性或功能性价值。而且其权利效力在一定程度上可以延伸到实现相关实用功能的结构或元素上。比如专利技术的保护在很大程度上与实现实用功能的技术特征相关。尽管在权利要求的文字中常常禁止使用功能性描述，但全部技术特征组合而成的方案一定要具备某种功能性价值。这种根据实用和非实用二分法原则划分的格局，一百多年来已为世界各国所接受。按照这种分类所划分出的工业产权法的内容十分丰富，它包括专利法、商标法、原产地名称保护法、商号保护法、反不正当竞争法等。

但是进入 20 世纪后半叶，随着技术的发展和进步，人类创造出了一些用原有的二分法无法清晰地划分的保护对象。自 20 世纪 70 年代以来，计算机程序、集成电路和电子数据库等分别被纳入知识产权法的调整范围。所有这些保护对象无一例外地都兼具著作权和工业产权保护对象的部分特征。比如计算机程序，无论是以高级语言、机器语言，还是汇编语言编写，其在构成方式上均表现为文字。整个计算机程序的外在特征如同文字作品一般。于是在美国人的督促下，计算机程序被纳入了著作权法保护对象的行列，并在一些国际条约中被当作文字作品。但计算机程序的创作目的完全不同于传统意义上的作品。作品的功能在于可以让人在阅读或观看中赏心悦目，而计算机程序真正的价值在于实用功能，而不是其文字表达的优雅。法律保护计算机程序的最终目的就是保护其功能性价值。在使用方式上，计算机程序也不同于传统作品。除了为特定的技术目的外，没有人愿意阅读计算机程序；程序是为机器写的，机器在“阅读”程序之后便能完成某种实用目的。类似地，集成电路保护法的保护对象——布图设计也是一种具有作品的外在特征，且同时具备实用功能的对象。布图设计的外在构成形式不是文字而是图形。每一种集成电路都有其独特的布图设计，并与其特定功能相对应。这一特征致使集成电路保护法在立法中不得不同时引入著作权法和工业产权法中的有关原则和规范。这集中体现在布图设计权的内容以及布图设计受保护的条件方面。比如，布图设计权的内容中既包含类似于著作权的复制权，同时又包括与工业产权相似的商业实施权。可见，布图设计权是一种兼具工业产权和著作权特征的新型知识产权。再看电子数据库，它在构成上必然包含管理程序和大量数据。数据库的管理程序同计算机程序所面临的问题相同。但数据库中的大量数据才是数据库保护所面临的核心问题。近 20 年来关于数据的保护已经成为世界知识产权界的热点话题，尤其在当今“大数据”技术运用越来越普遍的今天。世界知识产权组织多年来一直致力于《数据库知识产权条约》的制订，欧盟已经颁布关于数据库保护的指令。这些规范性文件的制定均在不同程度上考虑了著作权法和工业产权法的相关原则。著作权法中的独创性原则在数据库保护问题中既不能完全照搬，又不能全然不顾。这使数据库的法律保护模式不同于其他现有的法律模式。

总之，知识产权法的种类是随着技术的发展而变化发展的。前述集成电路保护法在立法体例上采用了单独立法的形式，国内外多数学者认为它介于著作权法和工业产权法之间。有学者称其为工业版权法。这种提法本身已经在一定程度上打破了传统的实用和非实用的二分法原则。技术的发展可能还会造就出一些更具有挑战性的保护对象。知识产权法也必将随之而向前发展。

二、知识产权法的起源

在过去的一百多年里，许多国家都制定了有关保护知识产权的法律，但与确认和保护有体财产权的民商法相比，知识产权法律制度的产生时间却大大落后了。究其原因主要在于，民商法中的许多规则是伴随着商品、私有制和市场经济的形成而产生的。商品交换规则形成和成熟的过程，也正是民商法形成和发展的过程。马克思在描述商品交换的过程时曾指出：商品不会自己到市场上去，不能自己去交换，因此我们必须寻找它的监护人——商品的所有者；每一方只有通过双方共同一致的意志行为，才能让渡自己的商品，占有别人的商品。可见，他们必须承认对方是私有者。对商品的所有权的承认正是民法中物权法的基本问题之一；商品交换的规则就是民法中合同法的主要内容。恩格斯指出：民法准则只是以法律形式表现了社会经济生活条件。由此可见，民法或民商法的历史可谓源远流长。商品交换的存在必然以所有权的存在为前提；商品交换的实现必然要求诚实信用、平等有偿的行为规则。这正是民商法产生的基础。商品的出现、市场交换行为的出现，客观上为交易习惯的形成创造了条件。当这些关于有体物的交易习惯以法律的形式被确定之后，便成为我们现在所称的民法。换言之，民法是应市场经济之需求而产生的。因此，从有商品交换发生的那天起，民法的种子也就开始发芽了。应当说，任何法律作为一种行为规则，都是在社会的发展进步提出了相应的需求之后，才针对社会需求逐渐形成和产生的。知识产权作为一种民事权利或者私权，其产生除了需要前述民事权利赖以存在所必须具备的共同条件之外，如商品或市场经济的存在等，还需要有其特别的条件，即科学技术和文学艺术的相对发达。

在科学技术尚不发达的时期，人类社会中最有价值的财产或者商品主要是以体力劳动造就的有体财产。对人类生存起决定作用的还是有体的物质性财产。换言之，人类社会的竞争还是以体力竞争为主。这里所称的“以体力竞争为主”的情况并不否认人类作为世界的主宰或万物之灵所独具的意识能力，即学习、思想、创造的能力。具体地讲，人类作为一个整体在体力上显然不及若干兽类，人类主宰世界靠的是人类的智力。但就人类社会中的竞争而言，从历史或宏观的角度看，早期还主要依靠体力，或者说体力因素在这种竞争中所起的作用还非常大。在这样的时期，无体财产在社会财富中所占份额非常微小，自然不可能在全社会范围内产生对作为无体财产之一的智力成果的保护需求，因而也就不会有知识产权法。举例而言，在旧石器时代，人类使用的生产工具大多是用石头敲击而成的砍砸器之类的工具。靠这样的生产工具固然在一定程度上可以提高劳动生产率，但提高的程度仍然十分有限。体力的强弱仍然是决定劳动生产率高低的主要因素。当然，这并不否定在特定场合下偶尔也有某些看似微小的发明创造在重大事件中可能起到决定性的作用。比如《庄子·内篇》所记载的不龟手之药。吴王在得到宋人发明的不龟手之药后与越国在冬日水战，由于吴兵有该药护手不生冻疮，战斗力大为增强，结果越人大败。但这种情况并非普遍现象。直到近代科学技术发展到相当水平后，市场竞争开始由体力型向智力型转化，人们才逐渐在观念上认识到这种无体财产的价值，这才试图用法定权利的方式来肯定这种无体财产的价值。在此基础上发展起来的法律，即是现在所称的知识产权法。

撇开市场经济这一必要条件不谈，仅凭较高的文学艺术发展水平仍不足以导致知识产权法的产生。比如世界上四大文明古国都曾有辉煌的文学艺术历史。但由于技术水平的限制，作品的复制和传播成本太高，以致人们难以通过作品的使用获得财产利益，因此在当时也都没有诞生知识产权法。可见，科学技术发展水平在知识产权法的产生过程中起着关键的作用，具体的表现可以概括为以下两个方面：

第一，以保护技术发明为直接目标的知识产权法不可能在理论上超越科学技术而独立发展。在18世纪，农业技术仍然是社会生活中最为重要的技术，因为人必须在能够理解无数事物之前先利用它们以维持生计。这一时期主要靠试错法所积累起来的农业技术维持社会的运行。这种经验性质的农业技术是难以用法律的方式加以保护的。直到 18 世纪末，纽可门、瓦特等发明家发明并改进了蒸汽机，使这一 18 世纪机械工程技术中最瞩目的成就得以广泛应用。但这些技术的发展也只是为后来工业化社会的形成奠定了基础，从总体上讲，当时的科学技术仍不甚发达，故而不可能产生全面保护知识产权的法律。据著名的科学史专家亚布拉罕·沃尔夫（Abraham Wolf）考证，在 18 世纪中期，曾有大量的以促进工业技术和贸易发展为目的的协会，它们通过授予奖金或奖品的方式来鼓励技术开发。尽管这些协会大多没有能够长期维持，但这种鼓励技术开发的形式如此盛行的事实本身就说明当时已经建立的有关保护和鼓励技术发明的法律制度如英国的《垄断法案》等，未必在技术保护上在全社会层面完全居于主导地位。进入 20 世纪以后，现代专利法才真正成为在世界范围保护技术发明的最主要的一部法律。应当看到，19 世纪欧洲诸多国家废止专利法的实施，或者否决专利法的议案；在两次世界大战中分别造就的苏联和东方社会主义国家集团，都曾一度将专利制度打入另册，转而实施发明人证书制度。这些事实已足以说明在思想观念上专利法的基础尚不够深厚。究其原因，还是因为现代知识产权法的作用并未得到广泛的认可。

第二，科学技术知识的普及程度和范围是知识产权法产生的社会基础。在 18 世纪的欧洲，知识开始在学术界以外的广阔领域以空前的速度传播。在法国大革命之后，劳工的免费职业教育开始在巴黎萌生；英国伦敦也开始有人致力于普及科学知识和提高民众的知识水平。民众知识水平的提高为知识产权法的产生奠定了群众基础。如果一个社会或者国家只有极少数人具备从事发明创造的知识水平，那就不可能萌生出全社会范围的保护发明创造的要求。即使国家通过强权制定了相应的法律，由于绝大部分公众根本没有这样的需求，这种法律也无法得到遵守。知识的普及为全民范围内的发明创造活动提供了可能，只有在此基础上才可能制定出真正反映民意的，并能够为大多数民众自觉遵守的相应的法律。因此直到 19 世纪末，知识产权法才在世界范围内开始为民众所接受。

三、知识产权法的发展趋势

尽管知识产权法从产生到现在已有三个世纪，但从理论上看，现代知识产权法在理论上尚不成体系，作为一个学科还有许多方面有待完善。同其他法律学科相比还很不成熟。其原因至少有以下两个方面：

第一，从现有的各个部门法的发展历史看，两三百年的时间不可能造就一整套完备的知识产权法理论体系，故而现阶段就诸多问题存在争论是完全正常的情况。以现在公认的相对成熟的民法理论为例，其中的物权、债权乃至民事主体理论，早在 1 000 多年前就已十分发达。比如，1 500 年前的法学名著《法学阶梯》，在其第一卷中就民事主体作了详细规定，第二、三、四卷分别就物法以及债法等作了非常具体的规定。尽管如此，直到 1804 年《法国民法典》的颁布，才第一次在法律上确认了民事主体平等的原则、所有权原则、契约自由原则等，使得民法理论在体系上相对完备。民法作为调整人身关系和有体财产关系的最主要的法律，是在经历了漫长的上千年的历史时期后，才得以建立今天这样的相对完备的理论体系。可见，法律理论体系的建立绝非如自然科学理论体系，在短时间里就能形成。因此不能奢望尚处于幼年时期的知识产权法具备成熟的理论框架，尽管知识产权在性质上仍然属于民事权利。正因为如此，在我国《民法典》的起草过程中，为了保证《民法典》的相对稳定，在体例上知识产权的相关规定未专门成编，而是散见于各编之中。

第二，从近一百多年来知识产权法的发展历史看，其发展过程并非是完全理性化的。作为一个国家或地区特定阶层利益的反映，知识产权法必然会在一定程度上受到国家或民族功利主义和实用主义等思想的影响和制约。在功利主义和实用主义思想的支配下所建立起来的知识产权法律制度，是不可能完全符合公平或正义的一般原则的。这不仅导致人们对知识产权制度的正当性提出怀疑，而且在制度的具体构成上也存在诸多不合理的设计。在最近30年里，这种功利主义和实用主义思潮在知识产权制度构建中较为典型的表现即是国际上对计算机软件和集成电路的法律保护所采取的不同态度。20世纪80年代，美国人竭尽全力、使出浑身解数推行以著作权法保护计算机软件的制度。当时许多国家在仔细研究了软件的特点之后，均主张以专门法来保护软件。巴西、韩国等已经通过立法对此加以肯定。但这两国后来迫于美国的压力，在修订著作权法时将该保护计算机软件的专门法视为著作权法的子法。日本曾由通产省起草了专门的《程序权法》草案，也因美国的压力而放弃，改以著作权法保护软件。而对集成电路，美国则于1984年在世界上首先颁布了《半导体芯片保护法》，以单独立法方式保护集成电路布图设计。究其原因在于从20世纪70年代起美国的计算机软件在国际市场上就占有主导地位，如果均采用著作权法保护软件，则可通过现有的国际著作权公约立即实现软件在所有成员方的保护。相应地，在集成电路的设计和制造方面，在80年代初日本等国与美国当时的整体技术水平相当，但在MOS半导体芯片技术领域日本甚至超过美国，故美国不主张用著作权法保护，因为这会对美国半导体产业的发展构成限制。这种极端的功利主义的做法势必破坏知识产权法在理论上的严谨。德国著名的知识产权法学者迪茨教授很早就认为，以著作权法保护计算机软件的做法无异于在著作权体系中引入了“特洛伊木马”，这会从根本上破坏著作权法的理论基础。

知识产权法所保护的对象与文学艺术和科学技术直接相关，这些保护对象是整个人类文明的积淀和基础。因此，人类现代文明进步的每一个脚印都可能反映在知识产权法的发展史上。这就是说，知识产权在内容上将紧跟人类文明的脚步，随着科学技术的发展而不断丰富。比如，集成电路布图设计权作为一种新型的知识产权，只能在集成电路技术发展到一定程度后才可能产生。科学技术是生产力中最活跃的因素，而知识产权法律制度在各个法律学科中当属最年轻的学科。以最年轻的法律来调整生产力中最为活跃的因素，二者在宏观层面的关系肯定需要较长的时间才能在一定程度上达到基本和谐的程度。

从微观上讲，每一个特定技术领域在其产生和发展时期都会向法律提出一系列的新问题；法律针对这些具体问题会在一定时间之后做出回答。这些回答也可能不完全正确，但经过数次修订或调整也就可以逐渐逼近真值。知识产权法与某一具体领域的技术间总是从不协调或者不适应向协调和适应过渡。但是，从宏观上讲，知识产权作为直接反映科技发展的法律制度，永远不可能达到完全协调或适应的层次。这是因为科学技术永远不可能止步不前，永远会有新的技术领域提出现有法律所解决不了的问题；知识产权法只能亦步亦趋地对这些问题予以回答。这个过程将永远持续下去。知识产权制度的进步将永远以科技发展进步为推动力。从这种意义上看，知识产权制度在宏观上总是落后于科学技术的进步和发展，总处在不断适应科技发展的状态。反过来，知识产权制度对科技进步也有促进作用，因为制度为科技发展营造了宏观环境。可以肯定地说，鼓励和促进科技进步、繁荣文艺创作，是知识产权法律制度的宗旨；知识产权制度将以此为目标逐步完善。而科学技术的相对发达和文学艺术的繁荣则是知识产权法律制度产生和发展的基础。离开了这个基础，知识产权法律制度便成了无源之水；离开了这个基础，知识产权法律制度也就成了僵死的条文。只有植根于科学技术和文学艺术这两块肥沃的土壤，知识产权制度之树才能保持常青；科学技术和文学艺术最前沿的发展和进步，犹如源头活水滋养着这一制度的生命。在现阶段，信息技术、生物技术已经对现行的知识产权法提出了一系列需要解决的问题有待法律予以回答。

参考案例 1-2

阳光公司是一家专门提供证券和商品交易实时信息的公司。该公司通过与各证券和商品交易所签订合同的方式获取各交易所的股票、期货等实时信息。然后将这些信息按照自己的格式进行转换，整合成为一股数据流，发给自己的客户。有关客户只需同阳光公司订立信息服务合同便可获得各交易所的实时行情信息。霸才公司与阳光公司的业务完全相同。但霸才公司的信息流中某些信息不是直接来自相关交易所，而是从截获的阳光公司的数据流中分离出来的。霸才公司的这种行为并未得到阳光公司的许可。这种行为是否侵犯知识产权？

在现行的知识产权法律条文中并没有专门对这种情形予以规定。从性质上看，无论是阳光公司还是霸才公司的数据流都类似于一个数据库。该数据库中的数据元则为各交易所的实时行情信息。只是这一数据库随时在更新相关数据，并同时显示其更新的轨迹。因此，霸才公司的行为是从他人的数据库中提取数据汇入自己的数据库中。这种行为是否侵犯某种法定的知识产权？在我国现有的法律规范中尚找不到直接的答案。但可以肯定的是，这种行为显然违背了法律规定的诚实信用原则，侵害了他人的利益，应属不正当竞争行为。法律在具体规定方面总在一定程度上落后于现实。但任何违反法律原则的行为，在性质上仍然应被定性为违法行为。到目前为止，我国尚未规定专门的数据库保护法律，但在欧盟范围内，各国已经专门立法保护数据库。知识产权制度就是这样被新技术推着向前发展的。

近年来，各国相继修订的著作权法，就作品在网络环境下的使用做出的规定；各国层出不穷的关于网络域名与商标间冲突的案件；欧美各国关于基因专利、商业方法专利的争论；世界知识产权组织就数据库保护问题的协调；世界贸易组织就公共健康与知识产权关系的磋商等，无不与技术发展和进步相关。知识产权法律制度必须针对这些问题进行调整，逐渐适应社会变革的需求，在适应中发展自身，最终形成完备的体系。

第三节　与知识产权相关的国际条约

一、知识产权保护的国际协调

有学者认为知识产权的概念产生于 16 世纪，但真正在法律上承认知识产权、形成知识产权的国际保护环境，则是最近一百多年来的事情。从知识产权法的发展历史看，国际多边公约和双边条约对知识产权法律制度的发展和国际协调有着非常重要的影响。

由于各国的历史文化背景不同，致使各国法律制度存在着很大的差异。其原因在于各国法律的形成分别经历了不同的历史过程，各国有着各自的国情、习惯、文化，最终反映在立法中则表现为具体规范上的千差万别。但是在各类法律中，各国的知识产权法却在许多方面有着惊人的相似之处。比如，各国著作权法或专利法中所规定的著作权或专利权等的内容基本相同；各国著作权法都要求受保护的作品必须具备独创性；授予专利的发明创造必须具备新颖性、创造性和实用性。究其原因主要在于各国的知识产权法律制度产生年代都相对较晚，各国都没有系统、完整和现成的古代制度或先例以及习惯可以承袭；而近一百年来国际法律协调机制已经开始在世界范围内发挥相应的影响。在19世纪末分别诞生了目前国际上最大、历史最长、最有影响的两个知识产权国际公约，即《保护工业产权巴黎公约》和《保护文学和艺术作品伯尔尼公约》。这两个公约在20世纪对国际知识产权制度的协调发挥了巨大的作用。公约要求所有的成员的国内法必须达到公约所要求的最低标准。这在客观上使各国法律趋于一致。

在国际交往日益频繁的时代，知识产权法的国际协调还表现在各国间的相互借鉴。一国的国内法律制度对与之交往密切的他国往往有着非常大的影响。无论哪国在制度上的创新都会对他国产生影响。比如，1984年美国率先颁布《半导体芯片保护法》后，各国相继模仿，现已有数十个国家和地区颁布了内容大同小异的法律。荷兰学者在评价美国的《半导体芯片保护法》时称，这是继《拿破仑法典》之后为各国借鉴最多的法律。况且知识产权是一种无体财产，它在不同国家间的移转较之有体财产更为方便，故法律的国际协调就显得尤为重要。从现实需求的角度看也是这样。在一国难以处理的棘手知识产权案件，在他国同样也难有不遭非议的处理办法。正是在各国都没有现成道路可走的情况下，大家坐到一起共商对策，从而形成一个又一个国际公约。在此基础上所制定的国内法自然也就存在许多相似之处了。到目前为止，联合国世界知识产权组织、联合国教科文组织、世界贸易组织等国际组织都为知识产权法的国际协调作出了巨大的贡献。

全球经济一体化使得国际贸易在世界经济发展中的作用越来越大。近年来，知识产权贸易在国际贸易额中所占比重逐渐增加，以致所有正在制定或刚刚达成的国际贸易协定中都有相当篇幅的知识产权条款。比如，在美国退出后继而由日本主导的“全面与进步跨太平洋伙伴关系协定”（CPTPP）、刚刚正式签署的“区域全面经济伙伴关系协定”（RCEP）中，都有关于知识产权贸易和保护的内容。这种现象同样也反映在我国与若干国家间的双边自贸区协定之中。抛开狭隘的国家或民族利益以及大国强权思想的影响，国际条约在知识产权法律协调方面的作用是绝对不可忽视的。正因为如此，知识产权法的国际通用性较之其他法律是最强的。

二、《巴黎公约》

《巴黎公约》全称《保护工业产权巴黎公约》，是在1880年的巴黎外交会议上起草，1883年由11个国家签字，1884年7月7日生效的。订立《巴黎公约》的目的就是协调成员方间有关工业产权的保护问题。在《巴黎公约》的第1条第2款中明确规定，工业产权的保护对象有专利、实用新型、外观设计、商标、服务标记、厂商名称、货源标记或原产地名称和反不正当竞争。该公约将专利与实用新型、外观设计分别规定，是因为在国际社会发明与专利常被作为同义词。类似地，服务标记在这里也未被当作商标处理，故这里的商标仅指产品商标。

《巴黎公约》中最为重要的内容现在都已经成为国际知识产权领域的基本制度或原则。国民待遇原则是在该公约第2条和第3条中规定的。依照该公约，成员方间应当实行国民待遇，非成员方国民只要在一成员方内有真实、有效的营业所，也应享有国民待遇。《巴

黎公约》提出的优先权原则已为世界上大多数国家广泛采用，不仅适用于发明专利，还适用于实用新型、外观设计、商标等其他保护对象；同时还规定了专利、商标申请的优惠期制度。关于优先权、优惠期的具体内容在有关专利法和商标法的章节中将详细介绍。该公约中还规定了各国专利权、商标权等相互独立，对驰名商标给予特别保护以及针对其他工业产权保护对象的相应保护措施。同时还就有关权利的限制作了规定，如交通工具临时过境等。

《巴黎公约》的规定对成员方的国内法影响甚大。我国的专利法、商标法中许多制度均源自《巴黎公约》。比如，1984 年《专利法》中有关强制许可的条款就完全照搬了《巴黎公约》的条文。我国在 1984 年加入该公约，目前《巴黎公约》的成员已有 177 个，涵盖了世界上绝大多数国家和地区。这些国家的国内法都应当满足《巴黎公约》的要求。

三、《伯尔尼公约》

《伯尔尼公约》全称《保护文学和艺术作品伯尔尼公约》，是于 1886 年 9 月 9 日在瑞士伯尔尼签订的。该公约分别于 1896 年在巴黎、1908 年在柏林、1914 年在伯尔尼、1928 年在罗马、1948 年在布鲁塞尔、1967 年在斯德哥尔摩、1971 年在巴黎等地进行了修订和补充。最近一次修改是在 1979 年。《伯尔尼公约》目前有 177 个缔约方。

在著作权保护方面，《伯尔尼公约》同《巴黎公约》一样规定了国民待遇原则。另外还规定了著作权自动保护原则，即缔约方间无须办理任何手续，不论作品是否发表，只要作品创作完成，都受公约保护。该公约还规定了著作权独立原则，即无论作品在起源方的保护状态如何，缔约方均应根据被请求方的法律给予保护。也就是说，一方给予某作品著作权保护，不受他方法律的影响。同时，该公约对缔约方的著作权保护规定了最低限度标准。即该公约允许缔约方制定国内法或缔约方间订立条约给予作品更为广泛或更多的权利，但不应低于公约规定的各类作品的最低保护水平，比如，该公约第 7 条规定的各类作品的保护期，第 6 条、第 8 条、第 9 条以及第 11 条至第 14 条所列的各项权利等。我国于 1992 年参加了《伯尔尼公约》，并为弥补 1990 年《著作权法》与公约间的差距专门颁布了《实施国际著作权条约的规定》。2001 年我国修订了《著作权法》，使我国《著作权法》在条文上满足了《伯尔尼公约》的要求。

四、《TRIPS 协议》

《TRIPS 协议》是世界贸易组织下的一个国际条约，是《与贸易（包括冒牌商品贸易）有关的知识产权协议》的简称。该协议于 1993 年年底形成最后文本，是在原关税与贸易总协定的乌拉圭回合谈判中为世界贸易组织成立而订立的一系列协定中的知识产权分协定。1994 年 4 月乌拉圭回合谈判结束，世界贸易组织同时诞生，该协议转为世界贸易组织下的知识产权协议。

《TRIPS 协议》所包含的内容十分广泛。前面介绍知识产权的保护对象时曾提及该协议中涉及的知识产权的范围。从总体上看，该协议对各种知识产权都给予了较高的保护水平。不仅如此，该协议不同于其他知识产权国际公约，专门规定了知识产权的执法程序以及争端的解决办法等内容。这些原本都是国际贸易公约的内容，由此协议开始被引入知识产权公约之中。这从一个方面说明知识产权中的财产权越来越受到国际社会的重视。该协议在实体权利的规定上还有一个特点，即大量援引既有的国际公约。比如，《伯尔尼公约》《巴黎公约》《罗马公约》《集成电路知识产权条约》等都被该协议大量引用。

在争取加入世界贸易组织的过程中，我国修订了一系列的国内法，其中专利法、著作权法、商标法均针对《TRIPS 协议》在 2000 年到 2001 年进行了修订。2001 年年底，我国加入世界贸易组织，《TRIPS 协议》也因此对我国的国内立法产生了约束力。

五、其他国际条约

除前述国际条约外，有关知识产权的国际条约还有很多。不算区域性的国际条约，仅全球性的知识产权条约就有几十个。它们分别归世界知识产权组织、联合国教科文组织、世界贸易组织等机构管理。这其中，我国参加的公约除前述《巴黎公约》《伯尔尼公约》《TRIPS 协定》外，还有《成立世界知识产权组织公约》，这是我国参加的第一个知识产权国际公约；此外，我国还是《世界版权公约》《保护录音制品制作者防止未经许可复制其录音制品公约》《专利合作条约》《商标国际注册马德里协定》《国际植物新品种保护条约》等公约的成员。有的公约我国政府已经在其最后文本上签字，但未经我国立法机关批准，故仍未生效，比如世界知识产权组织的《集成电路知识产权条约》。另外，我国已加入《世界知识产权组织版权条约》和《世界知识产权组织表演与唱片条约》。这两个条约是针对网络技术发展现状于 1996 年通过的，有人称其为互联网条约。2012 年 6 月，为弥补这两个互联网条约的疏漏，世界知识产权组织又在北京签订了《视听表演北京条约》，我国政府已在该条约文本上签字。当然，也有一些国际公约我国尚未参加，但它们在知识产权国际条约中占有相当重要的地位，比如《保护表演者、录音制品制作者和广播组织罗马公约》（简称《罗马公约》）在邻接权的保护方面有着重要的作用。

科学技术在不断地进步，知识产权制度必然也会随其发展。有关知识产权的国际公约自然也会越来越多。目前，世界知识产权组织正在起草和研究、讨论关于数据库保护和广播者权利的两个国际条约，以及传统知识的保护问题等；世界贸易组织已经就公共健康和知识产权的关系等问题达成框架性协议。这些都将对知识产权制度的进一步发展产生重大影响。应当看到，在强权政治的影响下，知识产权法律国际协调领域也存在一些非理性的情形，比如曾经被以美国为代表的发达国家所推崇的《反假冒协定》（ACTA），在国际关系纷繁复杂、变化多端等各种因素作用下，已经从诞生时的轰轰烈烈变为如今的寿终正寝。我国在对外开放的大政方针之下，随着经济、技术水平的提高，还将根据国家发展的需求，积极推进多边主义，参加更多的国际知识产权条约，以提高我国的知识产权保护水平。

【引例评析】

知识产权的保护对象之一是智力成果。智力成果应为智力创造的产物。这种智力创造反映在具体的成果上则表现为该成果具备了创造性或者独创性。那种不具备最起码的创造性的成果通常不是著作权法或者专利法所保护的对象。本引例中，收集有关图书发行商信息的行为，在客观上或许要付出很大的辛劳。然而在这种收集行为中，行为人并没有独立的创造，其收集的仅仅是客观信息或事实。对这类信息的记录不允许有任何改变或臆造，否则便不是真实的信息。据此很难将诉称的标的作为传统的知识产权的保护对象。更具体地讲，作为著作权保护对象的作品依法必须具备独创性，而关于图书发行商有关信息的简单排列难以具备独创性，故不宜作为作品受著作权法保护。即使将其全部汇总，并按一定顺序排列，其排列方式也非常有限。无非是按姓氏笔画、汉语拼音字母、地区或规模、偏旁部首等方式分类、排列，这些编排方式很容易即被穷尽。若给予其著作权则对后人的表达自由构成限制，故乙很难依照著作权法获得保护。但是乙毕竟为收集有关数据付出了劳动，法律对此还是予以肯定的。如果乙不坚持以著作权作为赔偿依据，乙对其劳动成果是有权要求获得报酬的。欧盟已经颁布了关于数据库保护的指令，世界知识产权组织也正着手起草关于数据库的保护条约，其共同特点是淡化对数据库的创造性要求，在理念上不再强调智力创造。我国尚无保护数据库的专门法律，也有学者认为该案可以不正当竞争作为诉由。

【本章小结】

1. 知识产权是指关于创造性智力成果和区别性商业标志的专有权利。其保护对象既包括智力创造成果，又涵盖了商业标志。

2. 知识产权是一种受限制的对世权。这可以说是知识产权有别于其他民事权利的特征。很显然，债权是一种对人权，不具有广泛的对世效力。而物权的排他效力则不像知识产权受到诸多限制。

3. 知识产权的范围主要包括著作权、专利权、商标权以及反不正当竞争法中有关商业秘密、商业信誉等权益。具体地讲，主要包括有关作品、表演、音像制品、广播节目、技术发明创造、工业品外观设计、商标、商号、电子数据库、集成电路布图设计等的权利以及商业秘密、域名等相关保护对象上所凝结的权益。

4. 知识产权法是指调整在保护创造性智力成果和区别性商业标志专有权中所生社会关系的法律规范的总称，主要包括著作权法、专利法、商标法、反不正当竞争法等。

【练习题】

1. 名词解释

知识产权　知识产权法　TRIPS 协议

2. 思考题

（1）简述知识产权的概念。

（2）知识产权的保护对象有哪些？

（3）知识产权法的种类有哪些？

（4）我国参加了哪些国际知识产权条约？

3. 案例分析题

中国公民 A 发明了一种折叠自行车，并在中国申请了专利。美国公司 B 在美国获得了一种关于无线数字通信协议的技术实现方案的专利。A、B 均未在日本申请专利。日本公司 C、D 分别在日本境内生产这两种产品。中国、美国、日本都是《巴黎公约》成员方，都是世界贸易组织缔约方。

问题：

（1）如果 C、D 二公司仅在日本国内销售其产品，A、B 能否在日本主张权利？

（2）如果 C、D 将其产品销往日本以外的地区，是否可能侵犯 A、B 的权利？

分析要点提示：

（1）分析本案时应当对国内法和国际法的关系及效力有一个清楚的认识。

（2）在分析 C、D 的外销行为时，应当区分 A、B 享有专利权的地区和不享有专利权的地区。

即测即评

第二编

著作权法

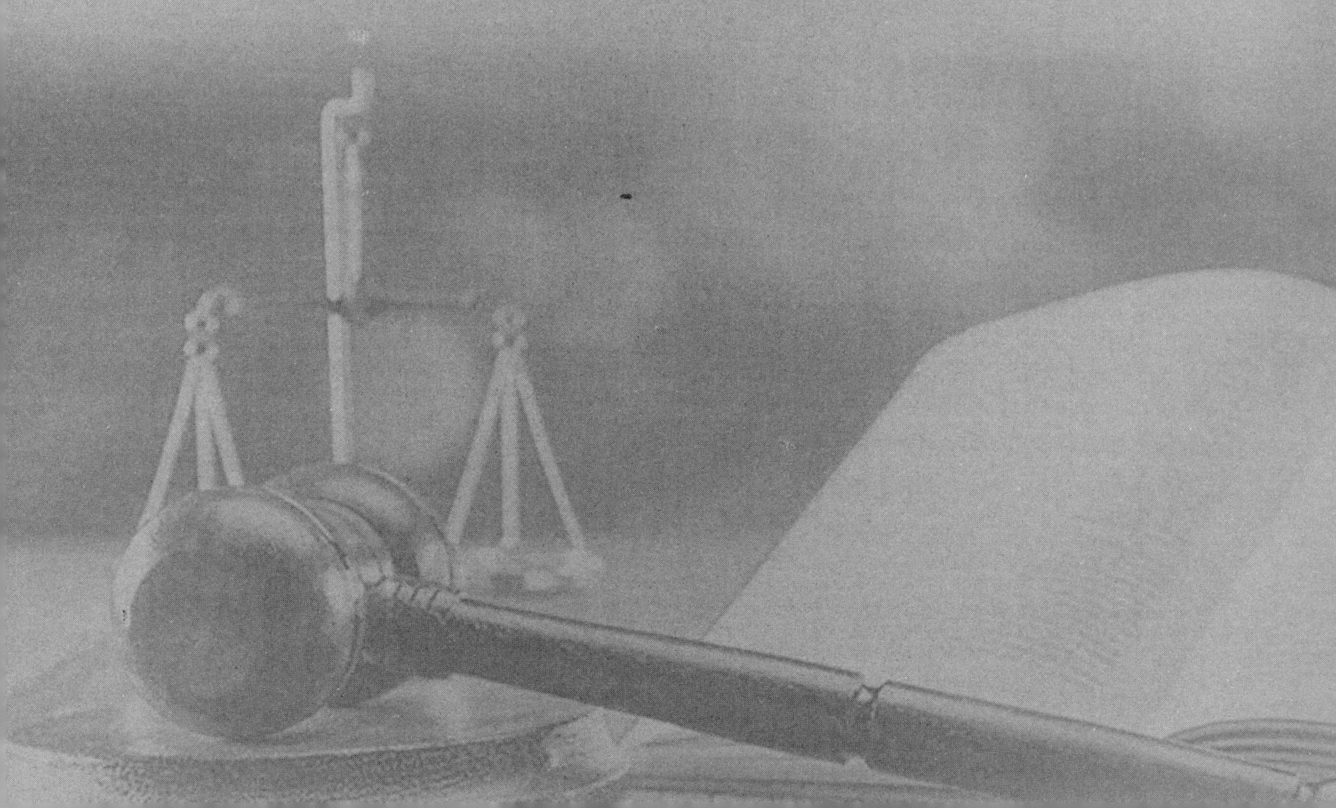

第二章　著作权法概论

【本章引例】

立德和立言是两兄弟。高中毕业后两兄弟返回家乡务农，合伙承包上百亩水面从事网箱养殖螃蟹。哥哥立德精于算计，头脑灵活，负责产品营销，空闲时也在养殖场帮忙做一些养殖工作。弟弟立言在从事螃蟹养殖的过程中刻苦钻研，勤于思考，多方请教专家，总结多年的螃蟹养殖经验，写成《螃蟹网箱养殖法》一书。在该书写作过程中，弟弟有时会和哥哥就一些养殖技术问题进行讨论，哥哥便会提出一些建议，弟弟有时会采纳。问：哥哥可否主张成为该书作者？他人阅读该书后以该书介绍的方法养殖螃蟹是否侵犯作者的著作权？

【本章学习目标】

通过本章的学习，你应该能够：

- 理解著作权和著作权法的概念
- 理解著作权法的原则和效力范围

第一节　著作权和著作权法的概念

一、著作权概述

共产党人的导师马克思说过："书籍是人类文明进步的阶梯。"太史公司马迁"就极刑而无愠色"，"成《史记》百三十篇"，"……以究天人之际，通古今之变，成一家之言"，其《史记》被誉为"史家之绝唱，无韵之《离骚》"。太史公曾言："盖文王拘而演《周易》；仲尼厄而著《春秋》；屈原放逐，乃赋《离骚》；左丘失明，厥有《国语》；孙子膑脚，《兵法》修列；不韦迁蜀，世传《吕览》；韩非囚秦，《说难》《孤愤》。《诗三百篇》，大抵古之圣贤发愤之所为作也。"司马迁所列上述作品中，无一不是中华文明史上划时代的杰作，大部分为世界所景仰，如《周易》乃群经之首，大道之源，是我国乃至东方的神秘智慧之源，《春秋》大义是儒家思想的圭臬。我们中华民族，历五千年不倒，经无数次外敌入侵而愈加繁荣兴旺，与我们的先辈留给我们的累传万世的经典与智慧有直接的关系。

以上是说文学作品对人类生存和发展、人类文明的进步具有的重要性。文学创作亦可积累大量的财富。

著作权指文学、艺术和科学作品的作者就其创作的作品享有的在法定期限内的专有权利。依照我国现行著作权法，著作权与版权同义。

著作权分为著作财产权和著作人身权。广义的著作权还包括著作邻接权。著作财产权指作者就其作品享有的与财产利益相关的权利，包括复制权、表演权、播放权、展览权、发行权、网络传输权、出租权及将作品摄制成电影、电视的权利等。作者通过自行或许可他人行使这些权利可获得一定的财产利益。著作人身权指作者就其作品享有的与其人身利益相关的权利，也称为精神权利。著作人身权具体包括发表权、署名权、保护作品完整权和修改权等。邻接权，也称为与作者权相关的权利，或称相关权，系作品传播者权的统称，具体包括出版者权、表演者权、录音录像制品制作者权和广播组织者权等。

著作权作为知识产权的主要组成部分，与其他形式的知识产权相比，具有独特的性质，具体表现在以下几方面。

1. 人身权利和财产权利的统一

著作人身权与著作财产权的统一是著作权区别于其他形式的知识产权的一个特征。比如，发表权作为人身权的一种，往往需要和其他财产权利共同行使才能达到公之于众的目的。对于文字作品而言，必须以某种特定的物质载体将作品固定，或以公开表演或演讲的形式向不特定的多数人公开，前者与复制权有直接关系，后者其实就是著作财产权中的表演权。对于美术作品而言，除了出版发行外，还可以以公开展示的方式发表，而出版发行和展示或展览本身就是著作财产权；对于计算机软件作品而言更是如此。其他种类的作品的发表也概莫能外。至于其他形式的著作人身权的行使也不能离开著作财产权。反过来，作者的著作人身权也制约着著作财产权的行使。实现著作财产权也离不开著作人身权。无论是作品的出版发行还是作品的任何其他方式的利用，都首先离不开作者的发表权。作品不公开发表，发行就无从谈起。对作品的其他方式的利用，如改编或拍摄成电影、电视剧，是以作者的修改权为基础的。

2. 思想内容与表达形式两分法

作品的思想内容与表达形式是构成作品的两个基本元素。著作权法上的思想内容和表达形式两分法是为了确立著作权的效力，即著作权法只保护作品的表达形式，而不保护作品的思想内容。思想是人类作为万物之灵，赖以区别于其他客观存在的最珍贵的财产和能力。所谓思想内容即作品的作者通过作品向读者或受众传达的内在的观念、意志或某种感情，作为思想或思维活动的内容，它不能为任何人所专有，所以不能成为任何权利的对象或客体。所以思想内容不能受法律的保护。所谓表达形式指为传达某种思想和感情所需要的以文字、色彩、线条及其他符号等能为人所感知，并可以以某种有形形式复制的组织、结构和安排。所以表达形式是客观的、可量化的。对于法律保护而言，思想内容和表达形式是分离的、独立的。但对于特定的作品而言，两者又是统一的。特定的思想内容需要相应的表达形式，也只有与之相适应的表达形式才能传达出特定的思想。思想内容与表达形式是高度统一的。

3. 权利对象的可复制性

著作权的对象又同时具备可复制性，作者可以自行或许可他人复制，即以印刷、复印、临摹、拓印、录音、录像、翻录、翻拍等方式将作品制作一份或者多份。任何作为著作权对象的作品都应当具备这一特征。

参考案例 2-1

王老太太有一手剪纸绝活，其剪刀下的花鸟虫鱼、飞禽走兽无不活灵活现，十分传神。春节前，其远房亲戚赵某来访，从老太太所剪的窗花中挑了数十种精品带回。赵某和春蕾工艺美术制品厂合作将带回的窗花制成模版，印制窗花出售，春节时十分畅销。后来赵某又委托一个外贸公司将窗花制品出口，赚取了不少外汇。王老太太的子女欲和赵某论理，厚道的老太太认为不过是一些剪纸，举手之劳，不费多少事，乡里乡亲的，说出去不好听。那么赵某的行为是否合法?

首先，王老太太的剪纸，是经过多年的观察、揣摩和实践做成的，表现了老太太眼中的世界和其对世界的理解，当然也表达了老太太的思想感情。所以剪纸从内容到形式都达到了作品的要求，应受法律保护。其次，赵某和工艺美术制品厂未经作品的作者王老太太的许可，将其作品制成模版印制发行，实际上是复制发表了剪纸作品，并出售牟利，这构成了对著作人身权利和著作财产权利的侵犯。因此，王老太太及其家人应向赵某和工艺美术制品厂主张权利，并要求侵权人承担相应责任。

二、著作权法概述

著作权法是指以著作权法律关系为调整对象的法律规范的总和。在我国的法律体系中，著作权法是以平等主体之间的人身关系和财产关系为调整对象的民事法律中专门以著作权法律关系为调整对象的特别法。

1. 我国的著作权立法和有关的国际公约

著作权法的法律渊源指著作权法律的表现形式。我国著作权法的渊源包括：

(1) 宪法。

我国《宪法》第 47 条规定，中华人民共和国公民有进行科学研究、文学艺术创作和其他文化活动的自由。

(2) 基本法。

我国《民法典》在民事权利一章中规定了与知识产权相关的内容；《刑法》中也有侵犯著作权罪的规定；《著作权法》则专门就著作权问题进行了详细规定。此外还有一些法律包含着有关著作权的条款，比如《继承法》《科技成果转化法》等法律中均有相应条款。

(3) 司法解释。

如《最高人民法院关于深入贯彻执行〈中华人民共和国著作权法〉几个问题的通知》《最高人民法院关于审理涉及计算机网络著作权纠纷案件适用法律若干问题的解释》等。

(4) 行政法规。

如《中华人民共和国著作权法实施条例》《计算机软件保护条例》《著作权集体管理机构条例》等。

(5) 我国加入的国际公约和条约及我国与其他国家签订的双边协定。

如我国已经加入的《TRIPS 协议》《伯尔尼公约》《世界版权公约》《中华人民共和国和美利坚合众国关于知识产权保护的政府间谅解备忘录》等。

著作权法虽属于民事权利，但著作权法的相关规范在构成上并不仅限于民事法律规范。在著作权法中不仅有民法规范，还有行政法规范、刑事法律规范乃至诉讼法上的程序规范。如《著作权法》第 47 条规定，有下列侵权行为的，应当根据情况，承担停止侵害、消除影响、公开赔礼道歉、赔偿损失等民事责任，并可以由著作权行政管理部门给予没收非法所得、罚款等行政处罚。此规定中，前半段是民事规范，后半段是行政规范；《刑法》中以侵犯著作权犯罪的行为为处罚对象的第 217 条、第 218 条、第 220 条等为侵犯著作权的犯罪行为设定了刑事责任，则是典型的刑事规范；《著作权法》第 49 条、第 50 条、第 51 条关于相关纠纷解决的规定又是典型的程序规范。

2. 著作权法的适用范围

著作权法的适用范围亦称著作权法的效力范围，包括时间效力范围、空间效力范围和对人的适用范围。关于法律的效力范围及其确定，一般有两种确定原则，即属人原则和属地原则。前者指以适用法律的人的因素确定法律的效力范围；后者指以适用法律的地域因素确定法律的效力范围。《著作权法》实际上兼采属人和属地两种原则以确立其效力范围。

（1）对人的效力范围。

著作权法的对人的适用范围，已由《著作权法》第 2 条第 1 款作了明确的规定，中国公民、法人或者其他单位的作品，不论是否发表，依照本法享有著作权。

（2）空间效力范围。

虽然著作权法未明确自己的空间效力范围，但根据一般的法律原则，我国的著作权法的效力及于我国的任何领域，这是不言而喻的。而《著作权法》第 2 条第 3 款的规定依属地原则将外国人首次在中国境内发表的作品纳入保护范畴。

3. 著作权法的立法宗旨

著作权法的立法宗旨指著作权法律制度，包括法律、条例和司法解释等颁布和实施的根本目的。

《著作权法》第 1 条规定，为保护文学、艺术和科学作品作者的著作权，以及与著作权有关的权益，鼓励有益于社会主义精神文明、物质文明建设的作品的创作和传播，促进社会主义文化和科学事业的发展与繁荣，根据宪法制定本法。《计算机软件保护条例》和国务院《实施国际著作权条约的规定》也都作出了相同的规定。

上述立法宗旨，不仅指导着著作权法的立法，还贯穿于整个相关的司法活动的始终，实际上是所有关于著作权法立法、司法和法律解释的基本原则。从中可得出下列著作权法的基本原则：

（1）保护著作权人合法权益原则。

作为文学、科学和艺术作品的作者，以其创作作品的崇高劳动为人类文明的进步作出了不可替代的贡献。从“书籍是人类文明进步的阶梯”的至理名言到“科学技术是第一生产力”这一光辉论断，都体现了经典作家们对作者的创作性劳动给予的恰如其分的评价。法律确认和保护作者就其作品享有的著作权正反映了历史的必然和人类文明发展和进步的根本要求。著作权法通过赋予作者财产权给作者的创作之火添加利益之薪；通过确认和保护作者的著作人身权，给予作者相应的尊重和表彰，以鼓励人们进行创作性劳动。

（2）保护作者权益和保护社会公共利益相结合原则。

在著作权法律关系中，与保护作者权益相关的是保护社会公共利益。对此两种利益应当给予适当的平衡，这是著作权法的另一个基本原则。如果只强调保护作者，赋予作者无

限的利益，如作者对其作品的权利不受任何限制，或保护期限过长，都将增加著作权保护的社会成本，不利于整个社会的科学技术和文化水平的提高。实际上，保护作者利益和社会公共利益相结合，能使其保持一种理想的动态平衡，即作者个人的权益受到了保护，激励作者以更大的热情从事科学文化作品的创作；同时，社会公众又能以合理的成本获得科学技术和文化作品，整个社会的科学技术和文化水平得到逐步提高。促进整个社会科学技术和文化水平的不断提高，增加和积累人类的精神财富，促进人类的文明和进步，这才是包括著作权法在内的任何一部有关知识产权的立法的最根本的目的。我国著作权法在权利期限、合理使用、法定许可使用等多方面都试图贯彻这一立法宗旨和基本原则。

（3）合法实施著作权原则。

作为知识产权之一的著作权，与专利权和商标权相比较，是一种典型的私权，更具备私权的特点，即权利的获得是自动的，一般不需要履行特定的授权或者登记手续，完全取决于作者作品创作完成这一基本法律事实。

私权受法律保护，是一种最基本的法律原则和信念。任何人的私权，未经法律明确规定或者法院经履行严格的司法程序作出的有效判决，不受剥夺和限制。

对于私权的实施，一般地说，权利对象可以直接由权利人占有和处分，由权利人自行实施，即权利人一般不需以行使排他权利为前提，自动实现自己的权利，获得特定的利益。

著作权作为私权，其权利对象是思想和感情的表达方式——作品，是可以复制的，不能由作者直接行使，即作者要完全实现自己的权利，需要排除他人以同样的方式利用自己的权利。所以，著作权的实施以在权利受侵犯时获得法律强制排除他人的侵害的保护为前提。

作者以自力救济方式实施自己的权利的，比如使用特定的技术手段免除和防止他人未经许可利用自己的作品，法律不禁止这种实施自己权利的方式。但是，这样实施自己的权利，以不侵害他人的合法权利和社会公共利益为前提。权利受保护，但是权利不可以滥用，行使权利也不能损害社会公共利益，并且要接受主管部门的监督和管理。

2010年2月全国人民代表大会常务委员会通过的修改著作权法的决定，明确规定："著作权人行使著作权，不得违反宪法和法律，不得损害公共利益。国家对作品的出版、传播依法进行监督管理。"

（4）国内立法保护和尊重与适用国际条约和国际惯例相结合的原则。

作为一个发展中国家，我国以前虽未建立起系统的知识产权法律制度体系，但后来，我国的国内立法确立了较完备的知识产权保护法律制度体系。世界已进入数据化时代，世界经济一体化的趋势日益明显。任何国家都不能置身于这一历史大潮之外。

中国的知识产权法在立法和修订时，注意参考通行的国际惯例，并先后参加了《TRIPS协议》《巴黎公约》《伯尔尼公约》《世界版权公约》等保护知识产权的国际公约。

第二节　著作权制度的起源与发展

一、著作权法律制度的起源与发展

现代意义上的著作权保护制度是人类社会政治、经济、文化等发展到一定历史阶段的产物。在活字印刷术发明以前，尚无保护著作权的必要性和可能性——仅凭手抄和口头传播无法进行近现代意义上大规模的可据以获得商业利益的信息传播活动，更无所谓作品的复制和销售。我国宋代活字印刷术发明以后，印刷出版业才可能成为一种有利可图的营利行为。在欧洲国家，印刷术出现的时间远远晚于中国。至 15 世纪在威尼斯出现了最早的印刷特许制，即由君主或国王特许某个特定的印刷商印制和发行制定的作品。这或许可称为版权保护制度的雏形，但还不能视为典型的著作权保护制度。

现代意义上的著作权保护制度出现于 18 世纪的欧洲。1709 年，英国颁布了世界上第一部以保护具有私有财产权性质的版权的《安娜女王法》。这是第一个现代意义上的版权保护法律。该法首次明确了作者对其作品的支配权，立足于鼓励作者对知识的创造性劳动，以便促进整个社会的进步。《安娜女王法》使版权长期由出版商垄断转变为作者权，作者取得了版权法律关系中的核心地位。法国大革命后，法国分别于 1791 年和 1793 年颁布了两部确立和保护作者权的法律。以此为起点，在欧洲，著作权法律分别发育、成长为版权和作者权两个相互区别的保护体系。前者以英国的版权法为代表，后者则以法国的作者权法为代表。两者的主要区别在于以下三方面：

（1）从著作权的主体看，前者同时赋予自然人和法人以著作权，原因在于版权法上著作权是财产权利；后者则基于只有自然人才能进行作品的创作这一事实，认为只有自然人才能成为作者。

（2）前者认为版权（著作权）是财产权利；而后者更强调作者权的人身权性质。

（3）从权利的取得看，版权法采取登记制度，即作者只有履行了特定的手续才能获得版权保护；作者权法则采取自动保护原则，作品的创作一经完成，便自动获得作者权法的保护。

随着人类记录、储存和传输信息技术的不断发展和进步，著作权法的保护对象的范围和调整手段也不断丰富。19 世纪，与印刷业相联系，著作权法主要保护文字作品。至 20 世纪初，随着电影和录音技术的出现，著作权法将电影作品纳入了保护范畴。至今，随着计算机技术的发展和国际互联网的出现，诸如计算机软件作品和多媒体作品亦成为著作权法保护的对象。将来，随着技术的进步，肯定还会有新的符合著作权法的保护标准的表现形式被纳入保护范围。

从调整手段看，各国著作权立法初始时大都将作者权或版权限定于民事范围以内，侵权责任形式仅为民事责任。当科学和文学艺术创作的规模及其对人类社会进步和发展的影响日益增大，作为传播文化知识的主要渠道的图书出版业日益成长为一个有利可图的产业，对其调整的规范引入了行政和刑事的手段，设定了行政和刑事责任。当文化出版事业的影响超出了国界之后，各国为保护自己的利益，又不得不承诺对他国的相关利益亦给予相应的保护，于是，保护著作权的国际公约便应运而生。这样，由民事而行政而刑事，由国内而国际，著作权法对个人、社会乃至国家的影响的范围与深度日益加大加深，而且会越来越大、越来越深。

由于科学和技术的进步，特别是在网络时代，在网络环境下出现了有关作品和著作权问题，诸如在国际互联网上传播、提供和使用作品时产生的时间、空间范围及其确定，以及与之密切相关的法律适用问题。对此，各国现行的著作权法律制度大多捉襟见肘，无能为力。如何使著作权法适应时代的发展和技术的进步是个世界性的难题。

二、著作权法同其他法律部门的关系

1. 著作权法与民法的关系

著作权法作为一个相对独立的法律部门，在当代，即所谓的知识经济时代，当文化科学和艺术创造成为一个日益重要的产业部门的时候，其重要性也日益显著。但这并不能改变其作为民法的一个特别法的地位。

实际上，包括著作权在内的知识产权在我国首先是由民法对其确认和保护的。《民法通典》在第一编的第五章“民事权利”中规定了知识产权。尽管这只是原则性的规定，但从法律体系上看，这是把著作权等知识产权归入民事法律的框架之内，使著作权法成为民法的特别法。

2. 著作权法与工业产权法的关系

著作权法与由商标法和专利法等构成的工业产权法，虽然都是知识产权法的重要组成部分，但还是有所区别的。著作权法的保护对象是作为思想或感情的表达形式的科学文学和艺术作品。传统的文学艺术作品重在表现特定的思想和感情，其传输的对象直指受众的内心世界，旨在使人接受并进而塑造某种思想，不以完成特定的工作成果为目标，亦不以产生出某种能为人力所控制的产品，或能据以产生特定结果的方法为目标。而工业产权中的专利权虽然也保护创造性成果权，但专利实际上已非抽象的思想或感情，而是一种具象的技术方案，以具体的人，即特定技术领域内具有一般技术水平的人能够实现为要件，以完成一定工作成果为目标（如专利权的权利要求书的首句一般为“一种……产品，或装置，或……的方法”）。商标权实则为一种与特定经营实体的身份有关的标记性权利，当然，这一已经以特定的标识表彰的身份与一定的商业利益相联系，具有财产利益。与此相关的是，工业产权和著作权的专有性亦因此而大不相同。思想或感情因其抽象而不可控制，亦不可被侵犯，因此不能成为法律保护的客体，故而只能保护思想或感情的表达形式，于是同一种思想可由不同的方式表现出来，所以，著作权法认定侵权时，只要不是抄袭“表达形式”就不能认定其为侵犯著作权；而工业产权的对象因其具象而可为人力所控制，所以认定产品专利侵权时，只要是同一种产品即受保护，其生产方法则在所不问；而方法专利侵权保护则严格到具体步骤，甚至及于用同一种方法生产的产品。商标法上驰名商标的排他性竟然张扬到受跨类保护的程度。结果不难看出，著作权法的排他性多作内敛，工业产权的排他性则甚为扩张。

由于著作权和工业产权的排他性的差异，法律在设定两种权利的期限的时候作了相应的平衡：著作权排他性小但期限加长；工业产权排他性强但期限短（商标权经商标注册的续展虽然可得无限延长，但一个期限单位还是较短的，而且续展也还是有条件的）。

实际上，著作权保护方法和工业产权保护方法虽然排他性和期限区别多多，但各有利弊。技术的发展所产生的成果是多姿多彩的。有些创造性劳动成果兼具两种保护对象的特征，如计算机软件、集成电路布图以及一些实用艺术作品等，可能会要求同时用两种方法保护。如在美国和德国，计算机软件则同时用著作权和专利权两种方法进行保护。

【引例评析】

人作为万物之灵，区别于其他动物的最根本的特点在于人可以思考，更善于总结经验，记录、储存和传播信息，并在现有的知识和经验的基础上，主动创造出人类所需要的物质和精神财富。人类光辉灿烂的文明史就是人类发挥自己的聪明才智，创造和积累物质和精神财富的历史。“书籍（也许说人类创作的作品更为合适）是人类文明进步的阶梯。”引例中精于算计的哥哥凭借自己的精明能将两兄弟所养的螃蟹卖出个好价钱，可以赚取更多的经济利益。但弟弟通过总结自己的养殖经验，加上自己的创造，总结出一套有用的可操作的方法和经验，人们可据此进行重复的劳动，生产和积累更多的财富，所以创作作品是一个去粗取精、由表及里的创造性劳动过程。尽管哥哥为弟弟提出一些养殖技术上的建议，但这些建议不能达到可以满足著作权法规定的能够获得法律保护的作品的高度，不能成为作品，即特定思想感情的表现形式。以劳动的复杂程度及对社会和人类的贡献来衡量，二者之高下不言自明。以人类文明和进步计，创造性劳动成果应当受到保护。这就是著作权法的最重要的使命之一。由于哥哥未直接参与作为作品的《螃蟹网箱养殖法》的创作，因此不能作为该书作者。《螃蟹网箱养殖法》的读者依照本书传授的方法，养殖螃蟹，是根据作者的经验，重复作者的劳动自行进行相关的生产活动。这正是作者写作此书的目的所在，也是作者要表达的思想内容。而著作权法仅保护作品的思想内容的表现形式，不保护作品内在思想，故他人按书中内容养殖螃蟹并不侵犯作者就该作品享有的著作权。

【本章小结】

1. 著作权指文学、艺术和科学作品的作者就其创作的作品享有的在法定期限内的专有权利。依照我国现行著作权法，著作权与版权同义。

2. 著作权作为知识产权的主要组成部分，与其他形式的知识产权相比，具有独特的性质，具体表现为：（1）人身权利和财产权利的统一；（2）思想内容与表现形式两分法；（3）权利对象的可复制性。

3. 著作权法指以著作权法律关系为调整对象的法律规范的总和。在我国的法律体系中，著作权法是以平等主体之间的人身关系和财产关系为调整对象的民事法律中专门以著作权法律关系为调整对象的特别法。

【练习题】

1. 名词解释

著作权　著作权法　思想内容　表现形式

2. 思考题

（1）著作权和著作权法的特点是什么？

（2）著作权法的渊源和适用范围是什么？

（3）著作权法的基本原则是什么？

3. 案例分析题

赵某是个文学爱好者，平时练习创作不辍。一次，赵某将其历时一年完成的习作手稿《寻梦》交给他崇拜的资深作家李某，请其斧正。该书表现了作者对美好情感的向往和对幸福生活的追求。而李某称其作品虽然比以前多有进步，但尚显稚嫩，宜再加推敲，匆忙创作出的作品是不会获得认可的。李某又嘱其多作观察，积累生活，不宜匆匆动笔。赵某谨记于心。半年后，赵某于坊间觅得一书《梦寻》，内容与自己的习作几乎无差别，署名为作家李某。

问题：

（1）赵某的写作可否成为文学创作？

（2）赵某的《寻梦》是否可以得到著作权法的保护？

分析要点提示：

（1）创作作品的行为是客观的，作为创作行为的成果，只要具备著作权法规定的能表现特定的思想感情，即可成为作品。

（2）只要创作的成果满足著作权规定的作品的标准，即可受到法律的保护。

即测即评

第三章　作　品

【本章引例】

李某是个石匠，有一手祖传的石雕绝活，他能为房屋的梁柱等刻出精美的人物、花草、飞禽、走兽等，形神兼备，栩栩如生，其手艺在方圆百里小有名气。一次，李石匠受雇为一个个体老板建的豪宅制作石雕。精明的老板依其刻出的石雕制成模具，翻制成玩具和实用器具售卖，挣了一大笔钱。问：李石匠受雇为建房所制作石雕的劳动的性质及制作出的石雕作为劳动产品的性质是怎样的？老板利用李石匠所制作的石雕获得经济利益的行为的性质是怎样的？

【本章学习目标】

通过本章的学习，你应该能够：

- 了解作品的概念及构成要件
- 熟悉作品的种类
- 了解不受著作权法保护的对象

第一节　作品的概念

著作权的对象指著作权法律关系中权利义务共同指向的对象，即作者就其享有权利而除作者之外的一切其他人就其承担法定义务的对象——作品。作品是人们的创造性劳动的结晶。就科学、文艺和文学领域而言，只有产生出作品的劳动才能称为创造性劳动；只有创造性劳动才能产生出作品。著作物只有符合著作权法确立的作品的标准才能成为作品纳入著作权法的保护范畴，才能产生著作权法律关系。所以，有关作品的规定在著作权法中居于核心地位。

现行的2020年颁布实施的《中华人民共和国著作权法》（《著作权法》）第3条规定："本法所称的作品，是指文学、艺术和科学领域内具有独创性并能以一定形式表现的智力成果。"受到著作权法保护的作品必须符合下列条件。

一、作品要有特定的思想内容

作品必须具有文学、艺术、科学和工程技术领域内的思想、理论、概念、感情、构思、情节和人物形象等特定的内容。

二、在科学文学和艺术领域内

文学、科学和艺术作品必须有客观的表现形式，诸如图书、绘画、演讲、戏曲、音乐、舞蹈等。此处，法律强调的是“表现”而非“表达”。至于“文学、艺术和科学领域内”这一规定，指作品的范围，即只有在此范围内的思想和情感的表现形式才是作品，强调的是排他性。但是，超出这个范围的作品，是否存在，换一句话说，作品是否可以超出这个范围，抑或，有哪一部作品不在“文学、艺术和科学领域内”，法律在所不问，现实中亦未发生或者存在过相关争议。

三、表现形式必须是作者的智力创作成果

作品首先是人的创造性劳动成果。至于大自然的美丽风景，虽然天地造化，钟灵毓秀，美不胜收，却不是人的创造物，不能作为作品成为私权的对象。

作为思想和情感的表现形式的作品被定义为“成果”，强调作品的下列属性：“成”者，指创作作品过程的终了或者完结状态，而不是“未完成的”。作者本人认为，其创作过程已告终结，短期内不会继续撰写或者修改了。当然，也有例外，以未完成状态行世的作品，如莫扎特的《安魂曲》。有些作者作品的“手稿”状态的出版物，也是未完成状态，甚至，如《清史稿》，虽然出版不下百年，也还是处于“稿件”之未完成状态。“果”则是指作品处于其本体发生和成长过程及状态中的地位，是其作为作者创作行为和对象的成熟状态，取义于农耕者种植过程的最终目地的达成，即获得了能满足需求的维持生命生存、成长和健康所需的“果实”。

至于“智力”和“创作”，“智力”者，概指人具有的对身外世界的识别和选择自己行为的能力，前者是静态的，消极的，表现为因知晓和明白身外之物之状，可以避免不利后果的发生；后者是动态的，积极的，表现为达成追求的积极后果的过程和结果。“创作”亦可名之为“创造”，无中生有之意。

著作权法保护的智力成果必须是在文学、艺术和科学领域内的成果。这就是说，作品必须能够表现某种感情或思想，或阐明特定的科学原理，作品主要应该作为一种信息的载体，而不是一种实用工具或手段，这是它区别于体育竞赛，区别于工业领域中的技术发明创造、商业领域中的经营方法之处。当然，随着技术的进步，会出现一些新形态的智力成果，它们可能既具有作品的特质，又具备工业产品的实用性。计算机软件就是一个典型，目前各国都将它视为一种作品。

四、作品具有独创性

独创性也叫原创性，指作品的表达形式是独创的而不是抄袭的或复制的。它是作品最重要的构成条件，是区别“作品”和“复制品”的最重要的指标。一般而言，著作权法对作品的独创性要求不像专利法对可授予专利权的技术方案那样，要求有高度的创造性。只要作品是其作者独立创作完成的，而不是抄袭的和复制的，同时具备完整的思想内容和表现形式，即可被认定为具备著作权法上的原创性。著作权法对作品的保护不以新颖性为前提，如果多位作者同时就相同或类似的思想内容各自独立完成创作，即使作品相同或类

似，那么只要它们都是独立创作行为过程产生的结果，便都受到法律的独立保护，成为独立的作品。

五、作品能够以有形的形式复制

作品作为记录、储存和传输信息的载体和工具，只有能够以有形的形式加以复制才能够再现、传播实现其目的，从而具有保护的必要；像人的大脑中的思想，由于不具有这一特点，故不能成为作品受到保护。

著作权法并没有要求作品必须固定在有形载体上，而只是要求作品能够以某种有形形式复制。这便不排除对未被录制下来的口头作品、舞台作品的保护。但是，摄影、电视等作品，在其产生过程中必须先附着于某种固定载体。

除此之外，现行著作权法将作品的内容合法作为作品受法律保护的条件之一。但内容合法从某种程度上看具有一定的不确定性，不同的历史时期内容合法的规定性变化是很巨大的。

参考案例 3-1

小学生小玲暑假从农村老家来城里参加了一个夏令营，和许多从全国各地来的小朋友在一起度过了一个愉快的假期。夏令营的老师让小朋友们写作文描述一下各自在原籍的生活。小玲用稚嫩而质朴纯真的笔触描写了她在农村简朴有趣的生活，表达了她和小伙伴及家人之间的淳朴真挚的情感，赞美了家乡美丽的风景和淳厚的民风。后来，夏令营的组织者将小玲和其他作文写得好的孩子的文章结集出版，发行量超过了五万册。组织者以孩子的作文不能构成文学作品为由，拒绝小玲的监护人提出的孩子就其作文享有的权利主张。很显然，小玲的作文记述了自己的生活经历，表达了她对家乡、伙伴和亲人的热爱，该文可以通过有形的形式复制，且表达了作者的思想感情，具有独创性，当然也不在法律禁止出版发行的范畴。不管是成年人的创作，还是小学生的命题作文，都是作品，只要符合著作权法律规定的作品保护标准，即可受到法律的保护。因此，小玲的监护人的主张是合法的，应当得到支持。

第二节　作品的种类

《著作权法》第 3 条列举了各种受保护的作品。不过，它的分类并没有采取一个单一的标准，因此不同类别的作品所涵盖的范围并不完全相互排斥。例如，书法家创作书写的诗词，则同时具有美术作品和文字作品的性质；同样，计算机软件虽然被单列，它也已经被视为一种文字作品了。随着技术的进步可能会出现新的作品形态。由于上述列举并未穷尽所有的作品形态，故新形态的作品仍有可能受到保护。作品的种类主要包括：

（1）文字作品，是指小说、诗词、散文、论文等以文字形式表现的作品。

（2）口述作品，是指即兴的演说、授课、法庭辩论等以口头语言形式表现的作品。

（3）音乐作品，是指歌曲、交响乐等能够演唱或者演奏的带词或者不带词的作品。

（4）戏剧作品，是指话剧、歌剧、地方戏等供舞台演出的作品。

（5）曲艺作品，是指相声、快书、大鼓、评书等以说唱为主要形式表演的作品。

（6）舞蹈作品，是指通过连续的动作、姿势、表情等表现思想情感的作品。

（7）杂技艺术作品，是指杂技、魔术、马戏等通过形体动作和技巧表现的作品。

（8）美术作品，是指绘画、书法、雕塑等以线条、色彩或者其他方式构成的有审美意义的平面或者立体的造型艺术作品。

（9）建筑作品，是指以建筑物或者构筑物形式表现的有审美意义的作品。

（10）摄影作品，是指借助器械在感光材料或者其他介质上记录客观物体形象的艺术作品。

（11）电影作品和以类似摄制电影的方法创作的作品，是指摄制在一定介质上，由一系列有伴音或者无伴音的画面组成，并且借助适当装置放映或者以其他方式传播的作品。

（12）图形作品，是指为施工、生产绘制的工程设计图、产品设计图，以及反映地理现象、说明事物原理或者结构的地图、示意图等作品。

（13）模型作品，是指为展示、试验或者观测等用途，根据物体的形状和结构，按照一定比例制成的立体作品。

（14）计算机软件，包括程序和文档。计算机软件也可以归类为文字作品。

（15）民间文学艺术作品，是指“在本国境内由被认定为该国国民的作者或种族集体创作，经世代流传而构成传统文化遗产基本成分之一的一切文学、艺术和科学作品”。我国是一个多民族的国家，各民族有多姿多彩的民间文学艺术，以法律的形式来保护它们，以免它们被歪曲、剽窃和篡改，是弘扬民族文化的重要措施。将民间文学艺术纳入著作权法客体的范围是立法者的一个初步认识。《著作权法》第6条仅规定：“民间文学艺术作品的著作权保护办法由国务院另行规定。”但是，民间文学艺术作品和著作权法所称“作品”还是有很大的区别的，故对于如何实现这种保护，目前还缺乏比较成熟的方案。世界上保护民间文学艺术作品的大多数是发展中国家。

第三节　不受保护的对象

著作权对象范围的大小，取决于社会经济发展水平和文化政策的需要，不同历史时期、不同国家关于作品的保护范围的规定是不尽相同的。

下列作品部分或全部不受我国《著作权法》的保护。

第一，法律、法规，国家机关的决议、决定、命令，其他具有立法、行政、司法性质的文件，及其官方正式译文。这些文件无疑都具有相当程度的独创性，但是，为了方便其传播，实现国家统治和管理职能，立法者明文将它们排除在受专有或排他保护的作品之外。故它们自始至终没有著作权。第二，单纯事实信息。第三，历法、通用数表、通用表格和公式。

参考案例 3-2

2019年，某人将中央关于农业和农村政策问题的文件汇编之后，未经新闻出版主管部门的核准便印刷发行。当地有关部门以违反我国著作权法为由追究当事人的责任。依著作权法的规定，有关农业政策的政府文件属于官方文件，没有专有的著作权，不受著作权法的保护。因此，出版此类著作物不是著作权法上的失范行为，行为人不承担违反著作权法的法律后果。如果出版此类文件需要获得有关部门的核准，则行为人需承担违反行政法规的相应责任。

【引例评析】

引例中李石匠所雕的人物、花草、飞禽、走兽形神兼备，栩栩如生，已达到使其受保护的创造高度，构成受著作权法保护的作品。首先，石匠受雇于个体老板为其盖房制作石雕，双方就此有明确的约定，老板可以为建房的目的使用石匠的石雕作品（如超出本章的范围考察，此时作品的物的所有权，即石雕的物权归于老板，但作为石雕作品的著作权即使未作规定，也应属于作者，即石匠）。其次，石匠的作品的用途已由老板和石匠明确约定，即老板只能用来建房。老板不能超出合同的约定范围使用作品，以损害作者的利益对合同进行扩大的解释：可以任意使用石匠在雇用期间的劳动成果。著作权是绝对权，对作品著作权的任何利用除了法律明确规定的情形以外，均应获得权利人的许可并支付报酬。老板为营利的目的将石匠的作品制成模具，翻制成其他实用用具，侵犯了石匠的著作权。

【本章小结】

1. 作品是人们的创造性劳动的结晶。“作品，是指文学、艺术和科学领域内具有独创性并能以一定形式表现的智力成果。”

2. 受到著作权法保护的作品必须符合下列条件：(1) 作品要有特定的思想内容。(2) 作品是思想或感情的表现形式。(3) 表现形式必须是作者的智力创作成果。(4) 作品具有独创性。(5) 作品能够以有形的形式复制。

3. 作品的种类非常繁杂，但法律将某些作品排除在法律的保护范畴之外，成为部分或全部不受法律保护的作品。

【练习题】

1. 名词解释

作品　独创性　文字作品　官方文件

2. 思考题

(1) 作品的概念和构成要件是什么？

(2) 什么是表现形式？

(3) 不受保护的作品有哪些？

3. 案例分析题

刘某是某图书馆的古籍图书管理员。他利用业余时间研究保护、储藏、鉴别、整理和修复不同时代和不同载体的古籍的方法、技术及操作规程，并将自己的发明创造写成文字材料。他的成果获得了同行的好评，其中一些方法还被授予专利。

问题：

(1) 刘某所写的文字材料可否成为作品受保护？

(2) 刘某发明的鉴别、修复、整理和储藏古籍的方法与其所写作的文字材料在法律上有何区别？

分析要点提示：

（1）了解著作权法保护的作品须具备的条件。

（2）鉴别、修复、整理和储藏古籍的方法，如果具备创造性、实用性和新颖性，可成为专利法的保护对象，作为不同性质的对象，适用的法律是不同的。

即测即评

第四章　著作权的内容：取得和消灭

【本章引例】

李某是个盲人，是从事推拿和按摩的中医大夫。他供职的医院促请他将其几十年的临床经验总结成文，以流传下去，并为其配备了一个年轻医生作为助手，以方便工作。经李某口述，由其助手赵某笔录，历经两年完成专著《中医按摩推拿述要》。该书出版后因其内容深入浅出，具有极高的可读性及学术价值，广受欢迎。其助手赵某也主张著作权，要求在作品上署名并分享书籍出版所得的稿酬。经鉴定，该书的内容严格按照李某的口述进行安排，未见显著变化。问：李某的助手赵某可否主张著作权？

【本章学习目标】

通过本章的学习，你应该能够：

- 掌握著作人身权的内容和特点
- 掌握著作财产权的内容和特点
- 掌握著作权的取得和消灭

第一节　著作人身权

一、著作人身权的概念

著作人身权是指著作权中与作者的人身利益密切相关的权利。它是指因完成文学、艺术、科学技术的创作性劳动，就其作品所享有的法律赋予作者的与其名誉、声望以及其他人身利益相关的权利。它与我国《民法典》中所规定的人身权中“公民的生命健康权、姓名权、肖像权、名誉权等”具有相同的性质。不过，著作权中的人身权除受《民法典》一般保护外，还受著作权法的特殊保护。

二、著作人身权的特点

一般地说，著作人身权是与著作权人不可分离的权利，它具有下述几方面的特点。

1. 著作人身权具有不可转让性

我国著作权法对于著作人身权是否可让与的问题未作明确规定，但从我国民事立法精神来看，一般认为，著作人身权是不得让与的。其理由是，人身关系不是商品经济关系，作者的人身利益不应当作为商品进入流通领域。我国继承法在规定遗产的范围上涉及著作权时，只规定了著作财产权可以被继承，而未涉及著作人身权的继承问题。

发表，对特定作品而言只有一次。一旦作品被公之于众，则该作品的发表权已经行使完毕。至于著作人身权中署名权、修改权、保持作品的完整权的不可转让性，则是显而易见的。至今世界上还没有哪个国家的著作权法确认转让署名权、修改权、保持作品完整权的合同的有效性。如果允许著作人身权进入商品流通领域，那么，作者的身份、人格、荣誉岂不成了用金钱可以任意买卖的标的？显然，这也是与人的人身利益不相容的。

2. 著作人身权不可剥夺、不可扣押、不可强制执行

由于著作人身权是与作者的人身利益密不可分的，因而属于人权的一部分。我国的立法和司法实践表明，在特定的条件下，可以依法剥夺公民的政治权利和某些民事权利（如继承权）。但是就著作人身权来说，作者的署名权、修改权、保持作品完整权不能被剥夺。

3. 著作人身权不受期限限制

依我国《著作权法》第20条的规定，在著作人身权中，除发表权以外，作者的署名权、修改权、保护作品的完整权的保护期限不受限制。首先，一部作品的社会评价的优劣与作者的人身利益紧密相连，即与作者的名誉、声望和地位紧密相连。真正有价值的作品，如人类历史上著名的经典作家的作品，不管是外国的还是中国的，其名声和社会对其作品的评价，不因作者的死亡而消灭。历史上的一些伟大作家，经历数千年之久，至今仍被公众崇敬，其原因就在于此。其次，作品的社会评价如何，不仅关系作者本人的人身利益，而且关系到其后代在精神上的利益。作者的人身利益与后代荣辱与共，若损害了作者的人身权利，也会间接地给其后代带来精神上的不快。最后，保护作者人身利益的永久性有利于保护作品的纯正性，维护社会的公共文化利益，如果其受到保护期的限制，则在期限届满后，他人可以任意篡改、割裂、歪曲其作品，这样会有损于社会的公共文化利益。

三、著作人身权的内容

《著作权法》第10条以列举的方式规定了著作人身权的内容，具体包括四项具体权利。

1. 发表权

发表权是指作者决定将其作品是否公之于众、何时公之于众、以何种方式公之于众的权利。发表权属于作者人身权的一部分，是作者的一项重要权利。发表指通过报纸和杂志登载、出版、发行、电台广播、录音录像、放映、演出、展览和公开朗诵等一切合法的形式向不特定的多数人提供作品或作品的复制品。

发表权具有以下三个方面的特征：

（1）发表的本质特征是向不特定的多数人公开提供。

只要作者将其作品向不特定数量众多的人公开即为发表。如果向特定范围内的某些人公开或者一些彼此之间因身份关系互相关联的人公开，则不构成发表。我国《著作权法》第10条第1项中的“公之于众”，应当理解为向不特定的多数人公开。

（2）发表权是受第三人权利限制的权利。

有些作品的内容涉及其他公民，如美术摄影作品中使用了他人的肖像，此时，作品是否发表不仅与作者的人身利益密切相关，而且涉及第三人的名誉和声望。因此，为了保护作者和这些作品描述的或涉及的公民的声誉，作品的发表不仅取决于作者个人的意志，还要取得相关的第三人的同意。否则，相关的第三人会因与其相关的作品的发表而可能受到某种侵害。人在行使自己的权利时，不应当侵害他人的权利，这是一个重要的宪法原则。违反此原则，就侵犯了他人权利，是滥用权利。

（3）发表行为只能行使一次。

实际上，作品的发表与否，只是作品与公众相关的存在状态的改变而已。作品发表了，公众便知悉作品的存在，公众由不知到知悉这一状态的改变瞬间即已一次性地完成了。因此，作品一经作者向不特定的多数人公开之后，作者“发表”的目的即告彻底完成，相关权利亦宣告彻底实现。因而，发表权也已穷竭。

对著作人身权中的发表权的保护，不仅存在于作者的有生之年，而且延续到其死后。在作者生前固然非经作者同意不得发表其作品，在作者死后，其继承人也不得违反作者不得发表的意思而发表其作品。只有当作者生前未明确反对发表时，其继承人才能发表其作品，第三人也只能在不违反作者意思的范围内，经继承人同意，发表其作品，否则，均构成对作者的著作人身权的侵犯。

著作权法之所以要保护作者的发表权，其主要原因在于保护作者的人身利益。一部好的作品的发表，往往会给作者带来好的名誉和声望，提高作者的社会地位。因此，发表权应当成为作者著作人身权的重要组成部分。作者在尚未决定作品发表以前，作品往往处于不成熟或不完善阶段，有进一步修改的必要，若他人未经作者同意而提前发表其作品，有可能使作者的名誉和声望遭受损失。再者，一部作品在未发表之前，处于秘密状态，公众不知道该作品的内容，作者也不愿将其作品的内容告诉他人。这属于作者隐私权的一部分，法律对此有加以保护的必要。

2. 署名权

依《著作权法》第10条的规定，署名权指作者表明作者身份，在作品上署名的权利。作者本人有在自己所创作的作品上署名或者不署名，以及使用真实姓名或署别名、笔名等权利。我国《著作权法》规定，除本法另有规定的以外，著作权首先属于作者。如无相反证明，在作品上署名的就是作者。

署名权，不像其他权利那样有期限的限制，是一种永恒的权利。依《著作权法》第20条的规定，署名权、修改权和保护作品完整权不受期限的限制。署名权不仅为作者终身享有，而且不因作者生命的终结而有所变更。另外，署名权具有不可转让的性质，不因著作财产权的转让和继承而发生变化；受让人和继承人均不得违反作者的意愿，冒用、变更、隐匿作者的姓名发表其作品，否则构成对作者署名权的侵犯。

署名权的内容包括决定署名或不署名的权利，即作者有权在作品上写上姓名或不写姓名；有决定在自己的作品上如何署名的权利，即是写上自己的真实姓名，还是用笔名、别名等的权利；有要求公开利用自己作品的人在其利用的作品上指明自己是作者的权利，如在著作中引用他人作品的内容，应当注明出处，指明作者的姓名。无论是出版、演出、广播，还是以其他方式使用作品时，未经作者同意，不得对其作品上的署名作任何变更。

3. 修改权

依《著作权法》第10条第3项的规定，修改权是指修改或授权他人修改作品的权利。修改权属于作者，作者不仅有权自行修改自己的作品，而且可授权他人修改自己的作品。修改以保持作品的基本内容和性质不变为限度，若修改的结果使原作品面目全非，即属于重新创作，产生出新的作品。此项权利系作者的专属权。继承著作权人，即经继承、转让或许可使用而获得作品的部分著作权的人，未经作者许可不得对其作品进行任何形式的修改。修改权与作者的人身权益不可分离，属于作者人身权的一个权能。我国《著作权法》第 10 条第 3 项对此作了明文规定，修改权，即作者自行修改或授权他人修改作品的权利。根据我国宪法和著作权法立法，作者理应享有修改或授权修改作品的权利。我国《宪法》规定，中华人民共和国公民有进行科学研究、文学艺术创作和其他文化活动的自由。创作自由权是宪法赋予公民的一项基本权利。创作与修改在作品的整个形成过程中不可分割地联系在一起。因为，任何创作都不是一朝一夕之功，更不是举手之劳，一般需要经过反复琢磨、多次的修改才能成功。即使作品已经完成，也不意味着作品是完美无缺的，随着社会的进步、科技的发展和人们认识事物的不断深化，作者本人的观点也极有可能发生改变，需要不断地对作品进补充、增添或修改，表达出作者最新的观点、思想和感情。若法律不赋予作者享有对自己作品的修改权，就会与事物发展的客观规律相矛盾。我国图书出版中的通行做法是，作者与出版社签订出版合同以后，编辑人员予以审稿，可以作出技术性的修改和处理，然后将作品交付印刷。在将作品交付印刷之前，会给作者一个审阅清样的机会，使作者有可能再次对其作品进行修改，其目的在于避免误差，保证作品的质量，以达到良好的社会效果。即使在作品出版发行后，作者根据需要，仍然还可对自己的作品进行补充、增添、删改和修订，以便再版或以修订本的形式出版。

中外法律无不规定作者享有对自己作品的修改权，而且此项权利专属于作者本人，未经作者同意，不得对作品进行修改。作者对自己作品的修改与保持作品完整权，是一个问题的两个方面：一方面，作者享有对自己的作品进行修改的权利；另一方面，作者享有反对他人篡改、割裂、歪曲、丑化自己作品的权利，即维护自己完整性的权利。只有上述两个方面权利的结合，才能实现作者的创作自由权。简言之，只有作者自己才能享有修改作品的权利，未经作者同意，他人不得修改作品。反之，作者本人只有享有反对他人修改自己作品的权利，才能维护自己对作品的修改权，否则作者享有的修改权形同虚设，保持作品的完整性就会成为一句空话。

作者享有修改自己作品的权利，但应以不妨害他人的利益为前提。若作品在交付出版后，印刷已经进行，在这种情况下作者要对作品修改，一般只能请求增添更正或勘误表；若作品已经出版发行，则作者无权要求对已出版的作品收回进行修改，除非作者愿意承担由此引起的一切财产上的损失，并取得了出版方的同意。

4. 保护作品完整权

依我国《著作权法》第 10 条第 4 项的规定，保护作品完整权，即保护作品不受歪曲、篡改的权利。

作品是作者思想或感情的表现。保护作品的完整权的目的，在于维护作品的纯正性，保护作者的人格利益，使其荣誉和声望不受贬损。因为作品的完整性与作者的荣誉和声望密不可分，歪曲、篡改、丑化作品的行为足以使作者的正当的人身利益遭受到损害。因此，任何公民和法人均不得对他人的作品进行篡改、割裂、歪曲、丑化，或作实质性的变更。否则，构成对他人著作权的侵害。

作品的完整性不仅指其表现形式的完整性，如文学作品的情节、内容、人物关系等，也包括作品的思想内容的完整性，如肆意利用他人作品进行后续创作，可能与作者要表达的思想或感情相差甚远，不能不认为这是一种侵害行为。

著作权法禁止篡改、割裂、歪曲、丑化他人作品的行为，但是，对变更他人作品的行为是否构成对他人著作权的侵害，则应当视改变的程度和作者的意愿而定，非经作者同意不得对作品作大篇幅的删除，或作任何实质性的变动。这里的实质性变动是指涉及作品的基本内容或思想观点的变更。对于一篇学术论文专著来说，非经作者同意，编辑人员及其他任何人都不得擅自改变其观点和主张。对于一部小说或剧本来说，任何人（包括公民和法人）均不得变更故事的重要情节、重要人物、时代背景、故事的结局等，否则，构成对著作权的侵犯。

参考案例 4－1

李某的新剧作《长河落日》刚脱稿，打算先放置一段日子以后再行修改。其好友赵某是某市剧团的导演，来拜访李某，浏览了此书稿的一部分，提出借走此书稿欲先睹为快。李某拗不过，只得答应借出。后李某发现市剧团正在公演署名李某和赵某的话剧《长河落日》，该剧是依据李某的原作略作修改后排演的。李某大怒，将赵某诉至法院。赵某未经李某的许可，将其作品以公演的方式公之于众，侵犯了作者的发表权；同时，又在作者的后面署上了自己的名字，侵犯了作者的署名权；还未经许可对作者的原作作了修改，侵犯了李某的修改权；如果歪曲了作者的原意，还可能侵犯保护作品完整权。此外，赵某还侵犯了著作权人的著作财产权，应当承担相应的法律责任。

第二节　著作财产权

一、著作财产权的概念

著作财产权指作者就其作品享有的具有财产内容的权利。通过对作品进行特定形式的利用，作者可以获得一定的财产利益。我国《著作权法》第 10 条列举了以获得财产利益为目的的利用作品的权能，指使用权和获得报酬权，即以复制、表演、播放、展览、发行、摄制电影电视、录像或改编、翻译、注释、编辑等方式使用作品的权利，以及许可他人以上述方式使用作品，并由此获得报酬的权利。

二、著作财产权的性质

作品之所以能够成为著作权法保护的客体，其决定性的因素之一就在于著作权所具有的财产权性质。著作财产权，就其法律性质上讲，与一般财产权有许多相似之处，都是财产所有权或著作财产权人享有的一种排他性的支配权，可以成为转让、继承的标的。但是，著作财产权与一般财产所有权仍有区别，一般的财产所有权是绝对权，具有永久性。而著作财产权的效力在诸多方面受到限制。下面介绍著作财产权的性质。

1. 著作财产权可以转让

著作财产权包括使用权和获得报酬权，即以复制、表演、播放、展览、发行、摄制电影电视、录像或者改编、翻译、注释、编辑等方式使用作品的权利，以及许可他人以上述方式使用作品，并由此获得报酬的权利。作者或著作权人不仅可以使用作品并可由此获得财产利益，而且可以与他人订立使用许可合同，将作品许可使用并收取许可使用费。有人将此种著作财产权的有偿转让称为版权贸易。版权（著作权）贸易为有偿转让；作者或其他著作权人将作品的使用权赠与他人为无偿转让。

2. 著作财产权受法律保护期的限制

著作财产权是受法律保护期限的限制的。依照我国《著作权法》第21条的规定，公民的作品，其发表权、使用权和获得报酬权的保护期为作者终生及其死亡后50年；法人和其他单位的作品以及著作权（署名权除外）归法人和其他单位享有的职务作品，其发表权、使用权和获得报酬权的保护期为50年；电影、电视、录像和摄影作品的发表权、使用权和获得报酬权的保护期也为50年。但是，如果作者在创作完成后不发表自己的作品，其保护期也为50年，自创作完成之日起计算，逾期不再受著作权法的保护。

3. 著作财产权可以继承

著作权中的财产权是可以继承的，可以成为作者或著作权人的法定继承人、遗嘱继承人、受遗赠人继承或者受遗赠的标的，也可以成为作者或著作权人生前进行处分的标的。

著作财产权的可继承性是相对的。由于我国著作权法确立了法人和其他单位的著作权主体资格，甚至在特定条件下可以将之视为作者，因此不是所有的著作财产权都可以被继承。法人、其他单位的变更、解散、撤销或终止，其著作财产权由承受其权利义务的法人或其他单位享有；没有承受其权利义务的法人或者其他单位的，由国家享有，但不是继承。

三、著作财产权的内容

1. 复制权

依《著作权法》第10条第1款第5项的规定，复制权，即以印刷、复印、拓印、录音、录像、翻录、翻拍、数字化等方式将作品制作一份或者多份的权利。复制权指以上述复制方式利用作品的权利。复制权是作者或其他著作权人的一项最重要的最基本的著作财产权。作品之所以能产生财产上的利益，其原因就在于对作品的利用，而对作品利用的主要形式是复制。只有通过复制才能给作者或其他著作权人带来经济上的利益。根据《伯尔尼公约》第9条第1款的规定，受公约保护的文学艺术作品的作者，享有授权他人以任何方式或形式复制其作品的权利。此种权利当然包括机械的或电磁的录制，如唱盘、磁带、盒带、电影胶片、微缩胶片等，以及包括其他所有已知的或尚未发现的方式。随着现代科学技术的迅猛发展，复制的手段和形式也在不断增多，电子手段和数字形式的复制应运而生，按照我国《民法典》规定的精神，我国法律和对外缔结的国际协定没有规定的，可以适用国际惯例。由此可以清楚知道，以电子手段或数字形式进行的复制，也应包括在内。

复制有狭义和广义之分。狭义的复制是指印刷、复印、照相、录音、拓印、翻拍、翻录、制模翻制和其他能制作成相同的复制品的行为。如将图书印刷、复印、打印、抄写；将雕刻、绘画加以摹拓；将录音录像制品加以翻版复制。广义的复制往往还包括通过改作、翻译、编辑、注释、整理等使原作品再现的行为。例如，将小说改为电影剧本，将电影剧本拍成电影，将中文剧本翻译为英文剧本，将建筑设计图制作成建筑物，将工艺美术作品拍成照片等。总之，凡以能使他人感知的方法再现作品内容的行为都是复制。即使将作品存入电脑，然后再把存入电脑的作品“拷贝”出来，也被视为复制的一种形式。因此，世界大多数国家将原作品表现形式，不增添新的内容的“再现”，叫作复制，这就可以清楚地把复制权与其他利用作品的权利区别开来。复制的一种形式是不改变原作品的载体的复制，或者是改变了原作品的载体但不改变作品的表现形式的复制，如手抄、静电复印、复写、打字、照相翻拍、铅印、胶印等。复制的另一种形式是，将作品复制到有形载体上，亦称为固定。例如，将口头作品进行录音复制，将表演者的现场表演进行录音、录像复制。还有一种复制，是从平面变为立体、立体变为平面的复制。如将所有用平面和立体造型艺术方法对作品加以有形地固定。如按照工艺美术品的设计图去制作实物（工艺品），按照建筑设计图去制作成建筑物等，这是由平面变立体的复制。又如，将工艺美术品进行照相复制，这是由立体变平面的复制。但我国《著作权法》规定，按照工程设计、产品设计图纸及其说明进行施工、生产工业品，不属于著作权上的复制。因为现行法律规范上的复制是指狭义的复制。

2. 发行权

发行是指为满足公众的合理需求，通过出售、出租等方式向公众提供一定数量的复制件。发行权即指以上述方式利用作品的权利。

发行必须具备两个条件：发行者必须是著作权人或经著作权人授权的人；发行必须是将作品的复制件向公众提供，并能满足公众的合理需求。因此，文学、艺术作品的表演，工艺美术品的展示，建筑设计图的实施，不是发行。只有将作品复制并公开提供（向公众散发销售），才叫发行。向公众提供是指向不特定的多数人提供。实际上，发行权的行使应基于复制权和出版权的综合运用。如不将其大量复制，出版便也无从谈起；而发行则以上述两种权利的综合使用为前提。但是，出版权与发行权又是可分的，二者毕竟不是一回事。发行的方式可以多种多样，有散发、出售、出借、出口等，作者允许他人出版其作品，一般均包含着允许出版者出售其作品的复制品，但未必允许出口或出租。在许多国家，对于图书以外的客体，如录音、录像制品等，有以出租作为主要的发行方式的趋势。由于信息的存储和传播技术及载体的不断进步和升级，数据的传输和提供已实现了无纸化，将其储存在计算机的数据库中，并且与计算机互联网络联网，第三人可有偿调用数据库中的数据或作品。

3. 出租权

《著作权法》第 10 条第 1 款第 7 项规定：出租权，即有偿许可他人临时使用视听作品、计算机软件的原件或者复制件的权利，计算机软件不是出租的主要标的的除外。

出租权作为一种著作财产权，是首先由多边国际条约确立的。于 1994 年签署、1995 年生效的世界贸易组织公约的最后文件《TRIPS 协议》承认和保护了科学文学和艺术作品作者就其作品享有的出租权。我国《著作权法》修改后，将出租权也纳入了保护范畴。出租与出售或散发等行为的本质目的是一致的，都是为了满足公众欣赏文学艺术作品的需求。所不同的是，出售和散发行为的后果是作品的原件或复制件的买受人或获得人拥有了该物的所有权。出租关系中的承租人则是在约定的期间内通过租赁物权而对载于该物之上的作品享有非商业性的利用权，在期限届满之后，应将租赁物返还出租人。当今很多发达国家，作品复制件的出租业十分发达，录音、录像制品出租业务尤为普遍。公众在遍布大小城市的音像制品出租店里，以低廉的价格租用各类音像制品。很多出租业者还以会员制的方式吸引和保持稳定的客户。即使承租者将租用的作品再次复制，也比在市场上购买复制件出版物的价格低廉得多。一方面，出租各类出版物作为著作权人的一项财产收益方式，从作品复制件的出租活动中获取一定的物质收益；另一方面，也促进了作品更为广泛的利用与传播。同时，也使出租业者从中获得可观的收益。在我国，出租业仍有很大的市场潜力。此外，在一些国家公共图书馆中实行的“公共借阅权”制度，也应属于出租行为。世界贸易组织《TRIPS协议》和《世界知识产权组织版权条约》以及《世界知识产权组织表演和录音制品公约》都单列了出租权的一项条文。出租权，将成为著作财产权的新的权能出现在现代著作权法中。不过，各条文保护的对象有所不同。世界贸易组织《TRIPS协议》对出租权只提到了计算机程序和电影作品，《世界知识产权组织版权条约》则进一步规定了录音制品的出租权。我国著作权法和《TRIPS协议》的规定比较一致，规定了电影等视听作品和计算机软件的出租权。本书作者相信，实践将会给出租权提出更多的新问题。

4. 展览权

展览指公开陈列美术作品、摄影作品的原件或复制件。展览权是作者或其他著作权人享有的将作品公开展出、陈列的权利。展览一般是公开展出未发表的美术作品、摄影作品，如绘画、雕刻、雕塑、摄影、照片、书法以及实用工艺美术作品等。既可以展出作品的原件，也可以展出作品的复制品。将作品在公众场合展出，供人观赏、阅览，以便让公众知晓。它是作者或著作权人发表美术作品的一种形式。展览权具有发表权的性质。同时，它又是一种著作财产权，通过展览可以取得经济上的利益，它是在经济上利用美术作品的一种重要方法。

5. 表演权

表演指演奏乐曲、上演剧本、朗诵诗歌等直接或者借助技术设备以声音、表情、动作公开再现作品。表演权是指作者或其他著作权人享有的以上述方式利用作品的权利。表演权一般适用于音乐、戏剧、舞蹈作品，不可能适用于一切作品，如不能适用于地图作品、雕塑艺术品、工艺美术品、绘画等作品。表演权不仅适用于原创作品，还及于该作品的演绎作品。例如，一个作者创作了一部小说，经他人改编成剧本，经表演者演出，演出的实况又被录音、录像、制作成录制品等，作者的表演权延伸到利用其作品的任何人那里，这种情况在现实生活中是很普遍的。表演权与表演者权不同，表演者权是表演者所享有的是否允许他人播放、录制以及采取其他形式传播自己的表演的权利，表演者权是表演者获得作者的授权后才享有的。表演者要行使某作品的表演权，应征得作者或其他著作权人的同意（法律另有规定的除外），此种权利是受制于作者的著作权的。表演者权与音像制作者、书刊出版者和电视广播组织者的权利一样，属于邻接权的一种，是与著作权有关的权利。

6. 放映权

放映权即通过放映机、幻灯机等技术设备公开再现美术、摄影、电影和以类似摄制电影的方法创作的作品等的权利。

7. 广播权

广播权即以无线方式公开广播或者传播作品，以有线传播或者转播的方式向公众传播广播的作品，以及通过扩音器或者其他传送符号、声音、图像的类似工具向公众传播广播的作品的权利。

8. 信息网络传播权

和出租权一样，信息网络传播权也是著作权法修改后增加的一项新的著作权权能。这是信息技术的发展进步给著作权制度提出的一个新问题。传统的作品的使用传输等方式和环境的改变，要求法律制度作出相应的调整。由于计算机互联网络系统技术的兴起，增加了作品的传输手段和创作手段。其一，是传统作品的数字化和网络传播。所谓作品的数字化，是指利用计算机技术把固有的文学、科学、艺术作品转化成二进制数字编码，以及运用数字信息的存储技术进行存储，并依需要再将不同的作品还原的技术。固有作品形式的数字化，并不产生新的作品。但这种存储和传输手段的出现，也对传统意义上的复制、传播、合理使用等行为的法律界限提出了问题，需要作出新的界定。其二，是在网络上创作的作品及其传播问题。在网络上创作的作品，直接用数字来完成，这似乎是个新事物。但是，还应当看到，这些以数字手段创作的作品，无一例外都没有脱离固有的传统的文学、科学和艺术作品形式范围。因此，数字化技术的出现，到目前为止，并没有使新的作品形式产生，因而也没有产生新的类型的社会关系，无需新的法律调整手段。所以，计算机网络传播，无非是传播手段的增加，就像在有线电传播的基础上新增加了无线电传播，或是在无线电视传播基础上新增加了有线电视传播一样，没有给著作权制度带来质的影响。《著作权法》第 10 条第 1 款第 12 项规定：信息网络传播权，即以有线或者无线方式向公众提供，使公众可以在其选定的时间和地点获得作品的权利。

9. 摄制权

《著作权法》第 10 条第 1 款第 13 项规定：摄制权，即以摄制视听作品的方法将作品固定在载体上的权利。将表演或者景物机械地录制下来，不视为摄制电影、电视。这实际上可以视为一种改编作品的行为。摄制电影、电视作品权指作者或其他著作权人享有将其作品摄制成电影、电视的权利，作者或其他著作权人有权决定是否将自己的作品摄制成电影、电视，由谁摄制。摄制电影、电视权是作者或其他著作权人的一项重要的权利，特别是对于文学作品的作者显得更加重要。因为将文学作品摄制成电影、电视，可以获得可观的经济收益。

摄制电影、电视权是在原作品的基础上创作出的权利，此种权利的特征之一，是将作品由一种类型转变为另一种类型，属于改编权的范围。例如，将电影剧本摄制成电影，实际上是将一种作品改作成另一种作品。再者，将小说拍成电影，首先需要将原作品进行改编，即把小说改编为电影剧本，然后才能摄制成电影。所有这些，都说明摄制电影、电视权本身就属于改编权的范畴。

摄制电影、电视权与电影、电视摄制者的权利是两回事，二者不能混同。首先，主体不同。摄制电影、电视权是原文学艺术作品的作者或著作权人之权；而电影、电视摄制者的权利是电影、电视制片人的权利。其次，客体不同。摄制电影、电视权的客体是对原文学艺术作品的权利；而电影、电视摄制者的权利是对电影、电视作品享有的权利。电影、电视作品作为一个整体，其发表权和专有使用权由电影、电视摄制者享有。电影、电视作品的导演、编剧、作词者、作曲者、摄制者、演员等各自享有自己那部分作品的署名权。电影、电视作品的著作权中的其他权利，由制作电影、电视、录像作品的制片人享有。

10. 改编权

改编权即改变作品，以原作为基础，创作出具有独创性的新的具有不同表现形式的作品的权利。如将小说改编成电影，将民间故事改编成舞台戏曲等。

11. 翻译权

翻译是指将作品从一种语言转换成另一种语言文字。翻译权是指作者或著作权人享有的将自己的作品原稿所用的语言文字转换成另一种语言文字表达的权利。翻译权包含两方面的内容：一是自己将作品译成他种文字的权利；二是同意他人翻译自己作品的权利。翻译权是作者或著作权人的一种重要的著作财产权，可以成为转让和继承的标的。不仅作者本人可以享有此项权利，作者以外的其他著作权人也享有此项权利。由于世界上存在着多种文字，因此翻译权包含着译成多种文字的权能。

原著的翻译权，不同于翻译作品的著作权，原著的翻译权归原著作者或著作权人享有，而翻译作品的著作权则归译作的作者及著作权人享有。相对原著而言，译作属于第二次著作，成为独立的著作权，它与原著的著作权并存，都是著作权法保护的标的。但是，原著与译作仍存在重大区别：一是主体不同，前者是原著的著作权人，后者是译作的著作权人；二是享有的翻译权不同，原著享有翻译权，而译作不享有翻译权，即译作的著作权人无权将译作再翻译成其他的文字作品，也无权同意他人将译作翻译成其他的文字作品，除非其取得原著作者或著作权人的同意，否则属于侵犯原著的著作权。但是，如果他人要将原著翻译成为与译作相同的语言文字的译本，只要征求原著作者或著作权人的同意即可，而不必征求原先的译作的作者意见，原先的译作作者也无权干预。

12. 汇编权

汇编权是指原作品的作者或其他著作权人享有的决定将其作品是否汇编、由谁汇编以及如何汇编的权利。汇编权与汇编作者的权利是两回事。汇编作者只有在征得汇编作品的作者或著作权人同意，且在不改变原作品的表现形式、思想内容的情况下，才能通过自己的独创性劳动将原作品汇编在一起，从而产生新作品，即汇编作品。编辑作品的选材、编排是最为重要的，只要具有独创性，即可以成为新的作品，享有著作权。因此，只要编辑作品的作者将各种材料编选结合时，在素材的选择、编排或分类方法上付出了自己的智力劳动，表现出自己的独立构思，著作权即自然产生。《伯尔尼公约》第 2 条第 5 项规定，文学或艺术作品的汇编，诸如百科全书和选集，凡由于对内容的选择和编排而成为智力创作的，应得到相应的但不损害汇编内每一作品的版权的保护。

汇编作品作为一个整体，著作权由编辑人享有，汇编作品中可以单独使用的部分，著作权归属于该部分的作者，汇编作品的作者或著作权人在行使汇编作品的权利时，不得侵犯原作品（各个单独使用的部分）的著作权。

但是，作为编辑作品中所收集起来的众多的可以单独使用的各部分作品，有的已进入公有领域，早已属于社会公共财富，有的则可能属于不受著作权法保护的作品，即为法律所排除的作品，如行政、司法文件，法院判决，案例，法律集等。在上述情况下，就不存在编辑作品的作者侵犯原作品（各个单独使用的部分）的著作权问题。

汇编作者享有的著作权不能排除他人对收入汇编作品的资料进行新的汇编的权利，只要新的汇编者对收入文集作品的资料进行了独立的加工、选材、编排或系统的整理，增添了新的注释等，即视为新的汇编作品。

应当指出，著作财产权的种类并不限于前述各类，所以，著作权法在列举著作财产权时，最后又很有技巧地概括为应当由著作权人享有的其他权利。这里所列举的只是一些常见的著作财产权类型。随着技术的发展，作品的使用方式增多，还会派生出一些新的权利。比如，网络传播权已经为各国所认识，并已开始通过缔结国际条约和国内立法对之进行保护。当然，也有的国家通过对原有权利进行扩大解释来解决这些问题。

参考案例 4-2

李某是一位全国著名的高产乡土作家。他笔耕不辍，创作的作品有《张老三的幸福生活》《婆媳之间》等。其作品不仅拥有大批的读者，文学价值也颇受重视。畅销的作品和授权将作品改编利用给他带来了相当丰厚的收入。作为其所在省的作家协会的重要领导人，他还有一份可观的工资。但李某认为，他通过创作作品和许可他人使用其作品可以自食其力，便拒绝了国家发给的工资。作家李某作为作品的著作权人，可许可他人以各种方式利用作品，如出版发行，改编成电影、电视剧本，许可他人表演等，通过这些可以获得足够的收入。在法律上，李某的这些收入便是行使著作财产权的结果。

第三节　著作权的取得

著作权的取得指著作权作为一项私权，获得法律的确认和保护，成为权利人依法可以行使和处分的权利。在我国，著作权的取得采取自动保护原则，作品登记只是用作发生争议时的证据，因此登记是自愿的。

一、自动保护原则

所谓自动保护原则指著作权的产生和取得不依赖于有关的行政审查和授权手续，自动产生。我国著作权法即采取了自动保护原则。依《著作权法》第 2 条第 1 项的规定，中国公民、法人或者其他单位的作品，不论是否发表，依照本法享有著作权。《著作权法实施条例》第 6 条规定，著作权自作品完成创作之日起产生，并受著作权法的保护。此即为我国著作权的自动产生制度。

实际上，作品完成是一个法律概念。此处的“完成”指依据著作权法的规定，某种思想已纳入著作权法的保护范围，成为权利人著作权指向的对象。至于作品本身处在创作的哪个阶段，作品是否发表，在所不问。如有些长篇作品并非要等到整部作品都写作完毕才能出版，而是写完一部分发表一部分，著作权法就保护一部分；特别是一些连载作品，更是如此。此处，发表不是所要强调的。

在知识产权法律制度中，自动保护原则使著作权区别于工业产权法律制度，这是著作权法的一个重要特征。

二、自愿登记制度

在我国，作品登记采取的是自愿登记制度。我国《计算机软件保护条例》第 7 条规定，软件著作权人可以向国务院著作权行政管理部门认定的软件登记机构办理登记。软件登记机构发放的登记证明文件是登记事项的初步证明。

第四节　著作权保护期

不同的权利以及不同的著作权的主体，保护期不同。

一、从权利的内容看

1. 人身权利

依《著作权法》第 22 条的规定，作者的署名权、修改权、保护作品完整权的保护期不受限制。即著作人身权在法律上是永存的。但发表权与其他人身权有所不同，因其与著作财产权的行使有着密不可分的联系，所以发表权有期限的限制。《著作权法》第 23 条规定“自然人的作品，其发表权、本法第十条第一款第五项至第十七项规定的权利保护期为作者终生及其死亡后五十年，截止于作者死亡后第五十年的 12 月 31 日；如果是合作作品，截止于最后死亡的作者死亡后第五十年的 12 月 31 日。”

2. 财产权利

财产权利与人身权利不同，是一种受期限限制的权利。依《著作权法》第 21 条、第 23 条的规定财产权利的保护期为五十年，截止于作品首次发表后第五十年的 12 月 31 日。

二、从著作权的主体看

1. 法人或者非法人组织的作品

法人或者非法人组织的作品、著作权（署名权除外）由法人或者非法人组织享有的职务作品，其发表权的保护期为五十年，截止于作品创作完成后第五十年的 12 月 31 日。

2. 自然人的作品

《著作权法》第 23 条规定，自然人的作品，其发表权及财产权利的保护期为作者终生及其死亡后五十年，截止于作者死亡后第五十年的 12 月 31 日；如果是合作作品，截止于最后死亡的作者死亡后第五十年的 12 月 31 日。

3. 视听作品

视听作品，其发表权的保护期为五十年，截止于作品创作完成后第五十年的 12 月 31 日；《著作权法》第 10 条第 1 款第 5 项至第 17 项规定的权利的保护期为五十年，截止于作品首次发表后第五十年的 12 月 31 日，但作品自创作完成后五十年内未发表的，《著作权法》不再保护。

【引例评析】

老中医总结了几十年的临床经验口述完成的《中医按摩推拿述要》一书，鉴定结果证明该书是严格依照老中医的构思完成的。因此，作品的著作权专属于老中医。赵某只是笔录了老中医口述的内容，是一种简单的记录工作，对构成《中医按摩推拿述要》一书的独特的表现形式的完成没有任何不可替代的创造性贡献，因而赵某以其对作者的口述作过记录为由，主张著作权没有事实基础和法律依据。署名权和获得报酬权专属于作者。赵某即使能主张相关的报酬，也只能向委派他的医院提出，而且他获得的只能是基于劳动合同和其他形式的劳务合同的劳务费，与作者应得的稿酬是没有关系的。

【本章小结】

1. 著作人身权是指著作权中与作者的人身利益密切相关的权利。它除了受《民法典》一般保护外，还受著作权法的特殊保护。

2. 著作财产权指作者就其作品享有的具有财产内容的权利。通过对作品进行特定形式的利用，作者可以获得一定的财产利益。一般地讲，有一种作品使用方式，就应当对应存在一种著作财产权。

3. 一般地说，著作权自作品创作完成之日起产生，即著作权采取自动保护原则，不需履行特定手续即可产生。这不同于专利权和商标权等工业产权。

4. 著作权的保护期因权利性质不同而存在差异。作者的署名权、修改权、保护作品完整权的保护期不受限制。其他权利则是有时间限制的。

【练习题】

1. 名词解释

著作人身权　著作财产权　发表权　网络传输权

2. 思考题

（1）著作人身权的性质、特点和内容是什么？

（2）著作财产权的性质、特点和内容是什么？

（3）著作权是如何取得和消灭的？

3. 案例分析题

张女士是某档案馆的管理员，本职工作是将归档的文档登记、分类和造册。为了减轻上述手工劳动的强度，她业余创编了自动实施档案管理的计算机程序软件，用于本单位的档案管理。

问题：

（1）张女士作为该档案管理软件的创编者，她就该软件享有何种权利？

（2）软件登记对于张女士享有该软件的著作权有何影响？

分析要点提示：

（1）作品作为法律保护的对象有何特点？作者创作作品的劳动有何特点？作者与著作权人之间的关系是什么？

（2）计算机软件作品的登记与其获得法律保护之间的关系如何？

即测即评

第五章　著作权的主体和归属

【本章引例】

张某是一家时装公司的服装设计师。他编制了计算机辅助服装设计程序软件，并向有关部门登记。时装公司主张，该软件是张某在承担其公司指派的工作任务的过程中完成的，应属职务作品，著作权属时装公司所有。问：张某对该软件应否独立享有著作权？

【本章学习目标】

通过本章的学习，你应该能够：

- 掌握著作权主体的概念
- 了解各类作品著作权的归属

第一节　著作权的主体

著作权的主体即著作权人。依据我国《著作权法》第9条的规定，著作权人包括作者和其他依照《著作权法》享有著作权的公民、法人或者其他组织。

一、作者

1. 创作和作者

创作，是设计并完成文学艺术表现形式行为的过程和结果，是从构思到将构思具体实现，最终呈现作者思想和情感的表现形式的完整过程。构思主要是一种内心活动，通常是作者从感受到思索，直至完成关于未来作品的全面设计的过程。对于文字作品而言，作者在构思成熟的基础上，再运用包括语言文字、线条、色彩、声音和身体动作及物料等手段或者元素，将想象中的构思对象运用适当的技巧形式化地传达出来，形成表现其思想和情感的作品。

法律规定自然人为作者，是对客观事实的尊重与肯定。但是，在特定情况下，为了满足某种利益需求，在法律上也可以把自然人以外的其他民事主体视为作者，给他们以作者的法律资格。这也就是说，本来是自然人创作的作品，通过法律规定，把作者的身份赋予自然人以外的其他主体。我们可以把这种作者称作“法定作者”。至于是否规定法定作者，是否通过其他方式解决特定的利益需求，则属于各国的立法技术选择问题了。比如，我国《著作权法》就规定了法人作者。由法人或者非法人组织主持，代表法人或其他社会组织的意志创作，并由法人或者非法人组织承担责任的作品，法人或者非法人组织（过去称为“其他社会组织”）被视为作者。《中国的人权状况》白皮书就属于这种情况。这种办法既解决了在经济、政治、外交和文化实践中的特殊署名的利益需求问题，又用“视为”作者的表述，坚持了自然人才是实际作者的科学原则。

2. 署名与作者

依《著作权法》第 11 条第 4 款的规定，如无相反证明，在作品上署名的公民、法人或者其他组织是作者。这一规定的法律意义在于推定署名的人即是作者，享有作者的权利。这一推定源自著作权自动产生的特点。它一方面减轻了作者在行使著作权时对自己身份的举证责任，另一方面也为法官判定著作权人资格提供了依据。

应予注意的是，我国法律没有规定作品及其作者署名的形式。一般说来，应依行业习惯进行。通常，有上述推定效力的署名必须是正式的署名。对图书作品而言，正式的署名应该写在封面和版权页上；其他作品，也应符合行业惯例和大众习惯，让人一目了然，确信那是作者的署名。事实上，在作品上署名的人很多，有些显然不具有标示作者的意义，例如，书名的题写者，丛书的顾问，丛书的主编、策划者和主审人等。另外，有些署名不是完整意义上的署名，如笔名、假名、匿名或佚名等，这类署名不一定足以标明作者身份。如果当事人之间对此产生争议，则除非署名者另外提供充分证据，否则不能仅仅依据这种署名，主张自己是作者。

由于署名的形式对于认定作者的身份有特别的意义，所以，当事人在发表、出版作品时应尽量避免模棱两可的署名形式，以防患于未然。在有些情况下，法律上已经排斥了著作权意义上的署名的可能性，例如：《著作权法》第 15 条规定的电影作品之中的制片者，《著作权法》第 16 条规定的职务作品之中的单位，等等。这时具体的单位或者自然人作者，其名称即便出现在作品之中也不具有《著作权法》第 11 条第 4 款规定的确定著作权归属的效力，而仅仅表明了其作为执笔者或者组织者的身份而已。

参考案例 5-1

张某是计算机软件工程专业的硕士研究生。他刻苦钻研，创编了一套非常受欢迎的教学软件。在软件的创编过程中，张某得到了导师王教授的多方指点和帮助。张某在进行计算机著作权登记注册时，想将王教授作为作者署名。但王教授谢绝了张某的好意，不愿在软件上署名。我国《著作权法实施条例》第 3 条规定，著作权法所称创作，是指直接产生文学、艺术和科学作品的智力活动。为他人创作进行组织工作，提供咨询意见、物质条件，或者进行其他辅助工作，均不视为创作。如果王教授只是提供咨询意见，则不能算作参加创作，当然不可以署名。王教授拒绝署名，体现了一个为人师表的教育工作者的优秀品质。

二、原始著作权人与继受著作权人

1. 原始著作权人

原始著作权人即是著作权产生时所依附的主体，它只能是作者、法人或者其他组织。《著作权法》第 11 条第 1 款规定：“著作权属于作者，本法另有规定的除外。”著作权属于

作品的原始作者当然是不言而喻也是最常见的。但上述中的“除外”，即作品一产生著作权就属于作者以外的人享有的情形，主要是指《著作权法》第 15 条、第 16 条、第 17 条规定的职务作品和委托作品的雇主或委托人享有著作权的情况。同一般作者不同的是，他们只享有部分著作权，有些著作权的权能，特别是署名权通常不属于他们，而是由相关的合同约定其归属。

2. 继受著作权人

继受著作权人，是指非因自己的创作，而是基于其他法律事实而获得著作权的人。显然，继受著作权人的权利来自原著作权人。由于著作权中的人身权利同作者不可分离，使其中的财产权的转让也受到严格的限制。故继受著作权人不可能享有完整的著作权。但继受著作权人必须至少拥有著作权人的财产权利的一部分，即他必须是权利的所有者。仅仅是被许可在一定期限内使用作品的人（被许可人），不属于继受的著作权人。由于著作权之中的各项财产权利可以分别转让给不同的人，故针对同一作品会出现多个继受著作权人并存，甚至出现多个继受著作权人与原始著作权人同时存在的局面。《著作权法》第 21 条规定，“著作权属于自然人的，自然人死亡后，其本法第十条第一款第五项至第十七项规定的权利在本法规定的保护期内，依法转移。”

产生继受著作权的原因有继承、赠与、遗赠、受让等。另外，根据《著作权法》第 21 条第 2 款的规定，著作权属于法人或者非法人组织的，法人或者非法人组织变更、终止后，其财产权利在《著作权法》规定的保护期内，由承受其权利义务的法人或者非法人组织享有；没有承受其权利义务的法人或者非法人组织的，由国家享有。

依原《著作权法实施条例》的规定，合法持有作者身份不明的作品原件的人可行使除了署名权以外的著作权。

第二节　著作权归属

一、演绎作品

演绎作品即对已有的作品进行演绎、加工所产生的作品。

演绎是一种重要的创作方式，主要指《著作权法》第 13 条所列举的改编、翻译、注释和整理。其实，所有以现存作品为基础创作新的作品的行为都是演绎。它不仅仅指同种作品形式之间的改编、转换，例如，将长篇小说改成缩写本、将外文著作译成中文等；还包括以别的形式来表达作品的内容，例如，将小说改编成舞台剧、将舞台剧改编成电影或电视剧等。只要以另一作品的创作为创作基础，将原先作品的思想内容被移植到了后来的作品之中，都属于广义的演绎。

根据《著作权法》第 13 条的规定，注释、改编、翻译、整理已有作品而产生的作品，其著作权由改编、翻译、注释、整理人享有，但行使著作权时不得侵犯原作品的著作权。

二、演绎作品利用的双重限制

需要特别强调的是，利用他人演绎作品，受到原作作者在先权利和演绎作者权利的双重限制。《著作权法》专门列明一个独立条文对此做了特别规定。《著作权法》第 16 条规定，使用改编、翻译、注释、整理、汇编已有作品而产生的作品进行出版、演出和制作录音录像制品，应当取得该作品的著作权人和原作品的著作权人许可，并支付报酬。

这一规定的原因在于：由于原作品的思想内容、表现形式会不同程度地被移植到演绎作品中去，故原著作权人可能对演绎作品也享有权利。对此要区别对待不同的情况。对翻译而言，由于译作只是以另一种语言转换了原作的表现形式，原作与演绎作品不可分割，故原作著作权人对演绎作品也享有著作权。但是对注释、评论而言则不同。由于注释、评论部分对原作来说是相对独立的，故原作者和演绎者都不享有对方作品的著作权。无论哪一种情况，演绎者行使著作权时，都不得侵犯原作品的著作权。

三、合作作品

合作作品是两个以上的作者合作创作的作品。合作作品的成立有两个前提条件，即合意和合作。合意即是指完成合作作品的作者之间有共同的合作创作的意思表示，也就是说，在合作作者之间存在共同完成作品创作的意思表示并达成合意。合意并不总是要求当事人之间有书面协议或者口头明示，只要具有当事人为了完成一项作品而多次、大量、长期地接受对方的创作的事实，依一般的民事法律行为的原则，就可以认定双方具备了合意。合作是指合意者之间在客观上存在合作创作行为，即各方都为作品的完成做出了直接的、实质性的贡献。所谓直接、实质性的贡献，是指作者必须参与作品的构思和创作过程，而且最终形成的作品也确实包含了合作者的智力劳动成果。总之，对合作作品而言，合意与合作缺一不可。在缺乏合意的情况下，即使作品中采用了某人的思想观点或叙述，该人也不能成为合作作者。

《著作权法》第 14 条规定，两人以上合作创作的作品，著作权由合作作者共同享有。没有参加创作的人，不能成为合作作者。

合作作品的著作权由合作作者通过协商一致行使；不能协商一致，又无正当理由的，任何一方不得阻止他方行使除转让、许可他人专有使用、出质以外的其他权利，但是所得收益应当合理分配给所有合作作者。

合作作品可以分割使用的，作者对各自创作的部分可以单独享有著作权，但行使著作权时不得侵犯合作作品整体的著作权。

根据合作作者所创作部分是否可单独使用及是否具有独立的使用价值，可将合作作品分为两类，即可分割使用的合作作品和不可分割使用的合作作品。对不可分割使用的合作作品而言，由于各个作者的利益被糅合在统一的作品之中，故各位作者对作品应该共同享有平等的权利，行使权利时必须取得一致意见，即不可分割使用作品的作者对作品以共同共有的方式享有和行使权利。任何一方不得将合作作品据为己有，例如未经其他合作作者同意而将共同的作品收入个人文集。同时为了避免少数人滥用其权利，《著作权法实施条例》第 9 条规定，合作作品不可以分割使用的，其著作权由各合作作者共同享有，通过协商一致行使；不能协商一致，又无正当理由的，任何一方不得阻止他方行使除转让以外的其他权利，但是所得收益应当合理分配给所有合作作者。所谓正当理由应根据具体情况来定，例如某种权利行使方式会导致侵权、违约责任，会造成对部分作者的歧视，损害其利益，会破坏作品的完整性，等等。可以分割使用的合作作品的著作权具有双重性质，作品的整体著作权由全体合作者共同享有，作品各相对独立部分的著作权由各部分作者单独享

有，即可分割使用的合作作品的作者以按份共有的方式享有和行使其著作权。各个作者单独行使自己独立创作的作品部分著作权，不得侵害合作作品整体的著作权，作品被集合在一起的作者如无正当理由亦不得阻止作品集合的使用。但是，这种集合并不产生统一的一项作品，相反各作者仍然只对他的作品享有著作权，而且，它们的保护期也不统一。

四、汇编作品

汇编作品，是指汇编若干作品、作品的片段或者不构成作品的数据或者其他材料，对其内容的选择或者编排体现独创性的作品。由于对作品进行汇编是一种利用作品的形式，作品汇编权专属于作者。所以汇编现有作品时，应事先征得原作品著作权人的同意。但是，依法定许可转载或摘编他人在报刊上发表的作品，以及依合理使用的规定刊登其他新闻机构的社论、评论员文章或他人在公众集会上的讲话不受此限制。

依《著作权法》第 14 条的规定，汇编作品由汇编人享有著作权，但行使著作权时，不得侵犯原作品的著作权。对大多数汇编作品来说，其独创性主要体现在其选材及各部分的组织方式上，因而它往往要通过汇编作品的整体体现出来。故汇编者的权利仅及于汇编作品的整体，其对被汇编的具体的基础作品不享有著作权。

汇编作品同可以分割使用的合作作品十分相似。事实上，一部由多人合编的辞书既是合作作品又是汇编作品。尽管如此，典型的汇编作品和可分割的合作作品还是有如下区别的：

（1）汇编作品常常有一个独立于各位作者的汇编者，由他来完成汇编工作，其他作者不参与汇编；而可分割的合作作品通常是由一律平等的创作者共同创作。

（2）汇编作品以汇编者的名义发表；而可分割的合作作品则通常以各位作者共同的名义发表。

（3）汇编作品的具体作者对汇编作品整体不享有著作权；而可分割的合作作品的每一个作者都分享整体著作权。

（4）汇编作品的具体作者之间不必具备合意，例如一期杂志的各篇文章的作者可能各不相干；而可分割的合作作品的作者之间通常应有合意，因而作品各部分的内部关系较密切。

五、电影作品

依《著作权法》第 15 条第 1 款的规定，电影作品和以类似摄制电影的方法创作的作品的著作权由制片者享有，但编剧、导演、摄影、作词、作曲等作者享有署名权，并有权按照与制片者签订的合同获得报酬。将著作权中的其他权利一律赋予制片者的理由在于充分保护制片者的利益，才可能有电影作品的创作和传播。该规定也考虑到中国的现实情况，即导演、编剧等都是电影制片厂的工作人员，制片厂作为一个整体进行摄制工作。

由于电影、电视作品是一门综合艺术，要完成成功的创作，没有足够的艺术家和作家的参与几乎是不可能的。如何确认和保护其相关的权利，划分相关的利益关系，是一个十分复杂的问题。特别是在影视制作已成长为一个重要的国民经济的产业的时候，更需要妥善处理。

《著作权法》第 15 条第 2 款规定，电影作品和以类似摄制电影的方法创作的作品中的剧本、音乐等可以单独使用的作品的作者有权单独行使其著作权。值得一提的是，导演不在这些作者之列，没有相对独立的作品部分。但是，视听作品是一种综合艺术，由集体创作完成，导演是完成作品的决定因素与核心；一部电影的摄制既是艺术创造又是系统工程，导演从整体上把握且全面设计影片。导演在文学剧本所提供的情节与形象的基础上形成艺术构思，并挑选摄制和演艺人员，运用视听作品的表现手段，转换为银幕形象的语言。电影理论称电影导演是用镜头写作的作家。因此，不能抹杀导演作为视听作品创作者的主体地位和资格。

六、视听作品

依《著作权法》第 17 条第 1 款的规定，视听作品中的电影作品、电视剧作品的著作权由制片者享有，但编剧、导演、摄影、作词、作曲等作者享有署名权，并有权按照与制片者签订的合同获得报酬。

将著作权中的其他权利一律赋予制片者的理由在于充分保护制片者的利益，才可能有电影作品的创作和传播。该规定也考虑到中国的现实情况，即导演、编剧等都是电影制片厂的工作人员，制片厂作为一个整体进行摄制工作。

由于电影、电视作品是一门综合艺术，要完成成功的创作，没有足够的艺术家和作家的参与几乎是不可能的。如何确认和保护其相关的权利，划分相关的利益关系，是一个十分复杂的问题。特别是在影视制作已成长为一个重要的国民经济的产业的时候，更需要妥善处理。

《著作权法》第 17 条第 2 款规定，电影和电视剧以外的视听作品的著作权归属由当事人约定；没有约定或者约定不明确的，由制作者享有，但作者享有署名权和获得报酬的权利。

《著作权法》第 17 条第 3 款规定，视听作品中的剧本、音乐等可以单独使用的作品的作者有权单独行使其著作权。

值得一提的是，导演不在这些作者之列，没有相对独立的作品部分。但是，视听作品是一种综合艺术，由集体创作完成，导演是完成作品的决定因素与核心。一部电影的摄制既是艺术创造又是系统工程，导演从整体上把握且全面设计影片。导演在文学剧本所提供的情节与形象的基础上形成艺术构思，并挑选摄制和演艺人员，运用视听作品的表现手段，转换为银幕形象的语言。电影理论称电影导演是用镜头写作的作家。因此，不能抹杀导演作为视听作品创作者的主体地位和资格。

七、职务作品

1. 职务作品的定义及构成条件

所谓职务作品是指公民为完成法人或其他单位工作任务所创作的作品。职务作品的构成以“单位工作任务”为核心因素。“工作任务”一般认为包括职务作者在单位职责范围内的工作任务和单位特别指派的任务；在合同制中应为合同中约定的职责范围内的任务。值得一提的是，工作任务并不取决于工作时间，在业余时间完成的仍可能是工作任务。同样，一些作者占用工作时间构思，创作了一些本职工作任务之外的作品，也不能因此认为是职务作品。另外，“与本职工作密切相关”的创作，却未必属于工作任务。如作为学校的教学工作人员，创作出了与其教学研究的学科具有直接或间接关系的研究成果，则未必就能被视为职务作品；医生根据其供职医院的指派进行临床试验而写作的临床总结报告是职务行为，但在此基础上根据自己的临床实践经验所撰写的论文，应属于个人作品。

既然是为单位完成任务，职务作品的作者和单位之间应该具有雇用或聘用劳动合同关系。所谓劳动合同关系，指法人，包括国家的立法、司法和行政部门与其雇员之间设定、变更和终止与雇用和劳动相关的权利义务关系的协议。

《著作权法》第 18 条第 2 项特别强调了一种特殊情形：报社、期刊社、通讯社、广播电台、电视台的工作人员创作的职务作品与第 3 项概括性规定的法律、行政法规规定或者合同约定著作权由法人或者非法人组织享有的职务作品，共同确定了职务作品的范围。

2. 职务作品著作权之归属

根据《著作权法》第 18 条的规定，职务作品的著作权归属有两种模式：一是著作权归作者享有，单位在其业务范围内享有优先使用权；二是作者仅享有署名权，而其他权利由单位享有。对第一类作品而言，依《著作权法实施条例》第 12 条的规定，单位享有的优先使用权的期限是两年，自作者向单位交付作品之日起算。在此期限内单位的使用权是专有的，即非经单位或者法人组织同意，作者不得许可第三人以相同的方式使用其作品。须指出的是，单位或者非法人组织只能自己行使其优先使用权而不能将其转让给他人。至于单位在业务范围内使用作品是否有付酬义务，法律上无明文规定。如果头两年单位不在其业务范围内使用作品，那么作者可以要求单位同意由第三人以与单位或者非法人组织的使用方式相同的方式使用，单位无正当理由不得拒绝，所获使用费的分配由单位和作者约定。对第二类职务作品而言，法律仅规定单位可以给予作者奖励。依《著作权法》第 18 条第 1 项的规定，第二类作品的构成条件还包括：主要利用单位的物质技术条件完成，并由单位承担责任。所谓物质技术条件，依《著作权法实施条例》的规定，是指为创作专门提供的资金、设备或者资料。

区别这两类职务作品的准绳在于创作投资问题。如果一件作品的创作，无须法人或其他单位专门提供大量的资金、技术条件，其创作主要依靠个人智力，那么，即使是在法人或其他单位工作任务内的创作，著作权也归个人享有，因为法人并没有投资回收资金问题。这类作品的典型是拿国家薪水的新闻记者、职业作家等完成的职务作品。

相反，大型的创作活动有赖于法人或其他单位在资金、人员和物质财富方面的全面支持。由于法人、单位或者非法人组织又承担着投资风险，所以法律规定著作权归法人、其他单位或者非法人组织享有，以保证他们收回投资。这类作品主要包括工程设计、产品设计图纸及其说明、计算机软件、地图等具有实用功能的作品。但是这绝不是全部，因为需要法人、其他单位或者非法人组织进行大量投资的作品不限于实用作品。

参考案例 5-2

某市建委属下的建筑设计院和市政府市政工程局签订设计“朝阳体育馆”施工图纸合同。设计院设计团队在总工程师任某的带领下，依合同的约定完成了设计任务，并在该体育馆的建设过程中与施工单位密切配合，依照施工单位的要求，对原设计方案进行了优化，顺利完成了工程建设。后来，任某的家乡也要建设一个体育馆并找到任总工程师，索要刚刚完工不久的朝阳体育馆的设计图。任总工程师囿于家乡人情，将图纸给了家乡的相关部门。后任某所在的设计单位向任某家乡的建设施工单位主张该工程设计图属于设计院所有，未经许可不能使用。该建设施工单位以工程设计图是任某个人的作品为由拒绝。该案中，设计图系由建筑设计院与市政工程局签订合同的产物，合同未约定建筑设计图的著作权归属，该建筑设计图著作权归于设计院。总工程师任某受设计院的指派，以设计院的名义，率领同事完成了设计任务。同时，设计院还要对该图纸承担相应责任。因此，该设计图除署名权以外的著作权归设计院。任某家乡的有关部门以该设计图是任某的个人作品为由拒绝承担责任在法律上缺乏依据，不能成立。

八、委托作品

委托作品即受托人根据委托人的委托而创作的作品。著作权法并未要求委托创作作品的当事人采用书面形式。依民法一般原理，可以采用口头形式。只是，关于著作权归属的推定会使委托人因此而承担一定的风险，即一旦受托人反悔，关于委托创作作品的合同关系存在的举证责任，由委托人承担。

有时，受托人和委托人之间可能存在劳动合同关系，在这种情况下，委托作品容易被误认为职务作品。区分两者的关键在于，这种创作是否属于受托人的职责范围，是否与工作单位的法定业务活动直接相关。如果回答是否定的，那么应适用《著作权法》第 17 条关于委托作品的规定而不是第 16 条关于职务作品的规定。

依《著作权法》第 17 条的规定，受委托创作的作品，著作权的归属由委托人和受托人通过合同约定。合同未作明确约定或者没有订立合同的，著作权属于受托人。

根据上述规定，双方当事人得自由约定作品著作权的归属，即共有或者归一方所有。双方当事人约定著作权归属时，不得违反法律的规定。

九、作品转移的权利归属

作品的原件发生转移是社会生活中经常发生的事情，《著作权法》对此种行为及其结果进行法律规制自是题中之义。

《著作权法》第 20 条特别规定，作品原件所有权的转移，不改变作品著作权的归属，但美术、摄影作品原件的展览权由原件所有人享有。

作者将未发表的美术、摄影作品的原件所有权转让给他人，受让人展览该原件不构成对作者发表权的侵犯。

对于作者身故后著作权的转移，《著作权法》第 21 条规定，著作权属于自然人的，自然人死亡后，其《著作权法》第 10 条第 1 款第 5 项至第 17 项规定的财产权利在《著作权法》规定的保护期内，依法转移。在我国发生过的清朝最后的皇帝《我的前半生》一书的权利归属，即属此例。

著作权属于法人或者非法人组织的，法人或者非法人组织变更、终止后，其《著作权法》第 10 条第 1 款第 5 项至第 17 项规定的权利在《著作权法》规定的保护期内，由承受其权利义务的法人或者非法人组织享有；没有承受其权利义务的法人或者非法人组织的，由国家享有。

十、作者身份不明的作品

依《著作权法实施条例》第 13 条的规定，作者身份不明的作品，由作品原件的所有人行使除署名权以外的著作权。该条涉及特定情形之下的著作权归属和行使问题。根据保护作者权益的宗旨，著作权以由作者所有和行使为原则，例外情况应该限制在最低程度之内。故对《著作权法实施条例》第 13 条所指作者身份不明作品须作严格界定。如果其囊括的范围过宽，则会损害作者的利益，当然过窄也可能使一些作品陷入无人管理状态而不利于社会对它的正常使用。

所谓作者身份不明的作品应为相关当事人无法通过正常途径了解到作者身份的作品。正常途径包括根据作品上的署名、《著作权公报》上的记载或通过广告或者其他手段等。相关当事人是指与著作权的行使有关的人，如作品原件的持有人、出版社、制片人、译者等。据此，一件作品未署名或者署了鲜为人知的笔名发表，并不等于就是作者身份不明的作品。在这种情况下，收发稿的单位或个人通常确知作者身份，作者如欲保持其身份的隐秘状态，可以委托有关单位或个人代为行使其著作权。如无作者授权，有关单位或个人不得擅自行使著作权。

相反，如果作者身份确属不明，则作品原件的合法持有人依法获得一种“准作者”的著作权人地位，他有权行使署名权以外的全部著作权。而且，他是依法以自己的名义行使权利的，而不是作为作者的代理人行使权利。他可以对著作权进行处分，并取得相应的收益。他也可以对侵犯著作权的行为提起诉讼。不仅如此，他的这种权利甚至是可以对抗作者的。如果有人主张作者身份，则必须负举证责任。

依《著作权法实施条例》第 13 条的规定，作者身份一旦确定，一切权利便回归作者或者他的继承人。法律没有明确原件合法持有人是否应将行使著作权所得利益返还作者。遇有此种情况宜由有关当事人本着公平、诚信原则协商解决。作品原件的合法持有人通常是指购买到他人美术作品原件以及合法地保存有作品手稿的出版社、报刊社、文史馆和档案馆等单位和个人。

作者身份不明的作品在例外的情形之下可能没有合法的原件持有人，法律也没有明确此时其著作权的归属。不过比照《著作权法》第 21 条关于著作权人死亡后无继承人的，著作权归国家所有的规定，以及依《著作权法实施条例》第 18 条的规定，该作品的著作财产权应该归国家所有，而其人身权也应由国家保护。

十一、由他人代笔的作品

著作权的归属原则上归作者，但有一些非常特殊的情形需要特别规定。前述职务作品、委托作品以及单位作品等均属此类。除此以外，还有一些需要特别说明的由他人代笔完成作品的情形。第一类，由他人执笔，本人审阅定稿并以本人名义发表的报告、讲话等作品，著作权归报告人或者讲话人享有。在这里，基于作品的署名方式，报告人或讲话人被视为作者。当然，著作权人可以支付执笔人适当的报酬。第二类，当事人合意以特定人物经历为题材完成的自传体作品，当事人对著作权权属有约定的，依其约定；没有约定的，著作权归该特定人物享有，执笔人或整理人对作品完成付出劳动的，著作权人可以向其支付适当的报酬。

【引例评析】

引例中张某作为服装设计师，他在时装公司的任务是设计时装，而非任何其他工作。他创编的服装辅助设计软件尽管与其本职工作有关，但与他和公司之间的劳动合同约定他承担的服装设计任务并无任何法律上的联系。因此，张某创编的计算机软件及其著作权是专属于作者的绝对权利；服装公司主张其享有该软件的著作权无法律依据，不能成立。

【本章小结】

1. 著作权的主体即著作权人。著作权人包括作者和其他依照本法享有著作权的公民、法人或者其他组织。

2. 除著作权法另有规定的外，著作权属于作者。由法人或者其他组织主持，代表法人或者其他组织意志创作，并由法人或者其他组织承担责任的作品，法人或者其他组织视为作者。如无相反证明，在作品上署名的公民、法人或者其他单位为作者。

3. 我国法律就各类作品的著作权作了明确规定，其中对演绎作品、合作作品、汇编作品、电影作品、职务作品、委托作品等均作出了明确的规定。

【练习题】

1. 名词解释

作者　著作权人　合作作品　汇编作品　电影作品　视听作品

2. 思考题

（1）作者和著作权人有何不同？

（2）职务作品的著作权的归属在我国著作权法上是如何规定的？

（3）电影、电视、录像作品的著作权归属如何？

3. 案例分析题

（接第四章的案例分析题）张女士将软件创编完成后，欲将其申请登记软件著作权。但其工作单位提出异议。该单位主张，张女士是其单位的职工，其有关档案管理工作所取得的工作成果是职务作品，理应归单位所有。

问题：

（1）张女士单位的主张是否有法律依据？

（2）假如你是张女士的代理人，你将如何为其代书答辩状？

分析要点提示：

（1）在分析职务作品的构成要件的基础上，结合法律规定将该软件在著作权法上的性质弄清楚。

（2）根据法律法规的规定整理出答辩的理由，并复习答辩状的格式。

即测即评

第六章 邻接权

【本章引例】

《螃蟹网箱养殖法》是一部实用的农业技术作品，该书理论与实践相结合，具有很强的可操作性及指导性。该书出版之后，引起了有关方面的注意。某市农业局农业技术推广中心所属农业技术开发公司与市电视台合作，获得作者许可后，以该书为蓝本，邀请表演、制作等专业技术人员，制作了水产养殖技术电视节目，并以此为基础制作了音像制品作为指导材料出版，不仅获得了可观的经济效益，也收到了良好的社会效益。宏发公司与个体户张某见有利可图，相互勾结，以营利为目的大量盗印和复制相关的音像材料，发了一笔横财。问：这种行为除侵犯著作权外，还侵犯了什么权利？

【本章学习目标】

通过本章的学习，你应该能够：

- 掌握邻接权的概念和内容
- 了解邻接权与著作权的关系

第一节 邻接权概述

一、邻接权的概念

所谓邻接权，是指与著作权相邻近的权利，它是指作品传播者在传播作品过程中对其创造的成果享有的权利。作者创作作品的劳动及其成果固然需要保护，因为只有作者通过其创造性的劳动，才可以为人类创造和积累精神财富；而只有通过传播者辛勤地传播作品，才使得社会公众有机会享受作者创造的精神财富。故而，传播作品的行为理应受到法律的确认和保护。正是因为如此，法律才设立了以保护作品传播者权益为目的的邻接权保护制度。随着技术的不断进步，作品的各种记录形式越来越丰富多彩，参与到作品复制、传播过程之中的人也就越来越多。可以说，邻接权是著作权制度适应新技术而引起的一种新的法律制度。由于电影技术，特别是后来的录音技术和广播技术的出现，便产生了到底是有关的公司还是具体创作的自然人是原始权利人的问题。狭义的邻接权仅指《罗马公约》所保护的表演者的权利、唱片制作者的权利和广播组织的权利。

二、邻接权与著作权的关系

邻接权是著作权制度发展到一定阶段之后出现的一种与著作权相关的权利。它属于广义著作权的一部分，同著作权有密切的关系。

1. 邻接权与著作权的联系

（1）著作权是邻接权产生的基础。因为，邻接权产生于传播作品的过程之中，离开了著作权，邻接权就成了无本之木。出版者、表演者、录音录像制作者、广播电台、电视台行使权利，不得损害被使用作品和原作品著作权人的权利。

（2）著作权与邻接权相辅相成，互为支撑。这表现在大多数国家的邻接权制度都是作为著作权法中的一章来规定的。有关著作权的许多规定都直接适用于邻接权。

2. 邻接权与著作权的区别

邻接权也有其相对独立性，它同著作权的区别在于：

（1）主体不同。著作权的主体多是自然作者；而邻接权的主体是作品的传播者，其通常是法人。

（2）对象不同。著作权保护的是产生作品的智力劳动成果；而邻接权保护的是作品传播者传播作品的过程中投入的劳动和资金，其对象分别是表演、录音制品、录像制品和广播电视节目等。

（3）权利的内容不同。就权利的内容而言，邻接权是一种简单的权利，而且它通常不具有人身权利的性质（表演者权例外）；而著作权则复杂得多，既包括人身权利，又包括财产权利。

（4）保护期不同。邻接权的保护期比较短，通常是 25 年左右，如《罗马公约》和《保护录音制品制作者防止未经许可复制其录音制品公约》规定的邻接权的最低保护期都是 20 年；而著作权的保护期则长达作者终生加上死后 50 年。

由于邻接权是广义的著作权中的一部分，故有关著作权的一些一般规定也适用于邻接权保护，例如自动保护原则、合理使用等。我国的邻接权制度不仅保护表演者、音像制品制作者和广播组织的权利，还保护出版者的权利。

第二节　与著作权相关的权利的内容

一、出版者的权利

依《著作权法》第 37 条的规定，出版者有权许可或者禁止他人使用其出版的图书、期刊的版式设计。

所谓版式设计，是指对印刷品的版面式样的设计，包括对版心、排式、用字、行距、标点等版面布局因素的安排。装帧设计则是对开本、装订形式、插图、封面、书脊、护封和扉页等印刷物外观的装饰。它们都是出版者在编辑加工作品时完成的劳动成果。被出版的作品是否受到著作权保护并不影响版式、装帧设计的设立。即便是影印古籍，只要出版者投入了智力劳动，如寻求善本、配书、补页、文字润色、版面修饰等，他仍然创造出了受保护的版式、装帧设计。

出版者对其版式设计享有专有使用权，即除了出版者自己可以随意使用其版式设计外，其他人未经许可不得擅自按原样复制。出版者可禁止的使用还包括很简单的、改动很小的复制以及变化了比例尺的复制。由此可见，版式设计权的保护范围是很明确的，一般仅仅表现为专有复制权。另外，通常它也不包含人身权利的因素。

根据《著作权法》第 32 条的规定，图书出版者出版图书应当和著作权人订立出版合同，并支付报酬。这一规定显示了维护著作权人利益的倾向，非经著作权人的同意或授权，出版者无权擅自出版作者的作品。出版者要获得这种同意或授权，必须通过出版合同予以确认。

《著作权法》第 33 条规定，图书出版者对著作权人交付出版的作品，按照合同约定享有的专有出版权受法律保护，他人不得出版该作品。

对于作品出版的质量和期限，以及违反合同的民事责任，《著作权法》第 34 条规定，著作权人应当按照合同约定期限交付作品。图书出版者应当按照合同约定的出版质量、期限出版图书。

图书出版者不按照合同约定期限出版，应当依照《著作权法》第 54 条的规定承担民事责任。

图书出版者重印、再版作品的，应当通知著作权人，并支付报酬。图书脱销后，图书出版者拒绝重印、再版的，著作权人有权终止合同。

《著作权法》第 35 条规定，著作权人向报社、期刊社投稿的，自稿件发出之日起十五日内未收到报社通知决定刊登的，或者自稿件发出之日起三十日内未收到期刊社通知决定刊登的，可以将同一作品向其他报社、期刊社投稿。双方另有约定的除外。

作品刊登后，除著作权人声明不得转载、摘编的外，其他报刊可以转载或者作为文摘、资料刊登，但应当按照规定向著作权人支付报酬。

图书出版合同一般以书面的形式订立。根据国家版权局提供的图书出版合同标准样式，出版合同应当明确以下各方面的内容：

（1）著作权人拟交出版的作品的名称和种类。如果是文学作品，应注明是诗歌、小说、戏剧文学、电影文学还是散文体裁；美术作品应注明是书法还是何种造型艺术。

（2）作者名称。可以是本名或别名，也可不署名，出版者应尊重作者选择的署名方式。

（3）对作品关于内容、篇幅、体例、图表、附录等项的要求以及违反上述要求的责任。

（4）著作权人应保证授予出版者的权利没有瑕疵。如果因此项授权而出版的作品侵犯了第三人的权益，著作权人应当承担全部法律责任。

（5）著作权人交付作品稿件的日期以及违反该约定的责任。

（6）出版者出版作品的日期以及违反此约定的责任。

（7）图书出版者依约定从著作权人手里获得的权利是何种性质，是专有的还是非专有的。这是修改后的著作权法归还给著作权人的选择权。这一规定显示出更尊重著作权人。此外，合同还应约定该权利的期限，以及出版者享有的出版权的地域范围。

（8）著作权人许可出版者的其他权利，如对作品的改编、翻译等权利。

（9）著作权人允许出版者对其作品进行修改、删节，增加图表及前言、后记及作品名称的变更的权限范围，以及这种变更的法律效力。

（10）首次出版的数量。

（11）审校作品的责任归属。

（12）著作权使用费的标准、币种和支付办法。

（13）作品重印的条件。

（14）作品原稿的退还。

（15）作品首次出版后，出版者向著作权人赠送样书的数量及折价销售著作权人图书册数。

（16）合同解除的条件。

（17）违约责任。

（18）双方因合同纠纷是否申请仲裁以及仲裁机构的约定。

（19）双方认为需要约定的其他条件。

此外，根据《著作权法》第 36 条的规定，图书出版者经作者许可，可以对作品进行修改和删节。这种修改既包括文字技术上的修改，也包含经与作者商定后，或经作者许可后对内容的修改。

出版合同一经签订，就具有法律效力。

关于出版者的图书版式设计的权利，《著作权法》第 37 条规定，出版者有权许可或者禁止他人使用其出版的图书、期刊的版式设计。

该权利的保护期为十年，截止于使用该版式设计的图书、期刊首次出版后第十年的 12 月 31 日。

二、表演者的权利

表演，指演奏乐曲、上演剧本、朗诵诗词等直接或者借助技术设备以声音、表情、动作公开再现作品，即表演是对作品的再现。被表演的作品既可以是受著作权保护的作品，也可以是进入公有领域的作品。在没有作品被表演的情况之下，演出不能成为邻接权的客体。故体育比赛、杂技演出都不是表演权的保护对象。但是，法律上并不排除创作作品和表演同时发生的情形，例如，即兴的演讲、舞蹈等。这时演讲者和舞蹈者同时是其口头作品、舞蹈作品的著作权人和其表演的邻接权人。

依据《著作权法》第 39 条的规定，表演者对其表演主要享有人身权利和财产权利。

1. 表演者的人身权利

（1）表明表演者身份。

表演者对其表演所享有的表示姓名的权利，类同于著作权人所享有的署名权。不同艺术形式表演的署名习惯不同，很难统一规定，通常有如下几种形式：

1）在演出广告、宣传栏、节目单或者文艺刊物刊登的剧照上标明表演团体的名称和演员的姓名；

2）有些节目在表演之前由主持人介绍表演者的姓名；

3）由广播电台、电视台播报表演者的姓名；

4）通过字幕在屏幕上显示表演者的姓名等。

（2）保护表演形象不受歪曲。

表演形象是表演者所表现的艺术作品中的人物形象，不同于表演者的本来形象。前者是著作邻接权，即表演者权的问题；后者属于公民肖像问题。由于表演者所塑造的艺术形象，相当于他创造的作品，二者有密切的联系。表演者就表演形象享有的权利，亦应有人身利益的因素，法律保护表演者经过创造性的活动所塑造的人物形象具有不受歪曲的权利。这是因为，一旦表演形象被固定下来，当人们对这种固定下来的形象再次利用的时候，就存在被歪曲利用的可能性，如果将歪曲了的表演形象进行传播和利用，就侵犯了表演者的人身权利。而且歪曲的形式是多种多样的，有些并不歪曲表演形象，而是将该形象与原作割裂开来以后，放入另一种环境下作歪曲的利用，这也应认为是侵犯表演者的人身权利。比如，某中药厂把男性特征突出的影视演员的表演剧照，拿来作强身壮体中药的宣传广告，严重歪曲了表演者所饰演的艺术形象，并且损害了该演员的名誉和声望，侵犯了表演者的名誉权。

表演形象不同于表演者的形象，前者是著作权邻接权，后者则属于表演者的个人肖像权。前者由著作权法加以保护，后者则是民法调整的对象。我国民法规定，公民享有肖像权，未经本人同意，不得以营利为目的使用公民的肖像。

表演者的人身权利同著作人身权利所保护的是表演者和他们的表演之间的客观的、事实的联系，这种联系不因时间的逝去和财产利益的消失而有所改变。这种事实联系在作者去世之后是否属于人身权，有待再作理论上的研究，但这种事实应当受到社会永久的尊重，却是人们不争的共识。

2. 表演者的财产权利

(1) 许可他人从现场直播和公开传送其现场表演，并获得报酬。

即许可他人通过广播或电视系统等通信手段把现场表演直接传送给用户的权利。各国邻接权制度都把现场直播权作为表演者对其表演的一项重要财产权利予以保护。在我国，广播电台、电视台如果直播表演应当取得表演者的授权，双方应当约定直播者向表演者支付的费用。需要说明的是，所谓现场直播是一次性的。如果考虑其他因素，如时差影响收视率或收听率，可由广播电台或电视台先将表演录音或录像，然后再择时播出。但这种播出仅限一次，即等同于一次性的现场直播。此外，由于大城市中建筑物对电波的干扰或是边远地区、山区接收无线电信号困难，在技术上常常采用将直播信号转播的办法进行传送，这也应属于现场直播行为。

(2) 许可他人录音录像，并获得报酬。

表演者对自己的表演有录音录像的权利，各国法律均有此类规定。表演者也可将此项权利授予他人行使。凡是对他人的表演录音录像的，均应取得表演人的许可。

(3) 许可他人复制、发行、出租录有其表演的录音录像制品，并获得报酬。

复制、发行、出租表演的录音录像制品，可以给表演人带来经济利益。这项权利可以授权他人行使，表演者并可因此获得报酬。如果他人实施这类行为未经表演者许可，则为侵权行为。

(4) 许可他人通过信息网络手段向公众传播其表演，并获得报酬。

计算机信息网络系统作为与传统广播、电视不同的新的信息传输手段，同样可以用来向公众传播艺术表演，这种传播行为也应成为表演者支配、利用和控制的对象，并据此获取相应的财产回报。

3. 职务表演

著作权法特别规定了一个“职务表演”的表演类型。《著作权法》第 40 条规定，演员为完成本演出单位的演出任务进行的表演为职务表演，演员享有表明身份和保护表演形象不受歪曲的权利，其他权利归属由当事人约定。当事人没有约定或者约定不明确的，职务表演的权利由演出单位享有。

职务表演的权利由演员享有的，演出单位可以在其业务范围内免费使用该表演。

职务表演的概念：演员为完成本单位的演出任务进行的表演。这里并未特别强调“本单位”的性质，即是否专业还是非专业或者职业的艺术表演单位，法律在所不问；对“演员”也没有作出身份或者资格的规定。

对职务表演权利归属，法律采取的是约定或者合同优先的原则，由当事人事先约定。没有事先约定的或者约定不明确的，职务表演的权利由演出单位享有。

另一种情形，即表演权归属于演员的，演出单位可以在其范围内免费使用表演者的职务表演权。

著作权法职务表演制度的设置，表现出了对表演单位的利益特殊保护。

4. 表演者权的保护期

《著作权法》第 41 条明确规定了表演权的保护期。根据该条第 2 款的规定，表演者所享有的许可他人从现场直播和公开传送其现场表演，并获得报酬；许可他人录音录像；许可他人复制、发行录有其表演的录音录像制品，并获得报酬；许可他人通过计算机信息网络向公众传播其表演并获得报酬，四项财产权利的保护期为 50 年，截止到该表演发生后第 50 年的 12 月 31 日。

参考案例 6-1

宁宁自小喜欢舞蹈。一次宁宁随父亲去剧院看著名的舞蹈家杨某的专场演出。尽管剧场明示禁止录像，但宁宁的父亲还是将现场的表演用自己的数码摄像机录了下来。宁宁的父亲将杨某表演的录像翻制成激光视盘，不仅供宁宁研习，还私自出售给他人。宁宁的父亲制售的激光视盘质量粗劣，没有注明表演者的姓名，影像模糊且时有抖动，角色形象出现扭曲。杨某在得到宁宁的父亲制作的激光视盘后，气愤不已，当即将宁宁的父亲告上法庭。法院判决认为，剧场明示禁止录像，宁宁的父亲侵犯了杨某作为表演者的现场录像权利；激光视盘上未注明杨某的姓名，其署名权也受到了侵害；视盘模糊不清，角色形象扭曲，侵犯了杨某的表演形象不受歪曲的权利。此外，销售激光视盘以非法获利的行为，侵犯了杨某通过利用其表演获得财产利益的权利。

三、录制者的权利

1. 录音、录像制品和录制者

（1）录音、录像制品。

录音制品，指任何声音的原始录制品；录像制品，指电影、录像作品以外的任何有伴音或者无伴音的连续相关形象的原始录制品。

由于这两个定义都强调是“原始录制品”，因此翻录他人已有的录音、录像并不能产生相应的邻接权利。不过如果有多人同时或先后独立地对同一音像事件进行录制，则他们的录制品都是原始录制品。另外，定义中所说“任何声音”“任何……连续相关形象”，表明被录制的内容不仅包括表演者的演出，也包括日常生活事件、体育比赛以及自然现象等。

值得一提的是，录像制品和录像作品是有区别的。录像实际上是一种类似于摄制电影

的新的记录手段。录像的独创性水平相差很大。正是为了区别对待独创性程度不同的录像结果，才产生了录像作品与录像制品两个法律范畴，它们分别受著作权、邻接权保护。

录像制品同录像作品的区别在于录像制作者是否进行了创作。当录像制作者用类似摄制电影的方法对剧本进行了内容上的处理，按照剧本的要求组织音乐、美术等方面的创作，并将它们合成，用磁带加以固定，那么其结果就是录像作品；相反，如果录制者只是机械、忠实地录制现存的音像，如录制讲课、舞台表演，那么他制作出来的便是录像制品。

至于录音，由于录制品的作者只限于忠实地记载、复制现存的作品或音响而不能对其进行加工创作，因而其结果不能成为作品，也无所谓“制品”与“作品”之别。

（2）录制者。

录制者包括录音制作者和录像制作者，录音制作者是指录音制品的首次制作人；录像制作者是指录像制品的首次制作人。由于音像制品均指原始录制品，其制作者只能是首次将音像固定下来的人，故音像出版单位并不是当然的录制者，只有当其是原始音像制品的制作者时，才享有录制者的邻接权。

2. 录音录像制作者的权利

录音制作者报酬权：《著作权法》第 45 条规定，将录音制品用于有线或者无线公开传播，或者通过传送声音的技术设备向公众公开播送的，应当向录音制作者支付报酬。这一规定只适用于录音制品用于法律列明的传播方式。

录音录像制作者的许可权：《著作权法》第 44 条规定，录音录像制作者对其制作的录音录像制品，享有许可他人复制、发行、出租、通过信息网络向公众传播并获得报酬的权利；权利的保护期为五十年，截止于该制品首次制作完成后第五十年的 12 月 31 日。

被许可人复制、发行、通过信息网络向公众传播录音录像制品，应当同时取得著作权人、表演者许可，并支付报酬；被许可人出租录音录像制品，还应当取得表演者许可，并支付报酬。

录制利用表演者的表演制作录制品，《著作权法》第 43 条规定，录音录像制作者制作录音录像制品，应当同表演者订立合同，并支付报酬。

《著作权法》在文本上，其实首先强调的是对制作录制品行为的限制。《著作权法》第 42 条规定，录音录像制作者使用他人作品制作录音录像制品，应当取得著作权人许可，并支付报酬。

录音制作者使用他人已经合法录制为录音制品的音乐作品制作录音制品，可以不经著作权人许可，但应当按照规定支付报酬；著作权人声明不许使用的不得使用。

四、广播电视节目播放者的权利

1. 广播电视节目与播放者

广播、电视节目，指广播电台、电视台通过载有声音、图像的信号传播的节目。这显然只是从技术角度下的一个简单定义。从著作权法的角度来看，广播电视节目应该是由广播电台、电视台综合各种作品、制品和其他材料制作的，适合于播放的集合制品。广播电视节目作为一个整体，受到邻接权的保护，至于其中采用的单独的作品或制品，如电影、录音和录像，则另外独立地受到著作权或邻接权的保护。

电视节目与电视作品相互区别：电视节目应是所有通过电视台播放的内容的总称；至

于电视作品，则仅指其中那些结构上独立、内容上完整的，又符合作品要件，即具备独创性要求的部分。

至于播放者，是指广播电台和电视台。虽然《著作权法》及其实施条例都没有提到有线电视台，但是从《著作权法实施条例》关于"广播、电视节目"以及"播放"的定义可以推定，有线电视台也是播放者之一，它如有单独制作的节目，也应受到邻接权的保护。

2. 播放者的权利和保护期限

依《著作权法》第 47 条的规定，广播电台、电视台有权禁止未经其许可的下列行为：

（1）将其播放的广播、电视以有线或者无线方式转播；

（2）将其播放的广播、电视录制以及复制。

（3）将其播放的广播、电视通过信息网络向公众传播。

广播电台、电视台行使上述规定的权利，不得影响、限制或者侵害他人行使著作权或者与著作权有关的权利。

第 47 条第 1 款规定的权利的保护期为五十年，截止于该广播、电视首次播放后第五十年的 12 月 31 日。

播放者除享受上述对自行制作的广播节目的专有使用权之外，还可以依据《著作权法》第 48 条的规定，电视台播放他人的视听作品、录像制品，应当取得视听作品著作权人或者录像制作者许可，并支付报酬；播放他人的录像制品，还应当取得著作权人许可，并支付报酬。

【引例评析】

引例中农业技术开发公司与市电视台合作，经作者许可获得依《螃蟹网箱养殖法》一书改编和制作相关的录制品的权利，对该录制品享有排他的表演者权和录制品制作者权。宏发公司与个体户张某以营利为目的，大量盗印和复制相关的音像材料，不仅侵犯了原作者的著作权，还侵犯了表演者和音像制品制作者的权利，应当承担相应的法律责任。

【本章小结】

1. 邻接权指作品传播者在传播作品过程中对其创造的成果所享有的权利。因其与著作权密切相邻而被称作邻接权。

2. 邻接权通常包括表演者权、录制者权和播放者权。在我国著作权法上还包括出版者权。

3. 出版者对其出版物的版式等享有权利。出版者有权许可或者禁止他人使用其出版物的版式设计。该权利的保护期为 10 年，截止于使用该版式设计的出版物首次出版后第 10 年的 12 月 31 日。出版者在出版和使用他人作品时应当尊重他人的著作权。

4. 表演者享有表明表演者身份、保护表演形象不受歪曲等人身权。此外，表演者还享有如下财产权：许可他人现场直播和公开传送其现场表演，并获得报酬；许可他人录音录像，并获得报酬；许可他人复制、发行录有其表演的录音录像制品，并获得报酬；许可他人通过信息网络手段向公众传播其表演，并获得报酬。表演者的财产权利保护期为 50 年，截止于该表演发生后第 50 年的 12 月 31 日。

5. 录制者对其制作的录音录像制品，享有许可他人复制、发行、出租、通过信息网络向公众传播并获得报酬的权利；权利的保护期为 50 年，截止于该制品首次制作完成后

第 50 年的 12 月 31 日。

6. 播放者权包括：(1) 自行播放和许可他人播放其广播电视节目；(2) 自行复制发行或许可他人复制发行其广播电视节目。播放者权的保护期为 50 年，截止于该广播、电视首次播放后第 50 年的 12 月 31 日。

【练习题】

1. 名词解释

出版者权　表演者权　录制者权　播放者权

2. 思考题

(1) 简述邻接权的概念和内容。

(2) 邻接权与著作权的关系是什么?

(3) 简述邻接权的保护期。

3. 案例分析题

乔某是一个颇有名气的交谊舞明星，在全民健身运动中曾有为数不少的崇拜者。乔某发现他所享有的公众注意力或可成为一种具有商业价值的资源，可资利用。于是，乔某聘请其舞场搭档姚某，与某电视台合作从事交谊舞电视教学，并计划将其教学课程录制成音像制品销售。后来，姚某私自将相关的录制品制作成光盘抢先发售。

问题：

(1) 乔某和电视台就交谊舞电视教学节目享有什么权利?

(2) 姚某侵犯了何人的何种权利?

分析要点提示：

(1) 应当注意表演者、录制者的权利内容以及二者的区别。

(2) 考虑作为乔某合作者的姚某和电视台分别具有何种权利和地位。

即测即评

第七章　著作权的利用

【本章引例】

江某的作品《月之魂》发表后好评如潮，有着良好的商业前景。南方影视制作公司欲将此作品改编拍摄成电影，遂与江某签订合同，江某许可该公司使用其作品制作影视作品。后南方影视制作公司破产，法院将使用作品的权利列入破产财团，以偿还到期债务。问：该作品的使用权是否可作为财产充抵债务？

【本章学习目标】

通过本章的学习，你应该能够：

- 掌握著作权的许可使用和转让
- 了解著作权的其他利用方式
- 掌握著作权的继承

第一节　著作权的许可使用

一、许可使用的概念及与转让的区别

所谓许可使用，是指在著作权主体不发生变更的前提下，允许他人在一定的条件下行使其部分著作权。作为许可使用的对象一般是财产权利。由于许可使用既能够保持著作权主体的不变，又可以借助社会的力量来开发、利用自己的作品，所以它是非常重要的著作权行使方式。

著作权的许可使用和著作权的转让都是行使著作权的具体方式。它们在使作者的知识产权转化为物质利益的过程中所起的作用是一样的。但是，在法律上两者有着根本的区别。首先，著作权的转让引起著作权权利主体的变更，受让人在转让完成之后成为新的著作权人，他对作品享有完整的财产所有权，既可以使用它，也可以处分它，并获得相应的收益。而著作权的许可使用并没有这种效力，被许可人通过许可使用合同获得的仅仅是在特定条件下使用作品的权利。因此，被许可人通常又被称为被许可使用人，而不能称为著作权人。被许可使用人的处分权是十分有限的。例如，即使是取得专有使用权的被许可人，如他欲将他获得的权利转让或者许可他人使用，原则上都需取得著作权人的许可。其

次，著作权的转让无所谓期限的问题，即它总是指将著作权或者其部分在整个著作权保护期内让渡给他人。除非有民法上关于民事行为绝对无效或者相对无效的理由，如合同违法、显失公平或重大误解等，否则著作权一旦转让出去便是不可逆转的。而依《著作权法》第 24 条的规定，著作权的许可使用合同的当事人可以自行约定许可使用的限期。

二、许可使用的一般规定

依《著作权法》第 24 条的规定，使用他人作品应当同著作权人订立许可使用合同，本法规定可以不经许可的除外。2013 年修订并颁布实施的《著作权法实施条例》第 23 条规定：使用他人作品应当同著作权人订立许可使用合同，许可使用的权利是专有权的，应当采取书面形式，但是报社、期刊社刊登作品的除外。

依上述规定，可以得出如下结论。除法律明确规定的对著作权的限制和例外（包括合理使用和法定许可使用的情形）之外，任何其他使用他人作品及其著作权行为均应和权利人签订许可使用合同，这实质上确定了著作权的许可使用的要式法律行为的属性，即使用他人作品，应当和权利人签订许可使用合同。“应当”在法律上意义是指若违反此类规定，须承担于其不利的法律后果。

著作权许可使用合同指著作权许可人和被许可人之间就确立其关于著作权许可使用的权利义务关系所签订的书面协议。它也是一种民事合同，故同样应符合合同法的原则规定。另外，《著作权法》还特别针对著作权许可使用作了如下规定。

1. 著作权许可使用合同的主要条款

著作权贸易是整个社会经济贸易活动的重要组成部分。为了在贸易活动中将双方当事人的权利义务明确并用法律形式固定下来，各国普遍采用著作权许可使用合同的方式。通过合同关系，既能有效地保障著作权贸易安全，又可以减少纠纷。新中国成立以来，我国的作者和被许可使用人长期不习惯运用合同方式维护各自的权益，往往是口头的“君子协定”，双方的权利义务不明确。结果事后容易发生纠纷，双方各执一词，以至诉诸人民法院。在这种情况下，与著作权人相比，常常是作为被许可使用人的出版社却处于强者的地位。因此，著作权法从更好地维护著作权人利益出发明确规定，被许可人使用他人作品应当同著作权人订立许可使用合同。只有报社、杂志社刊登作品可以除外。这对许可人和被许可人都是一种约束。所以，从 1985 年以来我国出版社已经普遍采用合同的方式取得对著作权人作品的使用权。但是，为了满足公众的文化教育事业和发展科学技术的需要，不可能在任何情况下使用著作权都要取得著作权人的许可。因此，著作权法又规定，由该法规定可以不经许可的除外。这种情况主要是指著作权法规定的“合理使用”和“法定许可”制度。

根据文学艺术作品的不同表现形式，著作权许可使用合同的种类也不同。常见的有：出版权许可使用合同；表演权许可使用合同；编辑权、改编权、翻译权许可使用合同；各类邻接权许可使用合同，如表演者权许可使用合同等。

任何合同要保障其合法有效，双方当事人都应当就合同的主要条款作出约定。由法律明确规定合同的主要条款，正确指导当事人的缔约行为，有助于当事人准确、全面地理解合同的内容，并审慎地作出约定。双方当事人要使合同的内容和形式都符合法律的要求，避免合同无效或发生纠纷。我国合同法贯彻契约自由和鼓励交易的原则。依《民法典》的规定，合同的内容由当事人约定，主要条款包括：当事人的名称或者姓名和住所；标的；

数量；质量；价款或者报酬；履行期限、地点和方式；违约责任；解决争议的方法。当然，不同内容的合同，主要条款也不同。《著作权法》第26条根据著作权许可使用合同的性质和特点，规定合同的主要条款应当包括以下几个方面的内容：

（1）许可使用的权利种类。

也就是许可使用作品的方式。著作权许可使用合同必须明确规定著作权人授权被许可人以何种方式使用其作品。比如，授权翻译则应明确授权何种文字的翻译使用权。使用方式可以是一种，也可以是几种，但一定要明确约定。在中国大陆、港澳台地区，还应当将汉字的简体字和繁体字版本明确分别授权。

（2）许可使用权的性质。

即是专有使用权或者非专有使用权。专有使用权是一种独占的和排他的权利，是指著作权人将许可使用的著作权，比如，出版、翻译某一文字，摄制电影等权利授权给被许可人之后，在合同的有效期间内，既不能再将上述权利授权给第三人使用，自己也不能使用。这种在许可合同约定的范围内，作者自己也不能使用的许可方式一般称为独占许可；在许可合同约定范围内，作者也可以同时使用的许可方式一般称为排他许可。非专有使用权是指著作权人将某一项或几项著作权许可他人使用之后，在合同的有效期内，还可以将同样的权利再许可第三人使用。专有使用权和非专有使用权有很大的区别。著作权法要求被许可人在与著作权人签订合同时必须明确约定许可使用的性质，旨在保障被许可人的正当利益。如果在合同中未明确约定许可使用权的性质，倘若发生争议，通常法律只能认为被许可人取得的是非专有使用权。

（3）许可使用的范围、期间。

许可使用的范围是指被许可的著作权在地域上的效力。通常表现在作品的复制、发行范围，以及表演权、播放权、翻译权的范围等。许可使用的期间是指被许可使用的著作权在时间上的效力。这些内容，合同中都应当明确约定。

（4）付酬标准和办法。

根据《著作权法》第28条的规定，使用作品的付酬标准可以由当事人约定，也可以按照国务院著作权行政管理部门会同有关部门制定的付酬标准支付报酬。当事人约定不明确的，按照国务院著作权行政管理部门会同有关部门制定的付酬标准支付报酬。现在作者和出版社已经开始广泛使用支付“版税”的方式计算稿酬，即按作品复制发行总数的市场价格的一定比例向作者付酬。如果作品重印，仍按约定的比例和办法向作者付酬。这种办法已为更多的作者接受。付酬办法是支付报酬的具体方式，比如，是现金支付，还是支票支付；是付人民币，还是付可兑换的某种国际硬通货。如果有具体要求，均应在合同中明确约定。

（5）违约责任。

著作权许可使用合同是对双方当事人有约束力的法律文件。双方在合同中确立的权利义务关系受法律保护，应当认真履行。但是，当事人一方或双方违反合同约定的情况经常发生。所以，几乎所有合同中都订有违约条款，即一方或双方当事人未按约定履行义务时应当承担的法律责任。以此方式作为保证当事人履行合同的手段之一。双方可在合同中约定，如果发生违约行为，应当按照《民法典》的有关规定承担民事责任。

（6）双方认为需要约定的其他内容。

除了上述五个方面的内容之外，还可以就双方认为必须列入的内容作出约定。比如，

对纠纷解决的办法，双方可以约定有关仲裁的条款。也就是说，双方约定或一方要求必须订立而被另一方接受的条款，都可以成为该项合同的主要条款。

2. 著作权许可使用合同的普通条款

合同的普通条款亦称一般条款，是合同主要条款以外的条款。只要约定了主要条款，一经双方当事人签字或盖章，合同即可成立。也就是说，普通条款的有无，对合同成立及其效力不发生影响。

合同的普通条款有两类。一类是有关法律、法规明确要在合同中必须履行的内容，无须合同特别约定也要履行。当事人可根据有关法律、法规的要求，对该合同应当履行的义务作出更为明确、具体的约定。按照我国著作权法的规定，这类条款主要包括：合同中著作权人未明确许可的权利，未经著作权人许可，另一方当事人不得行使；出版者、表演者、录音录像制作者、广播电台、电视台等依照著作权法取得他人的著作权使用权的，不得侵犯作者的署名权、修改权、保护作品的完整权和其他著作财产权。另一类普通条款是指双方当事人在合同成立后约定的其他条款，如出版合同中向作者赠送样书的数量以及作者购书的优惠办法等。普通条款虽对合同的成立及其效力不发生影响，但对维护交易安全、减少合同纠纷等也具有重要的作用。

参考案例 7-1

李某是知名的畅销书作家，早年曾在报纸上连载发表了一部畅销小说《缘已尽，情未了》。后来他将该书交给甲出版社出版，并签订了专有出版合同，该合同尚未履行完毕。王某将李某早年在报上连载的《缘已尽，情未了》汇集之后，交乙出版社出版。乙出版社未经权利人许可，出版了权利人的作品，侵犯了作者的复制权。同时乙出版社侵害了甲出版社在李某和甲出版社签订的合同约定的时间和范围的专有出版该作品的权利。故，王某和乙出版社对李某承担侵害作者作品复制权的侵权责任并赔偿损失；乙出版社对甲出版社承担侵害专有出版权的损害赔偿责任。

第二节　著作权的转让

著作权的转让是一种处分著作权的行为。著作权人将自己的著作权中的财产权利全部或部分地转移。这种转移一般是永久性的，实际上是著作权主体的变更。著作权转让之后，受让人成为新的著作权人，有权使用作品，有权再向第三人转让著作权，或者许可第三人在一定的条件下使用作品。对于侵犯著作权的人，受让人有权以自己的名义提起诉讼，以获得法律救助。

一、著作人身权利与转让

关于著作人身权利转让问题现行著作权法中缺乏明文的规定。作为人身权利，依一般的民法原理，著作人身权是不可转让的。所以，它永远属于原始著作权人，即使原始著作权人消灭（如自然人死亡、单位解散）也不会影响其归属。依《著作权法实施条例》第 15 条第 1 款的规定，作者死亡后，其著作权中的署名权、修改权和保护作品完整权由作者的继承人或者受遗赠人保护。应当注意的是，此处著作权中的署名权、修改权和保护作品完整权等著作人身权是由作者的继承人或者受遗赠人“保护”而非“继承”；同一条第 2 款规定，著作权无人继承又无人受遗赠的，其署名权、修改权和保护作品完整权由著作权行政管理部门保护。

著作权中的人身权利是和财产权利密切相连的。依《著作权法》第 16 条的规定，有下列情形之一的职务作品，作者享有署名权，著作权的其他权利由法人或者其他单位享有，法人或者其他单位可以给予作者奖励：(1) 主要是利用法人或者其他单位的物质技术条件创作，并由法人或者其他单位承担责任的工程设计、产品设计图纸及其说明、计算机软件、地图等职务作品；(2) 法律、行政法规规定或者合同约定著作权由法人或者其他单位享有的职务作品。此外，对于受委托创作的作品，著作权的归属由委托人和受托人通过合同约定。当事人可以约定对未来作品的著作权人身权利的归属。这虽然不是人身权利的转让行为，但是，它反映了法律对著作人身权利所持的相对灵活的立场。

二、著作财产权利与转让

在我国现行著作权法中，著作财产权一般指使用权和获得报酬权，即以复制、表演、播放、展览、发行、摄制电影、电视、录像或者改编、翻译、注释、编辑等方式使用作品的权利；以及许可他人以上述方式使用作品，并由此获得报酬的权利。

目前，随着市场经济的不断繁荣，出现了著作权转让的现象。著作权毕竟是一种私权，著作权人应该有权处分其权益，包括处分其财产权的权利。况且，著作权中有的权利只具有单纯的财产权性质，如具体的利用权、使用费请求权等，限制这些权利的转让是没有意义的。

1. 著作权转让的一般原则

近年来，著作权行政管理部门也开始采取顺应经济发展需要的立场。国家版权局在其文件中明确表示，转让著作权中的某项财产权利不违反著作权法。另外，有关法律法规中陆续出现了一些认可著作权转让的规定，如《计算机软件条例》第 20 条。

值得一提的是，《著作权法》第 18 条关于美术作品原件展览权随着原件所有权的转移而转移的规定也间接地承认了部分著作权的转让。在肯定了著作权的可转让性质后，有关的转让行为应该适用民法关于合同行为的一般规定。例如，当事人应当遵循平等自愿、等价有偿、诚实信用等原则。

另外，针对越来越多的作品拍卖行为，应对未来作品著作权的转让作出明文规定。例如，要求其转让必须采取书面形式；只能转让技术上业已知晓的一项或者部分具体的财产权利；保证作者在一定条件下得要求解约的权利等，以便维护作者的利益，保障交易安全。

2. 作品原件的转让

由于作品原件的转让不同于一般的物权买卖关系。依现行法，美术等作品原件所有权的转移，不视为作品著作权的转移。原件物的所有人的物权会因著作权而受到一定的限制。同时，美术作品原件的展览权由原件所有人享有。作者转让作品原件以后便只剩下部分展览权，即作品复制件展览权。如果他要展览作品原件，就须取得原件所有人的同意。

另外，由于展览权包括对已发表的作品和未发表的作品的展览，那么，作品原件所有人也应该有权利展览未发表的作品的原件。当然，作者可通过事先约定排除所有人的这种权利。在作品原件转让之后，作者对原件的修改权也会受到限制，他只有征得作品原件所有人同意之后才能修改原件。《著作权法》第 18 条关于美术等作品原件所有权的转移，不视为作品著作权的转移的规定，适用于任何原件所有权可能转移的作品。生活中非美术作品原件发生转移的情况也很多，其中的典型是书信。收到书信并不等于取得书信作品的著作权，故未经著作权人同意收信人不得发表或展览书信。

第三节　著作权的继承

著作权的继承，是指作为著作权人的自然人的死亡或者法人的终止所引起的著作权的转移。

一、自然人作品著作权的继承

著作权是属于公民的，公民死亡后，其作品的使用权和获得报酬权在著作权法规定的保护期内，依照继承法的规定转移。《继承法》第 3 条规定，遗产是公民死亡时遗留的个人合法财产，包括公民的著作权、专利权中的财产权利。这表明著作权在著作权人死亡时被视同一般财产成为被继承或被遗赠的客体。不过被继承、遗赠的只是著作权中的财产权利，至于著作权中的署名权、修改权和保护作品完整权，由作者的继承人或者受遗赠人保护。这表明，继承人或受遗赠人并没有成为著作权中人身权利的主体，不能积极地行使这些人身权利，如更改署名、修改作品等。但有权对侵犯这些权利的行为提起诉讼。

法律上没有明确的问题是，继承人或者受遗赠人应在多长的期限内负有保护著作权人身权利的义务。因为人身权利的存续是不受时间限制的，而他们继承或者受遗赠的财产权利通常只能在作者死后维持 50 年。

《著作权法实施条例》第 17 条规定，作者生前未发表的作品，如果作者未明确表示不发表，作者死亡后 50 年内，其发表权可由继承人或者受遗赠人行使；没有继承人又无人受遗赠的，由作品原件的合法所有人行使。

对于合作作品而言，依《著作权法实施条例》第 14 条的规定，合作作者之一死亡后，其对合作作品享有的使用权和获得报酬权无人继承又无人受遗赠的，由其他合作作者享有。一般情况下，即作品不是合作作品的，则财产权按照有关规定，应当归于国家。作者生前为集体组织成员的，其著作权财产权归集体组织所有。至于著作权中的人身权利，依《著作权法实施条例》第 15 条第 1 款的规定，作者死亡后，其著作权中的署名权、修改权和保护作品完整权由作者的继承人或者受遗赠人保护。

著作权无人继承又无人受遗赠的，依《著作权法实施条例》第 15 条第 2 款的规定，其署名权、修改权和保护作品完整权由著作权政管理部门保护。但是，如果作品尚未发表，而原件被第三人合法地持有，依《著作权法实施条例》第 17 条的规定，作者生前未发表的作品，如果作者未明确表示不发表，作者死亡后 50 年内，其发表权可由继承人或者受遗赠人行使；没有继承人又无人受遗赠的，由作品原件的合法所有人行使。这是法律对合法所有人实际控制作品原件这一事实状态的确认。

对于作者身份不明的作品，《著作权法实施条例》第 13 条规定，由作品原件的持有人享有除署名权以外的著作权。作者身份明确后，由作者或其继承人行使著作权。

二、法人作品著作权的转移

依《著作权法》第 19 条第 2 款的规定，著作权属于法人或者其他单位的，法人或其他单位变更、终止后，其作品的使用权和获得报酬权在本法规定的保护期内，由承受其权利义务的法人或者其他组织享有；没有承受其权利义务的法人或者其他组织的，由国家享有。

该条明确的只是财产权的转移，至于著作权中的人身权利则没有提及；依照《著作权法实施条例》对自然人作品著作权发生继承时人身权利的处理规则，则享有著作权财产权利的法人、其他单位或者国家应负责保护有关的人身权利。

依《著作权法实施条例》第16条的规定，著作权归国家享有时，由著作权行政管理部门代表国家行使，有关的人身权利也由该机构保护。

第四节　著作权的其他利用

著作权作为一种私权，权利主体为了特定的目的对其的利用方式除了许可使用和转让以外，还包括质押、信托、破产财团等。著作权甚至可以作为强制执行及解除婚姻关系时的夫妻共有财产分割的对象。

一、著作权质押

1. 著作权质押的概念

权利质押是处分财产权的一种方式。作为知识产权的一部分，著作权也可以成为质押的对象，从属于当事人的其他经济目的。为了规范著作权质押行为，《著作权法》第28条规定："以著作权中的财产权出质的，由出质人和质权人依法办理出质登记。"

著作权质押是指债务人或者第三人依法将其著作权中的财产权利出质，将该财产权作为债权的担保。债务人不履行债务时，债权人有权依法以该财产权折价或者以拍卖、变卖该财产权的价款优先受偿。

2. 著作权质押的一般规定

著作权质押是要式民事法律行为，需采取订立书面合同的形式。中华人民共和国国家版权局令（第8号）《著作权质权登记办法》（以下简称《办法》）已经2010年10月19日国家版权局第1次局务会议通过，自2011年1月1日起施行。这一行政规章对著作权质押作出了具体规定。

《办法》第3条规定，《中华人民共和国著作权法》规定的著作权以及与著作权有关权利（以下统称"著作权"）中的财产权可以出质。以共有的著作权出质的，除另有约定外，应当取得全体共有人的同意。

《办法》第4条规定，以著作权出质的，出质人和质权人应当订立书面质权合同，并由双方共同向登记机构办理著作权质权登记。出质人和质权人可以自行办理，也可以委托代理人办理。

《办法》第5条规定，著作权质权的设立、变更、转让和消灭，自记载于《著作权质权登记簿》时发生效力。

二、著作权的其他利用形式

除了许可使用、转让、质押和继承以外，著作权人还得以其他方式利用其著作权，以达到相应的目的。

1. 信托

所谓信托也叫委托。就著作权而言，著作权人作为委托人得将其著作权转移和委托给受托人，并约定支付报酬的标准和办法；受托人以自己的名义对著作权进行管理或进行其他以营利为目的的利用。关于委托合同关系，我国《民法典》第919条亦有类似的规定。委托合同是委托人和受托人约定，由受托人处理委托人事务的合同；受托人应当亲自处理委托事务；受托人以自己的名义，在委托人的授权范围内与第三人订立的合同直接约束委托人和第三人。著作权集体管理机构便是基于信托关系行使著作权人的权利的。

2. 破产财团

债务人不能履行到期债务，申请或宣告破产，依法经清算组织清算后，债务人所有的用于偿付一般债权人债务的财产即为破产财团。如果债务人有著作权的，其中的著作财产权得作为破产财团。因著作人身权具有不可处分性，所以不能列为破产财团以资利用。

3. 强制执行的对象

所谓强制执行，是指法院判决的被执行人未能或拒绝执行已发生法律效力的法院判决，法院得强制被执行人履行判决规定的义务。如果被执行人财产中有著作财产权，则该权利可以成为强制执行的对象。但是，基于对著作人身权的尊重和保护，未发表的作品的著作权不得用作强制执行的对象。基于同样的原因，相应作品的原件物权也属于禁止抵押的财产。

4. 著作财产权作为家庭共有财产的分割

依婚姻法的规定，夫妻关系存续期间夫妻任何一方获得的收入或其他财产，均为夫妻共同财产，双方另有约定的除外。依此规定，一方因从事创作所产生的著作财产权也应当在夫妻共同财产之列。如果婚姻关系解除，可否将著作财产权分割以及如何分割，婚姻法和著作权法均未作规定。世界多数国家的法律都否认作者享有的著作权可作为共同财产加以分割。例如，法国民法典认为，一切具有个人特点的财产及专属个人的权利，即使为婚姻关系存续期间取得，按其性质仍属于各自的财产，而不属于共同财产；日本民法典亦持同样立场，明确规定夫妻一方在婚姻中以自己名义取得的一切财产，均为其特有财产，不能当作共有财产。法国和日本民法的这种规定，显然适用于著作权。我国法律虽无规定，但司法实践已发生过一些此类案例。有的学者提出的解决方案是：婚姻关系存续期间已实现的著作财产权，离婚时可作为共同财产分割；尚未实现的著作财产权，不论将来是否行使，均不能作为共同财产分割。至于作者在婚姻存续期间完成的某些艺术品的物权，离婚时则应作为共同财产分割。这种方案可供司法实践参考。

第五节 违反著作权合同的民事责任

所谓著作权合同，是指著作权人与他人就著作权的转让、许可使用以及以其他形式利用著作权或邻接权所签订的协议。著作权合同签订以后，通常能够得以履行，但在实践中也会因各种原因导致合同不履行。对此，有关法律专门规定了违反合同的民事责任制度。当事人不履行合同义务或者履行合同义务不符合约定条件的，应当依照《民法典》有关规定承担民事责任。

一、违反著作权合同民事责任的概念

违反著作权合同，应当承担违约责任。违约责任，是指合同当事人一方因过错致使合同不能履行或者履行合同义务不适当时，由有过错的一方，按照法律或者合同的规定，向对方赔偿。如果属于双方的过错，则应按具体情况，由双方分别承担各自应负的民事责任。根据我国《民法典》的规定，当事人一方不履行合同义务或履行合同义务不符合约定的，应当承担继续履行、采取补救措施或者赔偿损失等违约责任。著作权合同一经签订，即具有法律效力。双方当事人都应当严格按照合同的约定，全面适当地履行自己的义务。违反合同的民事责任有以下法律特征：

（1）违反合同的民事责任是一种法律制裁。国家依照法律的规定，对违法行为实行的惩罚，就是法律制裁。违法行为触犯的法律规范不同，法律制裁的方法也有区别，其手段包括刑事的、行政的和民事的制裁。违反著作权合同的法律制裁属于民事制裁。

（2）违反合同的民事责任是一种财产责任，指以支付一定的金额或转移一定的动产或不动产，亦可以转移特定的权利，以补偿相对人的损失。补偿性是合同责任的基本特征。比如，音像出版单位因违反合同，未能按照约定的时间出版发行流行歌曲光盘，造成了作曲家和表演者的经济损失，出版单位应当赔偿该损失。民事责任中的损害赔偿，一般不超过对方因不履行合同所遭受损失的数额。此外，在不违背法律、社会公共利益、国家和第三人利益的前提下，允许双方当事人协商解决合同争议，还可以进行调解。

二、承担违反著作权合同民事责任的条件

著作权合同当事人承担违约责任，除了有损害事实之外，还应当同时具备以下两个条件：

（1）当事人一方违反合同义务和他方受损害之间有因果关系。这是构成违约人承担民事责任的客观要件。例如，因作者未按约定的日期将书稿交付图书出版者，既造成出版者违反和印刷厂的约定而赔偿损失，也造成图书不能按时发行失去市场导致损失。这种因果关系就具备了赔偿的条件。

（2）行为人没有履行或不适当履行合同。当事人一方没有履行或不适当履行合同义务是违反著作权合同、承担违约责任的最重要的原因。

在实际生活中，造成著作权合同不履行的原因可能归责于双方当事人。对这种情况，《民法典》第592条规定，当事人都违反合同的，应当各自承担相应的责任。

法律对因违反合同义务而受损害的一方当事人也规定了一定的义务。《民法典》第591条规定，当事人一方违约后，对方应当采取适当措施防止损失的扩大；没有采取适当措施致使损失扩大的，不得就扩大的损失请求赔偿。这一规定，体现了我国民法的公平和诚实信用原则。

根据民事责任中的过错责任原则，如果违反著作权合同义务是由第三人的过错造成的，那么首先应当由违约的一方向受损失的一方承担赔偿损失的责任，然后再由违约的一方向有过错的第三人追偿。比如，作者因第三人的侵权行为造成身体伤害，不能按约定向出版者交付书稿，造成出版者的经济损失，则作者应先向出版者赔偿损失，然后再向侵权行为人要求追偿。

三、免除违反著作权合同民事责任的条件

（1）并非在任何情况下没有履行合同义务的一方都要承担违约责任。如果是当事人以外的原因导致合同没能履行或没能适当履行，则该当事人得免除承担违约责任。根据《民法典》第 590 条的规定，当事人一方因不可抗力不能履行合同的，根据不可抗力的影响，部分或者全部免除责任，但法律另有规定的除外。当事人迟延履行后发生不可抗力的，不能免除责任。

所谓不可抗力，是指不能预见、不能避免并不能克服的客观情况。比如，作者因突发重病，失去创作能力；或是由于自然灾害造成出版者丧失复制发行能力，均可以免负民事责任。

（2）若违反合同的义务是由于另一方的故意或过失所造成的，应免除违约方的民事责任。同时，违约方还有权请求另一方赔偿自己的损失。例如，若出版者收到作者的稿件后，无故拒绝签收，致使稿件毁损或丢失，作者便不负未交或迟交稿件的责任，并有权要求赔偿损失。

（3）在合同中约定免责条件的，当构成约定的条件时，当事人即使不履行合同中的义务，也可免予承担民事责任。比如，在一个专业性很强的学术专著出版合同中，双方约定由作者负责全部校对工作，出版者则保证出版物的质量。如果因作者未亲自校对而出现错误，造成出版物不符合要求，出版者免除违约责任。

四、违反著作权合同的民事责任方式

违反著作权合同，按照《民法典》的规定，主要有三种民事责任方式。

1. 实际履行

实际履行原则是合同法的一般原则。依《民法典》第 580 条的规定，当事人一方不履行非金钱债务或者履行非金钱债务不符合约定的，对方可以要求履行。当义务不履行或不适当履行时，权利人可以要求义务人继续履行义务，并有权向仲裁机关或人民法院请求强制义务人实际履行义务，以实现订立合同的目的。比如，对虽不盈利但有学术价值的著作，著作权人有权要求出版者在违约后仍继续履行其出版该著作的义务。只要客观条件允许实际履行，仲裁机关和人民法院就要支持权利人的请求，这是社会主义合同制度的基本特征之一。但是，在实际生活中，如果作为合同标的的特定物已经灭失，比如，已经去世的作者的手稿灭失，又无复制条件的，则实际履行合同义务已不可能，或者违约后再实施履行已无必要。比如，专为参加某一届国际图书博览会而印制的精装本图书，因博览会已结束，失去印制的必要，则可以根据权利人的请求，不再实施履行，而以其他方式承担责任。

但实际履行也有例外。法律规定了免除实际履行义务的情形。依《民法典》第 580 条的规定，这些情形包括：

（1）法律上或者事实上不能履行；

（2）债务的标的不适于强制履行或者履行费用过高；

（3）债权人在合理期限内未要求履行。

2. 支付违约金

《著作权法》第 24 条把约定违约责任作为著作权合同的主要条款，也就是说，法律要

求著作权合同必须规定违约责任条款。依《民法典》第585条的规定，当事人可以约定一方违约时应当根据违约情况向对方支付一定数额的违约金。按照违约金制度，只要当事人一方违反了合同义务，不论是否给对方造成实际损失，违约人均应按法律规定或合同的约定向对方支付一定数额的违约金。

3. 赔偿损失

违反著作权合同义务的，另一方当事人有权要求违约方赔偿损失。依《民法典》的规定，当事人一方违反合同的赔偿责任，应当相当于另一方因此所受到的损失；并规定，可以在合同中约定对于违反合同而产生的损失赔偿额的计算方法。赔偿损失是以违约方的财产补偿受害人的经济损失。这一特征使它与支付违约金的责任相区别，如果一方的违约并未造成另一方实际损失的，违约方只支付违约金。赔偿损失的责任范围，应以实际损失为限。实际损失通常包括直接损失和间接损失，直接损失是受害人财产上的直接减少；间接损失是受害人因此而失去的利益，或者说是应得而未得到的利益。例如，出版者因作者拖延交稿时间，违反了与印刷厂的印刷加工合同，因而支付了违约金，这属于直接损失；由于出版周期加长，时过境迁，图书出版后影响了正常的销路，失去了应得的利润，就属于间接损失。需要指出，对于间接损失的认定应当严格控制，不能作任意扩大的解释，只有建立在充分的事实根据的基础上，才能认定。

参考案例 7-2

王某擅长策划和编写电视连续剧的剧本，他和其他两人合伙成立了一个彩虹工作室，承接策划和编写电视连续剧以及其他文化服务事务。彩虹工作室和环球电视台签订合同，前者为后者编写100集电视连续剧剧本《昭君出塞》。由于王某的出色运作，剧本尚未杀青，便已经引起轰动。王某将完成的《昭君出塞》的剧本以高价卖给另一家电视台。后环球电视台将彩虹工作室诉至法院，请求法院责令彩虹工作室履行合同。彩虹工作室既然签订了合同，便应当履行合同义务，即期交付完成的作品。

第六节 著作权合同纠纷的解决

著作权合同纠纷可以调解，也可以依据合同中的仲裁条款或者事后达成的书面仲裁协议，向著作权仲裁机构申请仲裁。当事人没有在合同中订立仲裁条款，事后又没有书面仲裁协议的，可以直接向人民法院起诉。按照这一规定，解决著作权合同纠纷的方式有调解、仲裁和诉讼三种。

一、著作权合同纠纷的调解

著作权合同纠纷，可以通过调解方式解决。通常是纠纷双方约定一方或双方让步，消除其间存在的争议。调解一般是在第三人的参与下进行，由于这种方式给争议双方制造了一种较和缓的气氛，大多能顾全当事人的声誉，所以通常能为双方当事人所接受。实践中已创造了不少成功的先例。如果一方或双方当事人不履行调解协议，则无法请求强制执行。当事人还有权向人民法院提起诉讼。此外，调解也不是解决著作权合同纠纷的必经程序。

二、著作权合同纠纷的仲裁

仲裁，是指当事人将其争议提交给双方指定的仲裁者作出有约束力的决定，即“裁决”，以解决争议。仲裁者可以是一个人，也可以是一个临时的或常设机构。

1. 仲裁的特点

(1) 以仲裁解决争议是当事人自愿的行为，必须依当事人合同中的仲裁条款和出现争议后达成的仲裁协议进行。确认仲裁协议是不可撤销的；如果当事人违反仲裁协议将争议向法院起诉，则法院不予受理。

(2) 仲裁的裁决有法律上的强制执行效力。当事人可以申请法院强制执行仲裁裁决。

2. 仲裁的优点

与法院诉讼相比，仲裁的优点是：

(1) 解决争议较为迅速；

(2) 由于仲裁员对特定行业的习俗惯例具有专业知识，可以省去一些查证的麻烦和费用；

(3) 由于仲裁的程序和结果可以不公开，有助于维护当事人的声誉。

在我国，著作权合同纠纷可以向仲裁机构申请仲裁，但必须在著作权合同中约定仲裁条款，或在纠纷发生后双方达成书面仲裁协议，向仲裁机构申请仲裁。如果双方既未在著作权合同中约定仲裁条款，又未在纠纷发生后达成书面仲裁协议，仲裁机构不予受理。

仲裁机构依照仲裁法规审理著作权合同纠纷，国家机关和个人无权进行干预。仲裁的结果，即裁决是一种具有既判力的法律文书，与法院判决具有同等效力，当事人必须执行。依我国《仲裁法》第 62 条的规定，当事人应当履行裁决。一方当事人不履行的，另一方当事人可以依照《民事诉讼法》的有关规定向人民法院申请执行。受申请的人民法院应当执行。依《仲裁法》第 63 条的规定，被申请人提出证据证明裁决有《民事诉讼法》相关条款①规定的情形之一的，经人民法院组成合议庭审查核实，裁定不予执行。这些情形包括：(1) 当事人在合同中没有订有仲裁条款或者事后没有达成书面仲裁协议的；(2) 裁决的事项不属于仲裁协议的范围或者仲裁机构无权仲裁的；(3) 仲裁庭的组成或者仲裁的程序违反法定程序的；(4) 裁决所根据的证据是伪造的；(5) 对方当事人向仲裁机构隐瞒了足以影响公正裁决的证据的；(6) 仲裁员在仲裁该案时有贪污受贿，徇私舞弊，枉法裁决行为的。

人民法院裁定撤销裁决的，应当裁定终结执行。撤销裁决的申请被裁定驳回的，人民法院应当裁定恢复执行。当事人可以向仲裁机构所在地的有管辖权的法院申请执行。受理申请的人民法院应当根据仲裁裁决予以执行。对于人民法院不予执行的仲裁裁决，当事人可以按诉讼程序就合同纠纷向人民法院提起诉讼。

三、著作权合同纠纷的诉讼

著作权合同属于民事合同，发生纠纷之后，如果双方合同中无仲裁条款，事后也未达

---

① 因为《民事诉讼法》在 2012 年修订时改动了条款，而《仲裁法》于 2017 年修订时仍引用修订前的《民事诉讼法》第 213 条第 2 款，导致谬误。正确指向的条款应是《民事诉讼法》第 237 条第 2 款。

成仲裁协议，当事人可以直接就纠纷向人民法院提起民事诉讼；对于人民法院不予执行的仲裁裁决，以及当事人对调解协议后悔的，也可以向人民法院提起诉讼，人民法院依法应当受理。

依《民法典》第188条的规定，向人民法院请求保护民事权利的诉讼时效期间为三年。具体从著作权人知道或应当知道权利被侵犯时起算。

【引例评析】

江某以签订书面合同的方式许可他人将其作品改编拍摄成电影，以获取报酬，这是依法利用自己的作品。南方影视制作公司获得对江某作品改编拍摄电影的权利后，因资不抵债而破产，但其将江某作品改编拍摄成电影的使用作品权可以带来财产利益，因而该权利被视为公司的财产而列入公司的破产财团用来偿还到期债务，这都是合法的对作品的利用方式。

【本章小结】

1. 所谓许可使用，是指在著作权主体不发生变更的前提下，允许他人在一定的条件下行使其部分著作权。使用他人作品应当同著作权人订立许可使用合同，本法规定可以不经许可的除外。

2. 著作人身权是不允许转让的，但著作财产权则是可以转让的。凡著作权法规定的具有财产性质的权利均可通过合同进行转让。著作财产权还可作为遗产被继承。同时作为一种财产权，还可以在流通领域作为权利质押的标的。所有这些利用著作权的行为都可以通过合同的行使加以实现。

3. 违反著作权合同，应当承担违约责任。按照《民法典》的规定，主要有三种民事责任方式，即实际履行、支付违约金和赔偿损失。

4. 著作权合同纠纷可以通过调解方式解决，也可以依据合同中的仲裁条款或者仲裁协议，向仲裁机构申请仲裁。当事人没有在合同中订立仲裁条款，事后又没有书面仲裁协议的，可以直接向人民法院起诉。

【练习题】

1. 名词解释

著作权许可使用　著作权转让　质押　著作权的继承

2. 思考题

（1）著作权许可使用的概念、性质和形式是什么？

（2）著作权的转让与许可使用的区别如何？

（3）违反著作权合同的法律责任是什么？

3. 案例分析题

大洋公司购买办公计算机软件自用。许可使用合同规定该公司可在5台计算机上安装和使用该软件。该公司购买该办公软件后建立了公司内部的局域网，并将所购的办公软件安装在局域网上。

问题：

（1）大洋公司可否将其购买的软件安装在局域网上？

（2）大洋公司将承担何种责任？

分析要点提示：

（1）明确许可使用合同规定的使用范围及被许可人是否超越了使用范围。

（2）未经许可使用他人的作品的行为的性质如何？

即测即评

第八章　著作权的限制

【本章引例】

王某受聘为某市电视大学的学员授课，他所讲授的课程“文学理论概要”深受学员欢迎。电视大学某教学点便将课程的录音整理成书刊印，载明“内部使用”字样，前后两次共印刷了5万册。由于其他城市电大学生的要求，该书也出售给附近的城市的学生。王某将该电大教学点诉至法院，主张电大教学点侵犯其著作权，要求其赔偿损失。

【本章学习目标】

通过本章的学习，你应该能够：

- 掌握合理使用制度的概念和意义
- 了解著作权法中作品合理使用制度规定的内容及条件
- 掌握法定许可的概念和意义

著作权法律制度和其他知识产权法律制度一样，其最高目标在于：首先，鼓励创造性劳动，保护和确认创造性劳动性成果，以促进人类文明的进步；其次，促进科学、文学和艺术作品的传播，确保社会公众能享受人类文明的进步和科学技术水平的提高带来的成果。但是，实际上这是两个相互冲突的目标，要实现前者，必须对知识产权人的权利进行充分的保护，确保他们享有足以能刺激他们的积极性的利益；否则，人们创造性劳动的积极性会受到极大的挫伤。但如果对其过于偏袒，社会生活水平的提高和技术进步的社会成本会大幅增加，导致大多数的社会成员无缘享受文明的进步和技术发展带来的好处。如过于强调社会公共利益，缺乏对创造性劳动者权益的保护，使人们怠于进行创新，则任何进步与发展都成了无源之水，反而更难提高社会文明的水平。如何能够找到一个平衡点，使同时实现上述两个目标成为可能，这是一个值得思考的问题。现在所使用的办法是对知识产权实行保护与限制相结合。

在保护著作权的前提下，为了平衡著作权人、作品传播者以及公众的利益关系，著作权法对著作权作了必要的限制。目前，这种限制主要有合理使用和法定许可。

第一节　合理使用与著作权的限制

所谓合理使用，是指依法律的明文规定，可以不必经著作权人许可而无偿地使用他人作品的行为。

一、合理使用必须符合的条件

1. 不得损害作者的人身权利

依《著作权法》第 22 条的规定，在规定的情况下使用作品，可以不经著作权人许可，不向其支付报酬，但应当指明作者姓名、作品名称，并且不得侵犯著作权人依照本法享有的其他权利。

进行合理使用必须指明作者姓名、作品名称，不得歪曲原作品或者断章取义。但是，在特殊情况下，只要使用者不积极地侵害作者的人身权利即可。例如，对于在新闻报道中不可避免地录制下来的现场美术作品，记者不必专门说明作者的身份。

2. 只能针对已经发表的作品

已经发表的作品指著作权人以著作权法规定的方式公之于众的作品。“公之于众”的本质特征在于向不特定的多数人公开作品。另外，作品公之于众并不要求它已实际被公众看到或者听到，只要存在公众获得作品的可能性即可。例如，一部文字作品出版之后，即使没有一个人购买或阅读，也已经是发表了的作品。

3. 不得与作品的正常使用相冲突，不得不合理地损害著作权人的合法权益

首先，合理使用不得以营利为目的。《著作权法》第 22 条规定的最后两种行为有允许有害营利的色彩，但是，其主要目的是服务于人道主义和少数民族文化事业，因而是法律上的特例。其次，合理使用对作品的使用应是少量和适当的。对此有关条文作了明文规定。最后，合理使用应限于特定的场合、特定的对象。使用者不得将因合理使用而获得的作品及其复制件扩散给不特定的他人。

二、属于不必许可免费使用的行为

依《著作权法》第 24 条的规定，在下列情况下使用作品，可以不经著作权人许可，不向其支付报酬，但应当指明作者姓名或者名称、作品名称，并且不得影响该作品的正常使用，也不得不合理地损害著作权人的合法权益：

（1）为个人学习、研究或者欣赏，使用他人已经发表的作品；

（2）为介绍、评论某一作品或者说明某一问题，在作品中适当引用他人已经发表的作品；

（3）为报道新闻，在报纸、期刊、广播电台、电视台等媒体中不可避免地再现或者引用已经发表的作品；

（4）报纸、期刊、广播电台、电视台等媒体刊登或者播放其他报纸、期刊、广播电台、电视台等媒体已经发表的关于政治、经济、宗教问题的时事性文章，但著作权人声明不许刊登、播放的除外；

（5）报纸、期刊、广播电台、电视台等媒体刊登或者播放在公众集会上发表的讲话，但作者声明不许刊登、播放的除外；

（6）为学校课堂教学或者科学研究，翻译、改编、汇编、播放或者少量复制已经发表的作品，供教学或者科研人员使用，但不得出版发行；

（7）国家机关为执行公务在合理范围内使用已经发表的作品；

参考案例 8-1

张某是位著名的电影导演，他精心拍摄的影片《四面楚歌》是投资方和制片人共同瞄准春节市场所作的大投入、大制作。在影片的后期制作过程中，影评家王某和文艺电视台在对影片的编剧、导演手法、剧情、人物造型、场景、摄影等评论和介绍该片时，在电视台播放了大量该片片段。据制片人统计，这部篇幅为90分钟的影片，王某在评介的过程中共引用了近60分钟。电视台将此评介节目反复播放达6次之多，并大量插播广告，牟利不少。春节来临之际，该片正式公演后，未能获得投资方和制片人所预期的票房。制片人感觉很亏：是自己“花了大钱买了鞭炮”，正满怀期待，希望抢个头彩，却被王某和电视台抢先“点燃”，引来万千观众，还挣了一大笔钱。于是，制片人和投资方将王某和电视台推上法庭，主张两被告侵权并请求法院责令被告赔偿损失。一般说来，电视台为评论和介绍电影，在电视新闻中可以报道，并可以适当引用其中几个镜头作为说明，但不能把构成电影内容的详细介绍、大段地播出。这种使用应当明确：（1）使用目的仅限于报道时事新闻；（2）被使用的作品必须是已经发表的；（3）符合“引用”的数量限度；（4）在报道中应当注明被引用的作品的出处。而王某和电视台所作的引用超出了合理使用的范畴，电视台还获得了经济利益。因此，不能援引合理使用为其不当行为进行辩护。由于这种不当使用，制片人和投资方蒙受了损失，王某和电视台应当承担相应责任。

（8）图书馆、档案馆、纪念馆、博物馆、美术馆、文化馆等为陈列或者保存版本的需要，复制本馆收藏的作品；

（9）免费表演已经发表的作品，该表演未向公众收取费用，也未向表演者支付报酬且不以营利为目的；

（10）对设置或者陈列在公共场所的艺术作品进行临摹、绘画、摄影、录像；

（11）将中国公民、法人或者非法人组织已经发表的以国家通用语言文字创作的作品翻译成少数民族语言文字作品在国内出版发行；

（12）以阅读障碍者能够感知的无障碍方式向其提供已经发表的作品；

（13）法律、行政法规规定的其他情形。

上述规定适用于对与著作权有关的权利的限制。即是说，根据《著作权法》第24条的规定，上述对著作权人权利的13个方面的限制规定，同样适用于出版者、表演者、录音录像制作者、广播电台、电视台的权利的限制。

有必要指出，权利限制作为著作权法律制度的一项重要内容，肯定有长期稳定存在的必要。但是，其具体内容是可变的。随着现代信息传播技术、传播手段日新月异的发展，人们获取知识的手段会更先进、更方便、更快捷。原本合法的使用作品方式，也会变得不合法。原本著作权人不必控制的使用方式，如果不控制则会使著作权人的利益损失殆尽，因而违背了法律的基本原则。

第二节　法定许可

所谓法定许可，是指依法律的明文规定不经著作权人许可而有偿地使用他人作品。这是我国著作权法对作者权利的另一种主要限制，其实质在于将著作权中的某些权利由一种绝对权降格成为一种合理使用费的求偿权。

我国著作权法设定了广泛的法定许可。这主要是由于我国地域辽阔，文化水平、社会管理能力较落后，因而在有关的作品被使用时难以逐一征得著作权人的同意。况且由于有关作品业已发表，推定为进一步（以新的形式）来传播一般并不违背作者的意志，至于著作权人的经济利益则体现在使用费上。一般说来，法定许可制度有如下的特点：第一，必须依据法律的特别规定；第二，使用的对象只能是已经发表的作品；第三，必须尊重作者的其他权利；第四，向作者支付许可使用费；第五，著作权人特别声明不许使用的，排除在法定许可的范围之外。我国著作权法也规定了法定许可使用制度主要有如下几方面内容。

一、法定许可转载或摘编

《著作权法》第 35 条第 2 款规定，作品刊登后，除著作权人声明不得转载、摘编的外，其他报刊可以转载或者作为文摘、资料刊登，但应当按照规定向著作权人支付报酬。所谓转载，是指原封不动或者略有改动之后刊登已经在其他报刊发表的作品。摘编是指对原文主要内容进行摘录、缩写。其结果应该对原文内容有较系统、全面的反映，如果仅仅抄录检索用的作者名称、出处和章节名称等，则还不构成文摘，故既无须征得著作权人许可，也不必付酬。

该法定许可仅适用于在报刊上发表的作品，至于报刊转载图书作品，或者将报刊或图书上的作品结集出版图书，均应该依法取得著作权人许可（并直接支付报酬）。

依法定许可进行转载或者摘编时应该注明作者姓名、作品名称及原作首次发表的报刊名称和日期。法定许可转载、摘编原本是对在报刊上发表作品的作者的权利的一种限制，但是，如果大量地、生搬硬套地转载他人同一本刊物中的文章，则有可能触犯该他刊的编辑作品著作权和版式装帧设计权。

实践中有许多报刊为维护自己的利益而发表声明，未经本刊同意，不得转载本刊发表的作品，或者径直声称对本刊发表的作品一律拥有专有出版权。这类声明若非经作者授权是无效的。

二、法定许可录音录像

《著作权法》第 42 条第 2 款规定，录音制作者使用他人已经合法录制为录音制品的音乐作品制作录音制品，可以不经著作权人许可，但应当按照规定支付报酬；著作权人声明不许使用的不得使用。

三、法定许可制作播放他人已发表的作品

《著作权法》第 46 条第 2 款规定，广播电台、电视台播放他人已发表的作品，可以不

经著作权人许可，但应当按照规定支付报酬。

新华社授权颁布的自 2010 年 1 月 1 日起施行的《广播电台电视台播放录音制品支付报酬暂行办法》对广播电台、电视台播放已经发表的音乐作品向著作权人支付报酬的方式、数额等有关事项可以与管理权利相关的著作权集体管理组织约定。

四、义务教育法定许可

《著作权法》第 23 条规定，为实施九年制义务教育和国家教育规划而编写出版教科书，除作者事先声明不许使用的以外，可以不经著作权人许可，在教科书中汇编已经发表的作品片段或者短小的文字作品、音乐作品或者单幅的美术作品、摄影作品，但应当按照规定支付报酬，指明作者姓名、作品名称，并且不侵犯著作权人依照本法享有的其他权利。上述规定还适用于对出版者、表演者、录音录像制作者、广播电台、电视台的权利的限制。本书认为，普及公民的义务教育，是提高我国国民的素质的根本措施，意义重大。法律对用于九年制义务教育教材的作品，规定适用法定许可使用制度，相信一定会得到广大作者的拥护。

【引例评析】

王某在课堂讲授的课件作为作品，受著作权法的保护。公民可以依法对他人创作的作品合理使用，但不能超过法律规定的限度使用，超过合理的范围使用就构成了对著作权的侵害。学校的教学机构可以为教学目的少量复制他人作品以方便教学。但电大教学点以 5 万册的规模复制作者的授课笔录材料，已明显超出了法律规定的合理的少量的限度，构成了对作者作品复制权的侵犯，应当承担相应的法律责任。

【本章小结】

1. 在保护著作权的前提下，为了平衡著作权人、作品传播者以及公众的利益关系，著作权法对著作权作了必要的限制。

2. 所谓合理使用，是指依法律的明文规定，可以不必经著作权人许可而无偿地使用他人作品的行为。合理使用必须符合下列条件：(1) 不得损害作者的人身权利；(2) 只能针对已经发表的作品；(3) 不得与作品的正常使用相冲突，不得不合理地损害著作权人的合法权益。

3. 我国著作权法明确规定在合理使用情况下使用作品，可以不经著作权人许可，不向其支付报酬，但应当指明作者姓名、作品名称，并且不得侵犯著作权人依照本法享有的其他权利。我国法律对合理使用的具体情形，如个人使用等情形作了具体规定。对作品合理使用的情形同样适用于出版者、表演者、录音录像制作者、广播电台、电视台的权利的限制。

4. 法定许可，是指依法律的明文规定不经著作权人许可而有偿地使用他人作品。这是我国著作权法对作者权利的另一种主要限制，其实质在于将著作权中的某些权利由一种绝对权降格成为一种合理使用费的求偿权。另外，为实施九年制义务教育和国家教育规划而编写出版教科书，也可在规定情形下适用法定许可。

【练习题】

1. 名词解释

著作权的限制　转载　课堂教学　法定许可

2. 思考题

（1）合理使用的概念和内容是什么？

（2）著作权的法定许可使用的概念和内容是什么？

3. 案例分析题

通达信息技术学校将购买的计算机软件作为教学材料复制并提供给学生，并以该软件为例进行相关课程的讲授，其间对软件进行过相应的修改以适应教学的需要。后来，该校又在其经营的劳动服务公司的电脑上使用这些软件，并且劳动服务公司向其客户免费提供这一软件以招徕顾客。软件的著作权人得知此情况后对通达信息技术学校及其经营的劳动服务公司提起诉讼，要求停止侵权并赔偿损失。

问题：

（1）通达信息技术学校及其经营的劳动服务公司哪些利用计算机软件的行为违反了法律的规定？

（2）法院应判令通达信息技术学校及其劳动服务公司承担哪些责任？

分析要点提示：

（1）弄清为课堂教学目的使用的条件和范围。

（2）考虑未经许可使用他人作品的行为的性质和法律后果。

即测即评

第九章　法律责任

【本章引例】

电影《阳光》获得国际大奖之后，尚未公映。电视台将其在黄金时间播放，大地传播公司将其制作成光盘出售。电影制片人王某将上述两单位告上法庭，主张其侵权并要求赔偿损失。问：上述两单位是否应承担侵权责任？

【本章学习目标】

通过本章的学习，你应该能够：

- 掌握著作权侵权行为的构成要件
- 了解著作权侵权行为和侵犯著作权的犯罪行为的责任形式

第一节　保护著作权的技术措施和相关信息

2020年《著作权法》增加了保护著作权的技术措施和相关信息的规定，体现了我国著作权法立法与时俱进，紧跟科学技术发展、社会经济生活的变化和经济全球化的发展趋势的精神面貌。

《著作权法》第49条将“技术措施”定义为：用于防止、限制未经权利人许可浏览、欣赏作品、表演、录音录像制品或者通过信息网络向公众提供作品、表演、录音录像制品的有效技术、装置或者部件。

不难看出，技术措施，即对作品的获得、使用和其他方式的处理设定和使用特定的技术手段，以保护作品免受未经许可的使用，避免著作权人的权益收到损害。

所谓与作品和著作权相关信息，就是在作品及其复制件上使用具有识别意义的与作品的权利状态相关的信息，以使作品免受非法使用，保护权利人的权益免受损害。

《著作权法》第49条规定：为保护著作权和与著作权有关的权利，权利人可以采取技术措施。

未经权利人许可，任何组织或者个人不得故意避开或者破坏技术措施，不得以避开或者破坏技术措施为目的制造、进口或者向公众提供有关装置或者部件，不得故意为他人避开或者破坏技术措施提供技术服务。但是，法律、行政法规规定可以避开的情形除外。

对规避保护著作权技术措施的技术的禁止，《著作权法》第 50 条做出了禁止性规定：

下列情形可以避开技术措施，但不得向他人提供避开技术措施的技术、装置或者部件，不得侵犯权利人依法享有的其他权利：

（1）为学校课堂教学或者科学研究，提供少量已经发表的作品，供教学或者科研人员使用，而该作品无法通过正常途径获取；

（2）不以营利为目的，以阅读障碍者能够感知的无障碍方式向其提供已经发表的作品，而该作品无法通过正常途径获取；

（3）国家机关依照行政、监察、司法程序执行公务；

（4）对计算机及其系统或者网络的安全性能进行测试；

（5）进行加密研究或者计算机软件反向工程研究。

以上规定适用于对与著作权有关的权利的限制。

关于与作品著作权相关信息的保护，《著作权法》第 51 条规定：

未经权利人许可，不得进行下列行为：

（1）故意删除或者改变作品、版式设计、表演、录音录像制品或者广播、电视上的权利管理信息，但由于技术上的原因无法避免的除外；

（2）知道或者应当知道作品、版式设计、表演、录音录像制品或者广播、电视上的权利管理信息未经许可被删除或者改变，仍然向公众提供。

第二节　侵害著作权的民事责任

著作权是受法律严格保护的权利。任何侵犯这种权利的行为都应承担相应的法律责任。为了有效地保护著作权人利益，我国法律建立起完整的著作权侵权责任体系。该体系由民事责任、行政责任和刑事责任构成。这三种责任形式各有侧重，各司其职，并且相辅相成。其中民事责任重在补偿著作权人因侵权而受到的损失，行政责任则反映了国家对文化、经济市场的主动管理，而刑事责任的目的主要在于惩戒严重的侵权者，并形成对潜在的侵权人的威慑作用。

一、侵害著作权行为的构成要件

作为民事侵权行为，著作权侵权行为必须具备下列几方面构成要件。

1. 行为人主观上有过错

即行为人对其行为造成的损失在主观上有过错，包括故意和过失。依侵权行为法的一般原则，故意指行为人明知自己的行为会给他人造成危害结果，仍然追求或放任危害结果的发生的心理状态。过错责任原则是民事责任的基本原则，在追究著作权侵害者的民事责任时也应当遵循。

所谓过失是指行为人对其行为可能造成的危害或损害结果应当预见而没有预见，或者已预见却轻信损害结果不会发生的心理状态。对这一心理状况的判断应该把主客观因素结合起来，看当事人在具体的情况下是否应注意、能注意而未注意。例如，著作权侵权纠纷中出版社、发行单位是否有过失，取决于它们是否履行了应尽的义务。如它们仅在出版合同之中约定侵权责任由对方承担而未对书稿进行必要的审查，则其主观上即有过错，成为共同侵权人。同样，出版社在发现一位职业作家交付出版的作品中编入了精彩的摄影作品数幅而不过问摄影的著作权状况，也是没有尽到应有的注意。

2. 行为违法

行为违法即指行为人实施了侵权行为且该行为被法律所明文禁止。就《著作权法》而言，它所禁止的行为主要集中在第47条和第48条之中。然而这两条并未穷尽所有的侵权行为。著作权法颁行以后的一系列相关附属法规从不同的角度充实了著作权和邻接权的内容。侵权行为本身是多种多样的，实践中必然会有新的侵权行为出现。《著作权法》第47条第11项安排了一个“其他侵犯著作权以及与著作权有关的权益的行为”的“口袋”条款，明显地反映出立法者以此囊括所有未预料到的侵权行为的意图。这类条文模式在法律中并不少见。

3. 权利人受到损害

损害不仅指给权利人造成的具体的损失，也包括对其合法权益的潜在的威胁。具体的损失包括现实的或预期的财产利益的损失和人身利益的损失。从侵权人一方看，侵权行为并不以侵权人达到其主观预期的目的为构成条件，如成功地扩散了作品或盈利。

4. 违法行为和损害结果之间有因果关系

这是指权利人的损害事实是由侵权行为人的违法行为引起的。

二、主管和管辖

1. 主管

根据最高人民法院的司法解释，人民法院受理以下著作权民事纠纷案件：

（1）著作权及与著作权有关权益权属、侵权、合同纠纷案件；

（2）申请诉前停止侵犯著作权、与著作权有关权益行为，申请诉前财产保全、诉前证据保全案件；

（3）其他著作权、与著作权有关权益纠纷案件。

2. 级别管辖

一般地说，著作权民事纠纷案件，由中级以上人民法院管辖。但各高级人民法院根据本辖区的实际情况，可以确定若干基层人民法院管辖第一审著作权民事纠纷案件。

3. 地域管辖

因侵犯著作权行为提起的民事诉讼，由侵权行为的实施地、侵权复制品储藏地或者查封扣押地、被告住所地人民法院管辖。这里，侵权复制品储藏地，是指大量或者经常性储存、隐匿侵权复制品所在地；查封扣押地，是指海关、版权、工商等行政机关依法查封、扣押侵权复制品所在地。

对涉及不同侵权行为实施地的多个被告提起的共同诉讼，原告可以选择其中一个被告的侵权行为实施地人民法院管辖；仅对其中某一被告提起的诉讼，该被告侵权行为实施地的人民法院有管辖权。

4. 关于证据

当事人提供的涉及著作权的底稿、原件、合法出版物、著作权登记证书、认证机构出具的证明、取得权利的合同等，可以作为证据。在作品或者制品上署名的自然人、法人或者其他组织视为著作权人、与著作权有关权益的权利人，但有相反证明的除外。同时，当事人自行或者委托他人以订购、现场交易等方式购买侵权复制品而取得的实物、发票等，

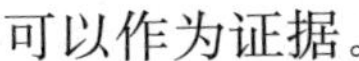

可以作为证据。

公证人员在未向涉嫌侵权的一方当事人表明身份的情况下，如实对另一方当事人按照前款规定的方式取得的证据和取证过程出具的公证书，应当作为证据使用，但有相反证据的除外。

5. 集体管理组织作为当事人的主体资格

依法成立的著作权集体管理组织，根据著作权人的书面授权，以自己的名义提起诉讼，人民法院应当受理。

三、侵权行为的表现形式

《著作权法》将著作权侵权行为分列两条，即第52条和第53条。其中第52条所规定的主要是创作者之间的侵权行为及行为人应当承担的民事责任。而第53条规定的主要是作品传播者侵犯著作权及邻接权的行为，这些行为人共同的动机是牟取暴利。他们不仅侵害了著作权人的个人权利，也直接危害了公共利益，扰乱了国家对文化事业的管理，故行为人不仅要承担民事侵权责任，还可能受到行政机关的处罚。

1.《著作权法》第52条规定的侵权行为

有下列侵权行为的，应当根据情况，承担停止侵害、消除影响、赔礼道歉、赔偿损失等民事责任：

（1）未经著作权人许可，发表其作品的；

（2）未经合作作者许可，将与他人合作创作的作品当作自己单独创作的作品发表的；

（3）没有参加创作，为谋取个人名利，在他人作品上署名的；

（4）歪曲、篡改他人作品的；

（5）剽窃他人作品的；

（6）未经著作权人许可，以展览、摄制视听作品，或者以改编、翻译、注释等方式使用作品的，《著作权法》另有规定的除外；

（7）使用他人作品，应当支付报酬而未支付的；

（8）未经视听作品、计算机软件、录音录像制品的著作权人、表演者或者录音录像制作者许可，出租其作品或者录音录像制品的原件或者复制件的，《著作权法》另有规定的除外；

（9）未经出版者许可，使用其出版的图书、期刊的版式设计的；

（10）未经表演者许可，从现场直播或者公开传送其现场表演，或者录制其表演的；

（11）其他侵犯著作权以及与著作权有关的权利的行为。

2.《著作权法》第53条规定的侵权行为

有下列侵权行为的，应当根据情况，承担《著作权法》第52条规定的民事责任；侵权行为同时损害公共利益的，由主管著作权的部门责令停止侵权行为，予以警告，没收违法所得，没收、无害化销毁处理侵权复制品以及主要用于制作侵权复制品的材料、工具、设备等，违法经营额五万元以上的，可以并处违法经营额一倍以上五倍以下的罚款；没有违法经营额、违法经营额难以计算或者不足五万元的，可以并处二十五万元以下的罚款；构成犯罪的，依法追究刑事责任：

（1）未经著作权人许可，复制、发行、表演、放映、广播、汇编、通过信息网络向公众传播其作品的，《著作权法》另有规定的除外；

（2）出版他人享有专有出版权的图书的；

（3）未经表演者许可，复制、发行录有其表演的录音录像制品，或者通过信息网络向公众传播其表演的，《著作权法》另有规定的除外；

（4）未经录音录像制作者许可，复制、发行、通过信息网络向公众传播其制作的录音录像制品的，《著作权法》另有规定的除外；

（5）未经许可，播放、复制或者通过信息网络向公众传播广播、电视的，《著作权法》另有规定的除外；

（6）未经著作权人或者与著作权有关的权利人许可，故意避开或者破坏技术措施的，故意制造、进口或者向他人提供主要用于避开、破坏技术措施的装置或者部件的，或者故意为他人避开或者破坏技术措施提供技术服务的，法律、行政法规另有规定的除外；

（7）未经著作权人或者与著作权有关的权利人许可，故意删除或者改变作品、版式设计、表演、录音录像制品或者广播、电视上的权利管理信息的，知道或者应当知道作品、版式设计、表演、录音录像制品或者广播、电视上的权利管理信息未经许可被删除或者改变，仍然向公众提供的，法律、行政法规另有规定的除外；

（8）制作、出售假冒他人署名的作品的。

参考案例 9－1

华容印刷厂与文博音乐制作公司签订了一份印制光盘的协议。协议规定，印刷厂为音乐制作公司印制光盘 1 万张，音乐制作公司支付印刷厂加工和材料费 5 万元人民币。后因音乐制作公司无力支付加工费，印刷厂将其印制的 1 万张光盘和超出合同约定部分多印制的 4 万张光盘转卖，获利 16 万元人民币。印刷厂可否将其印制的光盘转卖？音乐制作公司和印刷厂应各自承担何种责任？文博音乐制作公司无力支付加工费，其后果是违反了合同的约定，只能依照合同的约定承担违约责任，如支付违约金等。华容印刷厂未经权利人许可复制光盘的行为，违反了法律的规定，侵犯了著作权人的权利，是侵权行为。印刷厂未经权利人许可，擅自复制和出售他人的作品复制品，其数额较高，完全可能构成犯罪，即该印刷厂除了承担侵权的损害赔偿责任以外，还可能承担刑事责任。

四、著作权侵权行为的民事责任

根据我国侵权责任法和《著作权法》第 52 条、第 53 条的规定，侵害著作权行为应当承担下列民事责任：

（1）停止侵害，即要求侵权人终止侵害他人著作权行为。例如，停止违法的播放、表演、出版行为，销毁侵权产品和专门用于生产侵权产品的设备等。

（2）消除影响，即由侵权人刊登启事或采取其他措施消除侵权行为给被侵权人带来的名誉损害。公布、分发判决书也是消除影响的一种办法。有关费用应由败诉一方承担。

（3）公开赔礼道歉，即由侵权人在一定范围内在报刊上公开发表向被侵权人赔礼道歉的启事。该责任常常同消除影响结合使用。鉴于有关侵权行为通常侵害著作权人的人身权利，故《著作权法》专门作了此项规定。

（4）赔偿损失，即要求侵权人赔偿被侵权人因为侵权行为而受到的损失。损失应当包括直接损失和间接损失。确定侵权人应赔偿额时首先考虑的是被侵权人的实际利益损失，其次是正常的许可使用费，最后才是侵权人因侵权而获得的利益。由于侵权所获得利益的多寡受制于诸多因素，因而与权利人实际受到的损失会有很大的差距，故应将它作为最后的一个权衡标准。

此外，依《著作权法》第 53 条规定的侵权行为，人民法院根据当事人的请求除追究行为人民事责任外，还可以依据侵权责任法的规定给予民事制裁。著作权行政管理部门对相同的侵权行为已经给予行政处罚的，人民法院不再予以民事制裁。

关于法定赔偿：在上述民事责任中，如何确认被侵权人遭受的实际损失是一个复杂的问题。它涉及直接的损失，如合法作品销售额的减少；也涉及预期利益的损失，如因侵权而失去的市场份额。由于实际损失的计算很困难，故正常的许可使用费提供了一个十分重要的参考标准。《著作权法》第 54 条规定了法定赔偿制度。

侵犯著作权或者与著作权有关的权利的，侵权人应当按照权利人因此受到的实际损失或者侵权人的违法所得给予赔偿；权利人的实际损失或者侵权人的违法所得难以计算的，可以参照该权利使用费给予赔偿。对故意侵犯著作权或者与著作权有关的权利，情节严重的，可以在按照上述方法确定数额的一倍以上五倍以下给予赔偿。

权利人的实际损失、侵权人的违法所得、权利使用费难以计算的，由人民法院根据侵权行为的情节，判决给予五百元以上五百万元以下的赔偿。

赔偿数额还应当包括权利人为制止侵权行为所支付的合理开支。

人民法院为确定赔偿数额，在权利人已经尽了必要举证责任，而与侵权行为相关的账簿、资料等主要由侵权人掌握的，可以责令侵权人提供与侵权行为相关的账簿、资料等；侵权人不提供，或者提供虚假的账簿、资料等的，人民法院可以参考权利人的主张和提供的证据确定赔偿数额。

人民法院审理著作权纠纷案件，应权利人请求，对侵权复制品，除特殊情况外，责令销毁；对主要用于制造侵权复制品的材料、工具、设备等，责令销毁，且不予补偿；或者在特殊情况下，责令禁止前述材料、工具、设备等进入商业渠道，且不予补偿。

被侵权人所受损失除了财产权利外，还包括其人身利益受到的伤害。故权利人也可以要求精神损害赔偿。由于目前法律对精神损害赔偿尚无规定，但是，在少数案件中，当事人关于精神损害的赔偿要求却获得了支持。

关于诉讼时效，依《民法典》的规定，诉讼时效期间为 3 年，从权利人知道或者应当知道权利被侵害时计算。权利人超过 3 年起诉的，如果侵权行为在起诉时仍在持续，在该著作权保护期内，人民法院应当判决被告停止侵权行为；侵权损害赔偿数额应当自权利人向人民法院起诉之日起向前推算 3 年计算。但是，从权利被侵害之日起超过 20 年的，人民法院不予保护。有特殊情况的，人民法院可以延长诉讼时效期间。

为了及时制止侵权行为的扩大，在起诉之前或在审理过程中，著作权人或其他权利人得向人民法院申请采取财产保全措施。保全措施包括查封、扣押、冻结侵权物品。如果是在诉前提出的，申请人必须提供担保，并在法院采取措施 15 日内起诉。

五、对侵犯著作权行为行政措施和的司法措施

（一）行政措施

关于主管著作权执法的行政机关可以采取的行政措施，《著作权法》第 55 条规定，主管著作权的部门对涉嫌侵犯著作权和与著作权有关的权利的行为进行查处时，可以询问有

关当事人，调查与涉嫌违法行为有关的情况；对当事人涉嫌违法行为的场所和物品实施现场检查；查阅、复制与涉嫌违法行为有关的合同、发票、账簿以及其他有关资料；对于涉嫌违法行为的场所和物品，可以查封或者扣押。

主管著作权的部门依法行使上述规定的职权时，当事人应当予以协助、配合，不得拒绝、阻挠。

（二）司法措施

1. 财产保全

《著作权法》第56条规定，著作权人或者与著作权有关的权利人有证据证明他人正在实施或者即将实施侵犯其权利、妨碍其实现权利的行为，如不及时制止将会使其合法权益受到难以弥补的损害的，可以在起诉前依法向人民法院申请采取财产保全、责令作出一定行为或者禁止作出一定行为等措施。

2. 证据保全

《著作权法》第58条规定，人民法院审理案件，对于侵犯著作权或者与著作权有关的权利的，可以没收违法所得、侵权复制品以及进行违法活动的财物。

第59条规定，复制品的出版者、制作者不能证明其出版、制作有合法授权的，复制品的发行者或者视听作品、计算机软件、录音录像制品的复制品的出租者不能证明其发行、出租的复制品有合法来源的，应当承担法律责任。

在诉讼程序中，被诉侵权人主张其不承担侵权责任的，应当提供证据证明已经取得权利人的许可，或者具有《著作权法》规定的不经权利人许可而可以使用的情形。

为了更为有效地制止侵犯著作权的行为和更为有效地保护著作权人和邻接权人的利益，《著作权法》作出了关于诉前保全的规定。著作权或者邻接权人有证据证明他人正在实施或者即将实施侵犯其权利的行为，如不及时制止将会使其合法权益受到难以弥补的损失的，可以在起诉前向人民法院申请采取责令停止有关行为和财产保全的措施。人民法院可依我国《民事诉讼法》的规定处理上述申请。为制止侵权行为，在证据可能灭失或者以后难以取得的情况下，著作权人或者与著作权有关的权利人可以在起诉前向人民法院申请保全证据。人民法院接受申请后，必须在48小时内作出裁定；裁定采取保全措施的，应当立即开始执行；人民法院可以责令申请人提供担保，申请人如果不提供担保的，法院将驳回申请；申请人在人民法院采取保全措施后15日内不起诉的，人民法院应当解除保全措施。同时，《著作权法》还增加了一条关于侵权人举证责任的内容：复制品的出版者、制作者不能证明其出版、制作有合法授权的，复制品的发行者或者电影作品、计算机软件、录音录像制品的复制品的出租者不能证明其发行、出租的复制品有合法来源的，应当承担法律责任。这种举证责任倒置的规定，有利于对著作权人和邻接权人正当权益的保护。在民事实体法中引入程序法律规范，有助于使权利人和人民法院更为明确该民事诉讼规范对保护著作权适用的正当性。

六、计算机网络著作权纠纷案件的适用法律

1. 关于计算机网络著作权纠纷案件的管辖

网络著作权侵权纠纷案件由侵权行为地或者被告住所地人民法院管辖。侵权行为地包括实施被诉侵权行为的网络服务器、计算机终端等设备所在地。对难以确定侵权行为地和

被告住所地的，原告发现侵权内容的计算机终端等设备所在地可以视为侵权行为地。

2. 关于保护对象的范围

受著作权法保护的作品，包括著作权法规定的各类作品的数字化形式。在网络环境下无法归于《著作权法》第 3 条列举的作品范围，但在文学、艺术和科学领域内具有独创性并能以某种有形形式复制的其他智力创作成果，人民法院应当予以保护。

3. 关于网络环境下作品的法定许可使用和侵权认定

已在报刊上刊登或者网络上传播的作品，除著作权人声明或者报纸、期刊社、网络服务提供者受著作权人委托声明不得转载、摘编的以外，在网络进行转载、摘编并按有关规定支付报酬、注明出处的，不构成侵权。但转载、摘编作品超过有关报刊转载作品范围的，应当认定为侵权。

4. 关于网络服务提供者的侵权责任

提供内容服务的网络服务提供者，明知网络用户通过网络实施侵犯他人著作权的行为，或者经著作权人提出确有证据的警告，但仍不采取移除侵权内容等措施以消除侵权后果的，人民法院应当追究其与该网络用户的共同侵权责任。

提供内容服务的网络服务提供者，对著作权人要求其提供侵权行为人在其网络的注册资料以追究行为人的侵权责任，无正当理由拒绝提供的，人民法院应当追究其相应的侵权责任。

网络服务提供者明知专门用于故意避开或者破坏他人著作权技术保护措施的方法、设备或者材料，而上载、传播、提供的，人民法院应当根据当事人的诉讼请求和具体案情，追究网络服务提供者的民事侵权责任。

然而，著作权人发现侵权信息向网络服务提供者提出警告或者索要侵权行为人网络注册资料时，不能出示身份证明、著作权权属证明及侵权情况证明的，视为未提出警告或者未提出索要请求。在著作权人出示上述证明后，网络服务提供者仍不采取措施，著作权人可以在诉前申请人民法院作出停止有关行为和财产保全、证据保全的裁定，也可以在提起诉讼时申请人民法院先行裁定停止侵害、排除妨碍、消除影响，人民法院应予准许。

5. 关于网络服务提供者的责任免除

许多国家对于网络服务商都有相关的免责条款，也有人称其为“安全港”的规定。我国也不例外。网络服务提供者经著作权人提出确有证据的警告而采取移除被控侵权内容等措施，被控侵权人要求网络服务提供者承担违约责任的，人民法院将不予支持。如果著作权人指控侵权不实，被控侵权人因网络服务提供者采取措施遭受损失而请求赔偿的，人民法院应当判令由提出警告的人承担赔偿责任。

第三节 侵害著作权的行政责任

著作权侵权通常是发生在平等主体之间，原则上应由司法部门处理，行政部门不宜过多地介入。但是，我国长期缺乏著作权制度，作者和公众的知识产权意识还很淡薄。另一方面，我国正处在向市场经济转型时期，急功近利者多，各种著作权侵权行为十分猖獗。不仅著作权人的个人权益受到危害，我国的投资环境和对外贸易关系也受到直接影响，特别是在当前的国际环境下，西方国家常常把知识产权保护提升到国际政治、外交甚至人权的高度，作为外交工具使用，动辄以他国保护其知识产权不力为由，挥舞起制裁的大棒。在这种背景下，单靠著作权人的行动远不足以遏制侵权现象。因而，政府的干预显得有其必要性。过去的实践也已证明，行政处理程序简单、经济、迅速，收到了较好的成效。即便如此，为了与我国法制建设的终极目标相吻合，应该将行政处理限制在必要的范围之内，以避免行政代替司法的倾向。至于民事制裁和行政制裁的界限，应以侵权行为是否直接危害市场经济秩序和社会公共利益为准。

《著作权法》及其实施条例关于著作权侵权的行政处理的规定很简单。《行政处罚法》颁布以后，国家版权局发布了《著作权行政处罚实施办法》，使行政处理朝规范化、制度化的方向迈出了重要的一步。

一、受行政处罚的行为

根据《著作权行政处罚实施办法》第 3 条的规定，应受行政处罚的违法行为包括：

（1）《著作权法》第 47 条列举的侵权行为，同时损害公共利益的；

（2）《计算机软件保护条例》第 24 条列举的侵权行为，同时损害公共利益的；

（3）《信息网络传播权保护条例》第 18 条列举的侵权行为，同时损害公共利益的，第 19 条、第 25 条列举的侵权行为；

（4）《著作权集体管理条例》第 41 条、第 44 条规定的应予行政处罚的行为；

（5）其他有关著作权法律、法规、规章规定的应予行政处罚的违法行为。

二、行政责任形式

《著作权法》第 48 条明文列举出来的行政责任是没收非法所得和罚款。《著作权行政处罚实施办法》规定，行政责任形式还包括责令停止侵权行为、没收违法所得、没收侵权复制品、罚款，以及没收主要用于制作侵权复制品的材料、工具、设备等。

三、行政处罚的程序

《著作权行政处罚实施办法》第 10 条除行政处罚法规定适用简易程序的情况外，著作权行政处罚适用行政处罚法规定的一般程序。

1. 立案

著作权行政管理部门适用一般程序查处违法行为，应当立案。对《著作权行政处罚实施办法》列举的违法行为，著作权行政管理部门可以自行决定立案查处，或者根据有关部门移送的材料决定立案查处，也可以根据被侵权人、利害关系人或者其他知情人的投诉或者举报决定立案查处。

2. 投诉

投诉人就本办法列举的违法行为申请立案查处的，应当提交申请书、权利证明、被侵权作品（或者制品）以及其他证据。申请书应当说明当事人的姓名（或者名称）、地址，以及申请查处所根据的主要事实、理由。投诉人委托代理人代为申请的，应当由代理人出示委托书。

3. 受理

著作权行政管理部门应当在收到所有投诉材料之日起 15 日内，决定是否受理并通知投诉人。不予受理的，应当书面告知理由。

4. 承办

立案时应当填写立案审批表，同时附上投诉或者举报材料、上级著作权行政管理部门交办或者有关部门移送案件的材料、执法人员的检查报告等有关材料，由本部门负责人批准立案并指定两名以上办案人员进行调查处理。

办案人员与案件有利害关系的，应当自行回避；没有回避的，当事人可以申请其回避。办案人员的回避，由本部门负责人批准。负责人的回避，由本级人民政府批准。

5. 紧急措施

执法人员在执法过程中，发现违法行为正在实施，情况紧急来不及立案时，可以采取下列措施：

（1）对违法行为予以制止或者纠正。

（2）对侵权复制品和主要用于违法行为的材料、工具、设备等依法先行登记保存。

（3）收集、调取其他有关证据。执法人员应当及时将有关情况和材料报所在著作权行政管理部门，并办理立案手续。

6. 当事人提供证据

《著作权行政处罚实施办法》第 19 条规定，当事人提供的涉及著作权的底稿、原件、合法出版物、作品登记证书、著作权合同登记证书、认证机构出具的证明、取得权利的合同，以及当事人自行或者委托他人以订购、现场交易等方式购买侵权复制品而取得的实物、发票等，可以作为证据。

对于证据，应当制作清单并登记保存。当事人或者有关人员在证据保存期间不得转移、损毁有关证据。

7. 委托调查

著作权行政管理部门在查处案件过程中，委托其他著作权行政管理部门代为调查的，须出具委托书。受委托的著作权行政管理部门应当积极予以协助。

8. 专业鉴定

对查处案件中的专业性问题，著作权行政管理部门可以委托专门机构或者聘请专业人员进行鉴定。

9. 调查报告

调查终结后，办案人员应当提交案件调查报告，说明有关行为是否违法，提出处理意见及有关事实、理由和依据，并附上全部证据材料。

10. 当事人陈述、申辩

当事人要求陈述、申辩的，应当在被告知后 7 日内，或者自发布公告之日起 30 日内，向著作权行政管理部门提出陈述、申辩意见以及相应的事实、理由和证据。当事人在此期间未行使陈述权、申辩权的，视为放弃权利。

采取直接送达方式告知的，以当事人签收之日为被告知日期；采取邮寄送达方式告知的，以回执上注明的收件日期为被告知日期。

11. 复核

办案人员应当充分听取当事人的陈述、申辩意见，对当事人提出的事实、理由和证据进行复核，并提交复核报告。

著作权行政管理部门不得因当事人的申辩加重处罚。

12. 处理决定

著作权行政管理部门负责人应当对案件调查报告及复核报告进行审查，并根据审查结果分别作出下列处理决定：

（1）确属应当予以行政处罚的违法行为的，根据侵权人的过错程度、侵权时间长短、侵权范围大小及损害后果等情节，予以行政处罚；

（2）违法行为轻微的，可以不予行政处罚；

（3）违法事实不成立的，不予行政处罚；

（4）违法行为涉嫌构成犯罪的，移送司法部门处理。

对情节复杂或者重大的违法行为给予较重的行政处罚，由著作权行政管理部门负责人集体讨论决定。

四、执行程序

当事人收到行政处罚决定书后，应当在行政处罚决定书规定的期限内予以履行。当事人申请行政复议或者提起行政诉讼的，行政处罚不停止执行。法律另有规定的除外。

没收的侵权复制品应当销毁，或者经被侵权人同意后以其他适当方式处理。对没收的主要用于制作侵权复制品的材料、工具、设备等，著作权行政管理部门应当依法公开拍卖或者依照国家有关规定处理。

上级著作权行政管理部门作出的行政处罚决定，可以委托下级著作权行政管理部门代为执行。代为执行的下级著作权行政管理部门，应当将执行结果报告该上级著作权行政管理部门。

五、人民法院对行政处罚的司法审查

最高人民法院《关于审理著作权民事纠纷案中适用法律若干问题的解释》第 3 条规定了人民法院对著作权行政管理部门查处的侵犯著作权行为，当事人向人民法院提起诉讼追究该行为人民事责任的，得以行使司法审查权，进行审查。人民法院审理已经过著作权行政管理部门处理的侵犯著作权行为的民事纠纷案件，依职权应当对案件事实进行全面审查。

第四节　侵害著作权的犯罪及法律责任

《著作权法》只是规定了侵害著作权构成犯罪的应承担刑事责任，但并未专门就侵犯著作权犯罪构成以及刑罚等作出具体的规定。这是因为 1997 年修订的《刑法》已经在侵犯知识产权罪的相关条文中作出明确规定。2004 年最高人民法院、最高人民检察院《关于办理侵犯知识产权刑事案件具体应用法律若干问题的解释》（简称“两高司法解释”）对相关问题，作出了更进一步的操作性规定。

一、侵犯著作权罪

《刑法》第 217 条规定：“以营利为目的，有下列侵犯著作权情形之一，违法所得数额较大或者有其他严重情节的，处三年以下有期徒刑或者拘役，并处或者单处罚金；违法所

得数额巨大或者有其他特别严重情节的，处三年以上七年以下有期徒刑，并处罚金：（一）未经著作权人许可，复制发行其文字作品、音乐、电影、电视、录像作品、计算机软件及其他作品的；（二）出版他人享有专有出版权的图书的；（三）未经录音录像制作者许可，复制发行其制作的录音录像的；（四）制作、出售假冒他人署名的美术作品的。”

1. 关于“违法所得数额”的规定

（1）违法所得数额较大。以营利为目的，实施《刑法》第 217 条所列侵犯著作权行为之一，违法所得数额在 3 万元以上的，属于“违法所得数额较大”。具有下列情形之一的，属于“有其他严重情节”，应当以侵犯著作权罪判处 3 年以下有期徒刑或者拘役，并处或者单处罚金：1）非法经营数额在 5 万元以上的；2）未经著作权人许可，复制发行其文字作品、音乐、电影、电视、录像作品、计算机软件及其他作品，复制品数量合计在 1 000 张（份）以上的；3）其他严重情节的情形。

（2）违法所得数额巨大。以营利为目的，实施《刑法》第 217 条所列侵犯著作权行为之一，违法所得数额在 15 万元以上的，属于“违法所得数额巨大”。具有下列情形之一的，属于“有其他特别严重情节”，应当以侵犯著作权罪判处 3 年以上 7 年以下有期徒刑，并处罚金：1）非法经营数额在 25 万元以上的；2）未经著作权人许可，复制发行其文字作品、音乐、电影、电视、录像作品、计算机软件及其他作品，复制品数量合计在 5 000 张（份）以上的；3）其他特别严重情节的情形。

两高司法解释第 11 条规定，以刊登收费广告等方式直接或者间接收取费用的情形，属于《刑法》第 217 条规定的“以营利为目的”。

2. 关于“未经许可”的规定

《刑法》第 217 条规定的“未经著作权人许可”，是指没有得到著作权人授权或者伪造、涂改著作权人授权许可文件或者超出授权许可范围的情形。

3. 关于“复制发行”的规定

通过信息网络向公众传播他人文字作品、音乐、电影、电视、录像作品、计算机软件及其他作品的行为，应当视为《刑法》第 217 条规定的“复制发行”。

两高司法解释第 14 条规定，实施《刑法》第 217 条规定的侵犯著作权犯罪，又销售该侵权复制品，构成犯罪的，应当依照《刑法》第 217 条的规定，以侵犯著作权罪定罪处罚。实施《刑法》第 217 条规定的侵犯著作权犯罪，又销售明知是他人的侵权复制品，构成犯罪的，应当实行数罪并罚。

4. 关于“非法经营数额”的规定

两高司法解释第 12 条规定，“非法经营数额”是指行为人在实施侵犯知识产权行为过程中，制造、储存、运输、销售侵权产品的价值。已销售的侵权产品的价值，按照实际销售的价格计算。制造、储存、运输和未销售的侵权产品的价值，按照标价或者已经查清的侵权产品的实际销售平均价格计算。侵权产品没有标价或者无法查清其实际销售价格的，按照被侵权产品的市场中间价格计算。

多次实施侵犯知识产权行为，未经行政处理或者刑事处罚的，非法经营数额、违法所得数额或者销售金额累计计算。

二、销售侵权复制品罪

《刑法》第 218 条规定，以营利为目的，销售明知是本法第 217 条规定的侵权复制品，违法所得数额巨大的，处 3 年以下有期徒刑或者拘役，并处或者单处罚金。

两高司法解释第 6 条进一步规定，以营利为目的，实施《刑法》第 218 条规定的行为，违法所得数额在 10 万元以上的，属于“违法所得数额巨大”，应当以销售侵权复制品罪判处 3 年以下有期徒刑或者拘役，并处或者单处罚金。

三、单位犯罪

根据《刑法》第 220 条的规定，单位犯本法第 217 条和第 218 条规定之罪的，对单位判处罚金，并对其直接负责的主管人员和其他直接责任人员，依照上述各条的规定处罚。

两高司法解释第 15 条关于法人犯罪条规定，单位实施《刑法》第 213 条至第 219 条规定的行为，按照本解释规定的相应个人犯罪的定罪量刑标准的 3 倍定罪量刑。

此外，两高司法解释进一步明确了侵犯著作权共同犯罪。该解释第 16 条规定，明知他人实施侵犯知识产权犯罪，而为其提供贷款、资金、账号、发票、证明、许可证件，或者提供生产、经营场所或者运输、储存、代理进出口等便利条件、帮助的，以侵犯知识产权犯罪的共犯论处。

【引例评析】

引例中电影《阳光》尚未公映，即尚未发表，该影片发表权、发行放映权和转制成光盘的复制权专属于制片人王某。电视台将其公开播放，侵犯了制片人就其作品享有的发表权、播放权等；大地传播公司将影片制作成光盘，则侵犯了制片人的复制权、发行权等。双方应依法承担各自应负的民事法律责任，赔偿一切损失。构成犯罪的，还要承担刑事责任。

【本章小结】

1. 侵犯著作权的责任体系由民事责任、行政责任和刑事责任构成。其中民事责任重在补偿著作权人因侵权而受到的损失，行政责任则反映了国家对文化、经济市场的主动管理，而刑事责任的目的主要在于惩戒严重的侵权者，并形成对潜在的侵权人的威慑作用。侵权行为包括《著作权法》第 47 条、第 48 条规定的形式。

2. 侵害著作权行为应当承担下列民事责任：停止侵害；消除影响；公开赔礼道歉；赔偿损失。我国著作权法还规定了法定赔偿责任，即在权利人的实际损失或者侵权人的违法所得不能确定的，由人民法院根据侵权行为的情节，判决给予 50 万元以下的赔偿。

3. 著作权行政主管部门可以对侵犯著作权行为进行行政处罚。行政责任包括没收非法所得和罚款。

4. 对于侵犯著作权的犯罪则应当承担刑事责任。其刑罚包括罚金和有期徒刑。其中有期徒刑刑期最长可达 7 年。

【练习题】

1. 名词解释

停止侵害　赔礼道歉　消除影响　赔偿损失

2. 思考题

（1）著作权侵权行为的构成要件、表现形式及法律责任是什么？

（2）侵犯著作权行为的行政责任是什么？

(3) 如何确定侵犯著作权犯罪行为的刑事责任?

3. 案例分析题

王某是神笔办公软件公司的总工程师，主持实施了公司为市图书馆创编图书管理信息系统的工程，王某个人为此工程付出了大量的心血。合同履行完毕之后，王某向公司提出关于收入分配异议未果之后，一怒之下离开公司，另立门户，将原为市图书馆创编的图书信息管理系统略加修改，出售给其他图书馆，并以神笔公司尚未支付其报酬为由拒绝了神笔公司停止侵权的主张。

问题：

试分析王某的行为的性质和后果。

分析要点提示：

王某的行为实质上是将自己无权处分的财产即管理系统软件出售给他人牟利，侵犯了他人的合法权益。法律后果是他应当承担侵权的责任，如果所得数量巨大构成犯罪，还应承担刑事责任。

即测即评

第三编

专利法

第十章　专利的种类

【本章引例】

某高校完成一项“智能手机合金壳体表面电镀铜方法”发明创造。这种方法的使用不仅可以提高电镀质量，而且可以降低成本。问：这项研究成果可否申请实用新型专利？

【本章学习目标】

通过本章的学习，你应该能够：

- 了解我国专利法的发展过程及参加的国际公约
- 了解三种类型的发明创造的特点及相互之间的区别

第一节　专利法概述

一、专利权

专利权是指权利人在履行法定手续并经国务院专利行政部门批准后，在法定期限内对特定发明创造享有的专有权利。其内容包括国务院专利行政部门授予特定人实施其发明创造并禁止他人为生产经营目的实施其发明创造的一种特权。这种权利是一种独占的排他权。根据《专利法》第 11 条的规定，对于发明和实用新型专利权，其独占权表现为：专利权被授予后，除本法另有规定的以外，任何单位和个人未经专利权人许可，都不得实施其专利，即不得为生产经营目的的制造、使用、许诺销售、销售、进口其专利产品，或者使用其专利方法以及使用、许诺销售、销售、进口依照该专利方法直接获得的产品。对于外观设计专利权，其独占权表现为：外观设计专利权被授予后，任何单位或者个人未经专利权人许可，都不得实施其专利，即不得为生产经营目的的制造、许诺销售、销售、进口其外观设计专利产品。

专利权作为法律赋予的垄断性权利，无论是当事人申请专利还是专利权人行使专利权，都要遵循诚信原则，不得滥用权力损害公共利益和他人合法权益。

二、专利法

从狭义的角度看，调整因专利权的归属及行使等所产生的各种社会关系的法律规范为专利法。专利法是实体法和程序法的结合，专利法不仅规定了专利申请人和专利权人所享有的权利、义务等实体内容，同时规定了有关专利的申请、审查、批准以及权利保护中的诉讼程序等程序法上的内容。专利法通过授予专利权来保护和鼓励发明创造，从而推动技术进步和经济发展。

1984 年我国颁布《专利法》，1985 年实施《专利法》并颁布《专利法实施细则》。1992 年第一次修订《专利法》和《专利法实施细则》。在第一次修订中，主要强调了几个方面的内容：

（1）专利保护的范围扩大，取消了对药品、日用化学方法获得的物质及食品、饮料和调味品不授予专利权的规定；

（2）延长了专利保护的期限，发明专利权由原来的 15 年延长到 20 年，实用新型和外观设计专利权均由原来的 8 年延长到 10 年；

（3）进一步加强了对专利权人的保护，将进口权增加为专利权人的权利，并将方法专利的保护延伸到依照该方法直接所获得的产品；

（4）就专利审查程序等方面作了调整。

1997 年我国通过了《植物新品种保护条例》，对于植物新品种给予专门保护。

2000 年 8 月 25 日，我国颁布经第二次修订的《专利法》。第二次修订的主要内容有：

（1）取消了撤销程序；

（2）取消实用新型和外观设计的行政终审权；

（3）增加对许诺销售行为的禁止权；

（4）增加临时措施（诉前禁令和财产保全）；

（5）明确规定侵权赔偿额的计算方法；

（6）增加了有关国际申请的规定。

2001 年 7 月，修改后的《专利法实施细则》实施。经过两次修订，我国专利法已经达到国际通行水平。

2008 年 12 月 27 日，我国颁布经过第三次修订的《专利法》，修订后的立法自 2009 年 10 月 1 日起正式实施。第三次修订的主要内容有：

（1）加强对遗传资源的保护；

（2）提高了授予专利权的条件，在新颖性标准上采用了世界新颖性标准；

（3）提高了授予外观设计权的条件，对授予外观设计权的客体范围进行了适当限制，并建立了外观设计评估报告制度；

（4）规定专利药品的强制许可，限制专利权滥用，强化对公众合法权益的维护；

（5）简化专利权转让程序，放宽涉外代理的限制，取消对集体所有制单位和中国个人的发明专利推广应用的规定。

2010 年 1 月 9 日，《专利法实施细则》根据《专利法》的修改也作了相应的修订。

2020 年 10 月 17 日，我国颁布经过第四次修订的《专利法》，修订后的立法自 2021 年 6 月 1 日起正式实施。第四次修订的主要内容有：

（1）进一步完善外观设计制度。

（2）就药品专利作出了特别规定。

（3）规定开放许可制度。

（4）规定惩罚性赔偿。

三、专利制度的发展趋势

近年来，随着社会、经济和技术等方面的发展，各国的专利法均发生了相当大的变化。引起这种变化的原因是多方面的，其中主要的理由有：世界性科学技术的发展，导致各国的专利制度随之变化；有关知识产权国际公约的制定、修订，对各国专利制度提出了相应的要求；随着知识产权的重要性的增强，各国对于知识产权的保护越来越统一和严格。故专利制度的发展趋势就是国际化和现代化。各国的专利制度在保护期限、保护标准、保护客体等方面越来越趋同。在专利检索上也表现得很明显，即各国的检索系统开始协调。国际公约在各国专利制度保护中所起的作用越来越重要，如凡是加入 WTO 的缔约方，都必须遵守 WTO 下的《TRIPS 协议》的规定。原来不属于专利法保护的客体开始成为专利法保护的客体，如通过生物工程技术分离的基因，以及因为信息技术发展而产生的计算机软件和商业方法等客体。

第二节　发　明

《专利法》第 2 条规定："本法所称的发明创造是指发明、实用新型和外观设计。"

一、发明的概念

《专利法》第 2 条规定，发明，是指对产品、方法或者其改进所提出的新的技术方案。因此发明应当具备以下条件。

1. 发明必须是利用自然规律的结果

"自然规律"指自然界中存在的、为人所认识的客观的规律，如物理、化学的原理或定理。自然规律不能是人的纯智力活动所创造的东西或人为规定的东西，如密码的编制方法、计算方法、财务会计方法、游戏方法等均不属于自然规律。发明还必须是利用自然规律的结果。科学发现是对自然界的新的认识，这种认识可能就是自然规律，但不是对自然规律的利用，因此科学发现不是发明。对于自然规律的利用还必须是全面正确的利用，如果只是部分利用自然规律，也不能称为专利法上的发明，如永动机的制作。

2. 发明是具体的技术方案

它是解决某一课题的合理的手段，必须产生一定的技术效果。发明必须是具体的技术方案，因此未完成的发明不能成为专利法保护的对象。如只是单纯提出问题和设想，没有具体的解决方案；或者虽有解决方案，但该解决方案极其含糊，无法具体进行操作，这些想法不能成为专利法保护的对象。

参考案例 10-1

为解决世界能源问题，李某提出一种设想：在太阳和地球之间建立一个直径为 1 万千米的圆壳体，将太阳的能量反射到地球上，这样地球上的能量将增加 100 亿倍，从而解决地球的能源问题。李某这样的发明创造方案是不能获得专利权的，因为李某的方案没有阐明如何制作圆壳体，以及用什么材料制作，因此其方案不够具体，仅凭这一设想无法实现，故该设想只是一个未完成的发明。

3. 发明必须是新的技术方案

发明之所以称为发明，在于其是一种创造，因此要求技术方案必须是新的，即与现有技术不同。具体判断该技术方案的新旧，应当以将该方案申请专利时或者研究出该技术方案时已有的技术为准。

二、发明的分类

1. 产品发明和方法发明

发明根据技术特征的表现形式的不同，一般分为产品发明、方法发明两类。产品发明是人们通过研究开发出来的关于各种新产品、新材料、新物质的技术方案，物质发明也属于产品发明的一种。方法发明指技术构思的创造性结果，是指将一个对象或物质改变成为另一种状态或改造成另一对象或物质所利用的手段（技术方案）。方法发明可以是由一系列步骤构成的一个完整过程，也可以是一个步骤。一般还可分成制造产品的方法与使用产品的方法。

专利法将发明分为产品发明和方法发明是有特定意义的：

（1）在专利申请过程中，不同的发明所提交的专利申请文件有所不同，其撰写内容有一定的区别。

（2）专利权授予后，不同的发明种类，专利权人行使权利的方式不同，专利权的效力范围也不同。对于方法专利来说，其专利权的效力范围不仅及于方法本身，而且及于使用该方法直接获得的产品。

（3）在侵权诉讼中，不同的发明种类可能产生不同的举证责任。因为根据《专利法》第 66 条第 1 款的规定，在发生发明侵权纠纷的时候，如果发明专利是一项新产品的制造方法，制造同样产品的单位或者个人应当提供其产品制造方法的证明。即如果是新产品的制造方法，则举证责任倒置，由被告举证证明其所使用的制造方法。而对于一般的产品发明专利权来说，依据民事诉讼法规定，应当采用“谁主张，谁举证”的方式承担举证责任。在此需注意的是，并非所有的方法专利都适用举证责任倒置，只是对于制造新产品的方法，才存在举证责任倒置的要求。

当然，在实践中严格区分某技术方案属于产品发明或是方法发明存在一定的困难。一般认为，其主要的区别点在于，对于方法发明来说，其技术方案中必然存在时间因素，而产品发明则没有这个要求。另外，许多技术方案根据申请专利时撰写方式的不同，既可以作为产品发明申请专利，也可以作为方法发明申请专利。

2. 基础发明与改进发明

这是按发明间的依赖或制约关系所作的划分。基础发明指不依赖于现存的有专利权的发明而作出的发明创造。改进发明又称为从属专利，是指在基础发明的基础上作出进一步的改进而获得的发明。这类发明在实施上有赖于基础发明的实施，因此法律往往为改进发明的实施规定强制许可制度，以保证改进发明的实施。但根据修改后的专利法的规定，并非所有的改进发明都有强制许可的适用。

3. 独立发明和共同发明

这是按完成发明的人数来划分的。独立发明指仅由一个发明人单独完成的发明。对于这类发明，发明人一人拥有完全的支配权。共同发明指由数人合作共同完成的发明。共同发明的处分权由共同发明人共有。在申请专利时，应当由全体共有人达成一致意见，若有一方不同意申请专利，其他各方均不得擅自申请专利。当一方转让其共有份额时，其他各共有方在相同条件下有优先购买权。共有一方声明放弃其专利申请权的，其他共有各方可共同申请，但在发明被授予专利后，放弃申请权的一方可以免费实施该项技术。

第三节　实用新型

一、实用新型的概念及特征

《专利法》第 2 条规定，实用新型是指对产品的形状、构造或者其结合所提出的适于实用的新的技术方案。这种新的技术方案能够在产业上制造出具有使用价值和实际用途的产品。

根据实用新型的定义，我们认为实用新型具备以下两个特征：

(1) 实用新型必须是一个产品，是一个适于实用的产品，如仪器、设备、用具或日用品等，涉及方法的技术方案是不能取得实用新型专利权的。

(2) 实用新型必须是具有一定形状和结构的物品。实用新型的对象必须是有“型”的物品，没有固定形态的物质，如气体、液体以及呈粉末状的物体不能成为实用新型专利的保护对象。

二、实用新型与发明的区别

根据专利法的规定，实用新型专利和发明专利都是专利法保护的对象，它们都是发明创造，但是它们之间存在一定的区别。

1. 实用新型的保护范围比发明专利要小

根据专利法规定，发明是对产品、方法或者其改进所提出的新的技术方案，所以，发明可以是产品发明，也可以是方法发明，还可以是二者的改进发明。在产品发明中，既可以是定型的产品，也可以是不定型的产品。而申请实用新型专利的范围则要窄得多，从范围上看，实用新型仅限于对产品的形状、构造或者其组合所提出的实用的新的技术方案。因此实用新型不包括方法、用途，也不包括不具有确定形状和立体结构的物品（如粉末、液体类的产品）。另外，鉴于实用新型对于创造性要求程度的不同，国家知识产权局还通过公告规定，下列发明创造也不能申请实用新型专利：食品、饮料、调味品、药品等仅涉及组成、成分变化的改进发明；以平面图形作为区别特征的物品；单纯材料替换的产品；等等。

2. 实用新型的创造性程度低于发明

我国专利法对申请发明专利的要求是，同申请日以前已有技术相比，有突出的实质性特点和显著进步；而实用新型专利的新技术方案，不要求具备高度的创造性，只要有实质性特点和进步即可，故实用新型是有“型”的小发明。

3. 实用新型专利的保护期比发明专利短

专利法规定，实用新型专利的保护期为自申请日起 10 年；而发明专利的保护期为自申请日起 20 年。

4. 实用新型专利的审批过程比发明专利简单

专利法规定，国务院专利行政部门收到实用新型专利的申请后，经初步审查认为符合专利法要求的，不再进行实质审查，即可公告，并授予专利证书。而对发明专利，则必须经过实质审查，无论是审查的手续还是审查的时间都要比实用新型复杂得多。另外，实用新型专利的申请费用和年费也比发明专利要低。

三、实用新型专利的发展

从世界范围来看，并非所有的国家都保护实用新型专利。有些国家即使保护实用新型，也是采用单独的立法加以保护。通过专利法的方式保护实用新型的国家数量很少。我国是发展中国家，将实用新型作为专利法保护的对象，是考虑到我国的科技水平还不高，小发明的数量很多。对这些小发明予以充分保护，可以调动广大人民群众从事发明创造的积极性，也有利于我国科学技术的发展。

在国际上一般认为，在专利制度中加入实用新型专利制度，有助于专利制度的完善。其主要理由有：

（1）实用新型制度能鼓励人们投资于创造性比较低的实用性的新物品的研究开发，满足人们日常工作和生活上的需要，并以较低的费用和较短的时间获得保护。

（2）弥补发明专利保护的不足。

（3）减轻审查人员的工作负担。因为实用新型的技术水平低，经济价值比较小，故各国大都采用形式审查制度，从而减轻了审查人员的负担。

第四节　外观设计

一、外观设计的概念与特征

根据《专利法》第 2 条的规定，外观设计是指对产品的整体或者局部的形状、图案或者其结合以及色彩与形状、图案的结合所作出的富有美感并适于工业应用的新设计。

外观设计具有如下三方面特征。

1. 外观设计必须与产品相结合

外观设计必须与产品相结合，才能成为专利法的保护对象。某项设计如果不与产品相结合，则只能得到著作权法上的保护。而且外观设计的保护范围的确定，也是以其受保护的产品为基础的。在第四次的专利法修订前，只能是就整个产品的整体形状申请外观设计专利，新法允许就产品局部形状提出专利申请。这对于外观设计的保护有着重要的意义：一方面可以遏制局部“抄袭”外观设计，另一方面也有助于用户图形界面（GUI）等新型外观设计的保护。

2. 外观设计必须能在产业上应用

外观设计必须能够用于生产经营目的的制造或生产。如果设计不能用工业的方法复制出来，或者达不到批量生产的要求，就不是专利法意义上的外观设计。

3. 外观设计富有美感

它包含的是美术思想，即解决产品的视觉效果问题，而不是技术思想。在这一点上它与实用新型相区别。需要指出的是，美感是客观事物在主观上的一种反映，因此对于美感的反映是一种主观感受，很难有统一的看法。所以在实践中，只要该外观设计不违背社会公共道德或者公共秩序，便可以认为是具有美感的。

参考案例 10-2

原告武某、李某设计的立体贺年卡获得外观设计专利权，该专利权在申请公告上的图形为一白色正十四边形的三维视图和展开图。后被告北京某广告艺术公司制造了一种立体台历，外观与原告专利一样。原告遂诉至法院。法院认为，原告外观设计专利的保护范围应为正十四面体形状的立体贺年卡。被告的产品从内容到使用功能均属于立体台历，贺年卡与立体台历之间不具有可比性，被告的产品不属于原告外观设计专利权的保护范围，故驳回原告诉讼请求。

二、外观设计专利的由来和发展

世界上对外观设计的法律保护，起源于中世纪的佛罗伦萨。随后法国里昂地方政府于1711年建立了外观设计保护制度，保护里昂盛产的丝绸制品的外观设计。法国于1806年3月正式颁布保护外观设计的法律。在法国的影响下，其他工业发达国家也开始保护外观设计。如英国于1787年制定《外观设计条例》；美国于1842年、德国于1876年分别颁布《外观设计法》。1883年，保护工业产权巴黎联盟成立，它明确规定，外观设计在本联盟一切成员国中都应当受到保护。我国在1984年颁布的《专利法》中正式将外观设计作为专利法保护的三个保护对象之一。

三、外观设计与相关概念的区别

1. 外观设计与实用新型

简单讲，产品形状的美感效果属于外观设计专利的保护范围，产品形状的技术效果属于实用新型的保护范围。需要说明的是，有些产品的形状既有技术效果，也有美感效果，此时需要考虑其技术效果是否符合专利法对于实用新型的要求，如果符合，自然既可以申请实用新型专利，也可以申请外观设计专利。

2. 外观设计与著作权

根据专利法的规定，一项设计要取得外观设计专利保护，必须具有新颖性，即应当同申请日以前在国内外出版物上公开发表过或者在国内公开使用过的外观设计不相同或者不相近似。而一项设计要取得著作权保护，则要求该设计具有独创性，即作品必须是作者自己的创作，即使该作品的内容与其他作品雷同，只要是作者自己创作的，就应当受到著作权的保护。因此给予设计以专利保护的条件相对较高。另外需要指出的是，如果一项设计受到专利法保护，其保护期限比著作权保护期限要短。

【引例评析】

引例中的发明创造无法申请实用新型专利，因为根据《专利法》第2条对于“实用新型”的定义，实用新型是指对产品的形状、构造或者其结合所提出的适于实用的新方案。这种新的技术方案能够在产业上制造出具有使用价值和实际用途的产品。因此必须要求该发明创造具有一定形状，没有形状的方法专利，是无法申请实用新型专利的，但是可以申请发明专利。

【本章小结】

1. 专利权是指权利人在履行法定手续并经国家专利主管机关批准后，在法定期限内对特定发明创造享有的专有权利。它是国家专利主管机关授予特定人实施其发明创造并禁止他人为生产经营目的实施其发明创造的一种特权，是对发明创造的独占的排他权。

2. 发明是指对产品、方法或者其改进所提出的新的技术方案。发明应当具备以下条件：(1) 发明必须是利用自然规律的结果。(2) 发明是具体的技术方案。(3) 发明必须是新的技术方案。

3. 实用新型指对产品的形状、构造或者其结合提出的适于实用的新方案。这种新的技术方案能够在产业上制造出具有使用价值和实际用途的产品。实用新型具备以下两个特征：(1) 实用新型必须是一个产品，涉及方法的技术方案不能取得实用新型专利权。(2) 实用新型必须是具有一定形状和结构的物品。

实用新型与发明专利之间存在的区别：(1) 实用新型的保护范围比发明专利要小。(2) 实用新型的创造性程度低于发明。(3) 实用新型专利的保护期比发明专利短。(4) 实用新型专利的审批过程比发明专利简单。

4. 外观设计指对产品的整体或者局部的形状、图案或者其结合以及色彩与形状、图案的结合所作出的富有美感并适于工业上应用的新设计。外观设计强调如下特征：(1) 外观设计必须与产品相结合。(2) 外观设计必须能在产业上应用。(3) 外观设计应富有美感。

【练习题】

1. 名词解释

专利权　方法发明　实用新型　外观设计

2. 思考题

(1) 有人发明了一种计算平方根和立方根近似值的简易方法。问：该方法能否申请专利？理由是什么？

(2) 技术人员张某设计完成了一种“速算器”，使用这种产品，可以提高计算速度，解决大数字的计算问题。问：该种速算器能否申请专利？

3. 案例分析题

(1) 上海某生物研究所发明了一种“抗衰老饮料”。这种饮料由多种营养成分组成，是经提取、净化、过滤、灭菌而制成的。它可以改善老年人的体质，延缓衰老过程。

问题：

这项发明创造是否可以申请实用新型专利？理由是什么？

分析要点提示：

此项发明创造不能申请实用新型专利。因为实用新型专利要求必须是有型的产品，液体、粉末状的物体均不能申请实用新型专利。

(2) 某合资啤酒厂为了突出自己的产品，对自己生产的啤酒的瓶子进行了特别的设计，与当时在社会上流行的啤酒瓶相比，非常具有特色。该种啤酒上市以后，很受消费者欢迎。

问题：

该啤酒厂能否在该啤酒上市以前，就该啤酒瓶的设计提出外观设计专利申请？

分析要点提示：

可以。外观设计专利只要是就产品的形状、图案、色彩或者其结合所提出的富有美感并适于工业上应用的新设计，就可以申请专利。本案例中的情形符合外观设计专利的申请条件，故可以提出专利申请。不过要注意一点，新修改的专利法认为，对平面印刷的图案、色彩或者二者的结合作出的主要起标识作用的设计不能被授予专利权。本案中的设计因为是立体的，且主要作用并非用于标识，因此有可能被授予专利权。

即测即评

第十一章　专利法律关系的主体

【本章引例】

某研究所所长张某向研究所的科研人员下达了一项开发“保健仪器”的任务，并拨了相应的经费，然后确定了由李某、陈某、沈某三个研究人员组成攻关小组，负责产品的具体开发工作。同时研究所又派了两名工作人员，负责协助科研小组的数据分析和日常工作。经过大家的共同努力，产品研制成功。问：谁是这一产品的发明人？如何判断发明人或者设计人？

【本章学习目标】

通过本章的学习，你应该能够：

- 掌握发明人（设计人）、申请人、专利权人之间的区别与联系
- 掌握职务发明的判断标准
- 了解共同发明创造的专利申请权归属
- 了解委托发明创造的专利申请权归属

第一节　有权取得专利权的主体

专利法律关系的主体指具体参加特定的专利权法律关系并享有专利权的人。此处的“人”包括自然人、法人或其他组织。按照我国专利法的规定，发明人和设计人、发明人和设计人所属单位、专利权的受让人、外国的单位和个人都可以成为专利权的主体。专利权可以为一个自然人或法人所有，也可以为两个或两个以上的自然人或法人所共有。

一、发明人、设计人

专利法所称发明人或者设计人，指对发明创造的实质性特点作出了创造性贡献的自然人，即完成发明创造的人。在我国专利法上，实用新型和外观设计的完成人称为设计人，但在理论上讲述时，一般不作明确区分。

在发明创造活动过程中，发明人或设计人处于一个核心地位，他是一切发明创造的完成人，是技术方案的创造者。对于发明人或者设计人的具体认定，法律有严格的要求。根

据法律规定，发明人或者设计人应当具备下列条件：

(1) 在完成发明创作过程中，只负责组织工作的人，为物质条件的利用提供方便的人及其他从事辅助性工作的人，均不能被认为是发明人、设计人。两个以上的人对同一发明创造共同构思，并且都作出了创造性贡献的，为共同发明人或者共同设计人，其发明创造称为共同发明。

参考案例 11-1

某医药研究所研究员李某经过多年的研究发明了一种治疗乙肝的新药。为了检验新药的临床效果，李某请张某、陈某帮助其进行临床试验。在试验过程中，张某指出该新药加入某些特殊成分，才能产生治疗效果。李某接受了这种改进意见，在后来的临床试验中，发现新药疗效确有大幅度提高。现李某欲申请专利，张某、陈某要求确认为共同发明创造。从上述情况可以看出，陈某只是帮助进行临床试验，没有对发明创造作出实质性贡献，因此属于从事辅助工作的人，不能成为共同发明人。而张某则对发明创造的完成作出了实质性贡献，应当可以作为发明人，成为该发明的共同发明人。

(2) 发明人或者设计人一定是自然人。发明创造行为是一种具有探索性的智力活动，需要进行创造性思维，因此这种行为具有一定的人身属性；只有具体的自然人才能从事这种行为，因此发明人、设计人只能是自然人。发明创造是一种事实行为，不是一种法律行为，所以发明人的资格不受年龄限制，即不论从事发明创造的人作为法律上的主体是否具备完全民事行为能力，只要该主体完成了发明创造，他就可以被认为是发明人。

与发明人、设计人有着密切联系的两个概念是专利申请人与专利权人，应当注意发明人、设计人与这两个概念之间的区别。

专利申请人指有资格就发明创造向国务院专利行政部门申请专利的人或者是已经向国务院专利行政部门提出专利申请的自然人、法人或其他组织。专利申请人可以是发明人、设计人，也可以不是发明人、设计人，因为专利申请人只要对符合专利法规定的发明创造具有合法所有权即可，故职务发明的拥有者——法人或其他组织、发明创造的受让人、发明人或设计人的合法继承人都可以成为专利申请人。

专利权人是指享有专利权的人。专利权人与专利申请人在大部分情况下是一致的。即原则上专利申请人申请专利如果获得授权，则专利申请人就是专利权人。但是两者之间仍然存在区别。首先，并非所有的专利申请都能够获得专利权，因此并非专利申请人就是专利权人。其次，专利权人也并非在所有情况下均是专利申请人，因为专利权是可以通过转让或继承取得的。

二、发明人或者设计人所在的单位

如果发明创造属于职务发明，则有权取得专利权的主体应当是发明人或者设计人所在的单位。关于职务发明的内容，我们将在下一节作详细介绍。

三、合同约定的单位或个人

《专利法》第8条规定，两个以上单位或者个人合作完成的发明创造、一个单位或者个人接受其他单位或者个人委托所完成的发明创造，除另有协议的以外，申请专利的权利属于完成或者共同完成的单位或者个人。

根据这条规定，在委托开发和合作开发的情况下，申请和取得专利的权利属于完成或共同完成的单位，同时有关各方也可以在协商一致的基础上，在合同中约定申请专利和取得专利的权利归委托方所有，或由委托方和完成方共有等。

参考案例 11－2

甲研究所根据与乙公司签订的委托开发合同，完成一项发明。合同没有对专利权的归属作出规定。现甲研究所单独向国务院专利行政部门提出了专利申请，而乙公司未经甲研究所同意便已开始使用这项发明。双方均对他方表示异议。此案中，甲、乙的行为均属合法。根据专利法规定，在委托开发完成的发明创造中，如果双方没有就专利申请权的归属作出约定，则专利申请权属于受托方，即甲研究所。因此甲研究所可以单独向国务院专利行政部门提出专利申请。而对于乙公司来说，根据《民法典》的规定，委托开发合同中的委托人可以免费实施专利，因此乙公司的行为亦属合法。

四、外国人

外国人（包括自然人、法人和其他组织）在我国申请和取得专利权，应区分以下不同情况办理：

（1）在中国有经常居所或者营业所的外国人在中国申请专利的，根据《巴黎公约》的规定和国际惯例，享受与我国国民同等的待遇。

（2）在中国境内的外资企业和中外合资企业的外籍职员完成的职务发明创造，其专利申请权属于该企业；非职务发明创造，其专利申请权属于发明人本人。

（3）在中国没有经常居所或者营业所的外国人在中国申请专利的，如果其所属国与中国有互相允许对方国民在本国申请和取得专利权的双边协议或者共同参加的国际条约，或者按互惠原则，其所在国的法律承认我国国民在该国享有专利法上的同等待遇，则其可享受与我国国民同等的待遇。属于这种情况的外国人，在中国申请专利和办理其他专利事务的，应当委托依法设立的专利代理机构办理。

五、先申请人

如果同一申请人就同一发明创造提出发明专利申请和实用新型申请，或者有两个或者两个以上的申请人就同一发明创造分别提出专利申请的，如何确定专利权归属呢？根据《专利法》第 9 条的规定，同样的发明创造只能授予一项专利权。但是，同一申请人同日对同样的发明创造既申请实用新型专利又申请发明专利，先获得的实用新型专利权尚未终止，且申请人声明放弃该实用新型专利权的，可以授予发明专利权。同时，根据《专利法实施细则》第 41 条的规定，同一申请人在同日（指申请日）对同样的发明创造既申请实用新型专利又申请发明专利的，应当在申请时分别说明对同样的发明创造已申请了另一专利；未作说明的，依照《专利法》第 9 条第 1 款关于同样的发明创造只能授予一项专利权的规定处理。国务院专利行政部门公告授予实用新型专利权，应当公告申请人同时申请了发明专利的说明。发明专利申请经审查没有发现驳回理由，国务院专利行政部门应当通知申请人在规定期限内声明放弃实用新型专利权。申请人声明放弃的，国务院专利行政部门应当作出授予发明专利权的决定，并在公告授予发明专利权时一并公告申请人放弃实用新型专利权声明。实用新型专利权自公告授予发明专利权之日起终止。申请人不同意放弃的，国务院专利行政部门应当驳回该发明专利申请；申请人期满未答复的，视为撤回该发明专利申请。

两个以上的申请人分别就同样的发明创造申请专利的，专利权授予最先申请的人。两个以上的申请人同日（指申请日；有优先权的，指优先权日）分别就同样的发明创造申请专利的，应当在收到国务院专利行政部门的通知后自行协商确定申请人。

第二节　专利权的归属

在一般情况下，专利申请人与专利权人是一致的，但是专利申请人并非必然的专利权人，专利权的归属还需要根据具体情况进行分析。

一、非职务发明创造的专利权归属

《专利法》第 6 条规定，非职务发明创造，申请专利的权利属于发明人或者设计人；申请被批准后，该发明人或者设计人为专利权人。

既然非职务发明创造的发明人或者设计人是发明创造的所有者，他就可以通过一定的法律程序如赠与、买卖或继承等方式，将该权利转让给他的合法继受人。他的合法继受人就从发明人或者设计人手上取得了申请专利和获得专利的权利。合法继受人在申请专利时，应向国务院专利行政部门提供合法继受该发明创造所有权的证明；同时在申请专利的请求书上应当注明发明人或者设计人的姓名。

二、职务发明创造的专利权归属

根据《专利法》第 6 条的规定，职务发明创造的专利申请权、专利权属于发明人、设计人所在的单位。单位可以依法处置其职务发明创造申请专利的权利和专利权，促进相关发明创造的实施和运用。

1. 职务发明创造的概念

职务发明创造指发明人、设计人执行本单位任务，或者主要是利用本单位的物质条件所完成的发明创造。凡是不能被证明为职务发明创造的，即为非职务发明创造。

2. 判断职务发明创造的标准

判断职务发明创造的标准是《专利法》第 6 条和《专利法实施细则》第 12 条的规定。根据这些规定，发明人或者设计人作出的发明创造只要符合下列条件之一者均属于职务发明创造：

（1）在本职工作中作出的发明创造。对于“本职工作”的理解，应当是发明人或设计人的职务范围，即工作责任的范围，而不是指单位的业务范围，也不是指个人所学专业的业务范围。

参考案例 11-3

某临床医生根据自己多年的临床经验，发明了一种医疗器械。现该医生决定申请专利，但该医生所在单位认为该发明应当属于职务发明。对于这种医疗器械的专利申请权的归属，就涉及“本职工作”的认定。对于该医生而言，其本职工作应当是为病人看病，而非从事医疗器械的发明创造。在没有其他因素的情况下，如单位交付发明任务或者主要利用本单位物质条件等情形的存在，此发明创造应当属于非职务发明。

（2）履行本单位交付的任务所作出的发明创造。“本单位交付的任务”，应当指本职工作以外的任务，主要是工作人员根据单位领导的具体要求承担的任务。但是属一般性号召、领导一般性的同意或赞成范畴的不能作为“本单位交付的任务”。

（3）退休、调离原单位后或者劳动、人事关系终止后一年内作出的，与其在原单位承担的本职工作或者原单位分配的任务有关的发明创造。如果是辞职与开除的情况，应当作同一处理。

（4）主要利用本单位的物质条件所完成的发明创造。其中的“本单位物质条件”是指本单位的资金、设备、零部件、原材料或者不对外公开的技术资料等。而限制词“主要”包含两层意思：第一，完成发明创造所需的物质条件的多数或主要部分取自本单位；第二，本单位的物质条件对发明创造的完成起了主要的作用。另外，根据修订后的专利法的规定，主要利用本单位的物质条件所完成的发明创造还可以通过约定确定归属。根据《专利法》第 6 条第 3 款的规定，利用本单位的物质技术条件所完成的发明创造，单位与发明人或者设计人订有合同，对申请专利的权利和专利权的归属作出约定的，从其约定。通过约定可以将专利权归属于发明人、设计人或归属于单位，也可以归属于双方共有。

参考案例 11-4

陶某为北京某地基公司的经理，在调入该单位之前，曾完成一项关于在不利地形下打桩的技术方案，但一直没有机会实施。调入地基公司以后，出于业务需要，单位购进大量设备专门用于实施该项技术，该项技术的实施为地基公司创造了相当可观的经济效益。虽然单位为其发明创造的“实施”投入了大量的物质条件，但由于并非利用单位物质技术条件“完成”发明创造，因此该发明创造不属于职务发明。

虽然职务发明创造的专利申请权、专利权属于发明人、设计人所在的单位，但是发明人、设计人依法享有受奖励的权利，包括基于发明创造的完成应得到的奖励和基于发明创造的实施应得到的奖励。需要指出的一点是，根据《专利法》第 15 条的规定，职务发明创造专利实施后，专利权人应当根据其推广应用的范围和取得的经济效益，对发明人或者设计人给予合理的报酬。这里强调的是一种“报酬”，而非“奖励”。国家鼓励被授予专利权的单位实行产权激励，采取股权、期权、分红等方式，使发明人、设计人合理分享创新收益。

即使是职务发明创造，发明人、设计人也有权表明他是该项发明创造的发明人或设计人，即发明人、设计人享有署名的权利。如果在职务发明创造中将发明人、设计人的署名漏写了，发明人或者设计人可以要求补写。

三、合作发明创造的专利权归属

如果发明创造属于合作发明创造，根据《专利法》第 8 条的规定，两个以上单位或者个人合作完成的发明创造、一个单位或者个人接受其他单位或者个人委托所完成的发明创造，除另有协议的以外，申请专利的权利属于完成或者共同完成的单位或者个人；申请被批准后，专利权归申请的单位或者个人所有。这一条款对于合作完成的发明创造的专利申

请权及专利权归属作出了一般性规定，但是对于一些特殊情况则没有规定，如其中一个单位或者个人如果不同意申请专利，另一方是否有权申请专利等。《民法典》对上述问题从另一角度作了专门规定。《民法典》第 860 条规定："合作开发完成的发明创造，申请专利的权利属于合作开发的当事人共有；当事人一方转让其共有的专利申请权的，其他各方享有以同等条件优先受让的权利。但是，当事人另有约定的除外。合作开发的当事人一方声明放弃其共有的专利申请权的，可以由另一方单独申请或者由其他各方共同申请。申请人取得专利权的，放弃专利申请权的一方可以免费实施该专利。合作开发的当事人一方不同意申请专利的，另一方或者其他各方不得申请专利。"根据这一条的规定，对于共同发明创造的专利权的归属应当注意以下内容：

（1）共同发明创造申请专利与获得专利的权利属于各方共同所有。其中一方不得剥夺其他方的权利。

（2）共同发明创造的一方转让其专利申请权的，其他各方在同等条件下优先受让。

（3）共同发明创造的一方声明放弃其共有的专利申请权的，虽然其以后不再享有专利权，但是可以免费实施该专利。

（4）共同发明创造的任何一方不同意申请专利，则其他方均不得申请专利。

参考案例 11－5

周某原为甲单位工程师，2018 年 2 月调到乙单位工作。甲、乙两单位商定，周某在甲单位承担的未完成的研究任务，由周某在乙单位继续完成。2019 年年底，该项研究取得了成果。现欲申请专利。周某、甲单位、乙单位为专利申请权的归属发生争议。此案中，首先应当明确周某的行为属于职务行为，即属于其本职工作或者本单位交付的任务，因此周某肯定不能享有专利申请权。对于甲单位和乙单位来说，由于周某的身份的变化以及两个单位之间的约定，可以认为此项发明创造应当属于两个单位之间的合作发明，因此该发明创造的专利申请权属于甲、乙两个单位共有。

四、委托发明创造的专利权归属

所谓委托发明创造，是指一方当事人以合同方式委托另一方当事人完成的发明创造。对于这类发明创造的专利权的归属，我国法律采用合同优先的原则，如果合同中有关于专利权归属的约定，则权利归属按照约定处理。如果合同中没有关于委托发明创造的权利归属的约定，则法律推定应当归受托人所有，即完成发明创造的人所有。但是法律为了平衡双方的利益，规定委托单位可以免费实施该专利技术。

需要注意的是，2000 年前的专利法，只是允许单位与单位之间的委托，而目前的专利法则将这种委托关系扩大到个人。因此，单位可以委托其他单位或个人，个人也可以委托其他单位或个人进行研究开发。

【引例评析】

该产品的发明人是李某、陈某、沈某，研究所所长张某及其他两名工作人员均不能成为发明人。专利法所称发明人或者设计人，是指对发明创造的实质性特点作出了创造性贡献的人。在完成发明创作过程中，只负责组织工作的人，为物质条件的利用提供方便的人及其他从事辅助工作的人，均不能被认为是发明人、设计人。研究所所长张某没有参加任何具体的产品的研制工作，只是负责了组织工作，因此不能认定其为发明人或设计人，另外两名工作人员只是负责协助科研小组的数据分析和日常工作，这些只能属于辅助性工作，因此也不能被认定为发明人或设计人。

【本章小结】

1. 专利权可以为一个自然人、法人或非法人组织所有，也可以共有。发明人和设计人、发明人和设计人所属单位、专利权的受让人、外国的单位和个人都可以成为专利权的主体。发明人或者设计人，是指对发明创造的实质性特点作出了创造性贡献的自然人，即完成发明创造的人。注意发明人、设计人与专利申请人、专利权人概念之间的区别。

2. 职务发明创造的专利申请权、专利权属于发明人、设计人所在的单位，但是发明人、设计人依法享有受奖励或获得报酬的权利和署名的权利。

具有下列情形之一的，均属于职务发明创造：（1）在本职工作中作出的发明创造。（2）履行本单位交付的任务所作出的发明创造。（3）退休、调离原单位后或者劳动、人事终止后一年内作出的，与其在原单位承担的本职工作或者原单位分配的任务有关的发明创造。（4）主要利用本单位的物质条件所完成的发明创造。利用本单位的物质技术条件所完成的发明创造，单位与发明人或者设计人订有合同，对申请专利的权利和专利权的归属作出约定的，从其约定。

3. 两个以上单位或者个人合作完成的发明创造、一个单位或者个人接受其他单位或者个人委托所完成的发明创造，除另有协议的以外，申请专利的权利属于完成或者共同完成的单位或者个人；申请被批准后，专利权归申请的单位或者个人所有。《民法典》第859条、第860条对委托发明创造与合作发明创造亦有详细规定，应当掌握。

【练习题】

1. 名词解释

发明人　职务发明创造　合作发明创造　委托发明创造

2. 思考题

（1）如何理解成立职务发明创造的条件？

（2）法律是如何规定合作发明创造的专利申请权归属的？

（3）法律是如何规定委托发明创造的专利申请权归属的？

3. 案例分析题

（1）某环境研究所张某、李某共同承担所里下达的科研项目，研究开发一种污水处理技术。在该项污水处理技术研制完毕后，张某要求调离研究所，获得了同意。在张某调离后，研究所将原来完成的污水处理技术申请了职务发明专利，并在专利发明人一栏中署名为李某。张某得知后，要求在专利发明人一栏将自己的姓名加上。

问题：

张某的要求能否得到满足？为什么？

分析要点提示：

根据《专利法》第16条的规定，发明人或者设计人有权在专利文件中写明自己是发明人或者设计人。而张某显然属于此项发明创造的发明人之一，因此当然有权要求在专利申请中获得署名权。

（2）某锅炉厂委托某研究所为其开发“锅炉自动控制器”，由锅炉厂向研究所提供全部开发资金和设施，但双方没有约定专利申请权的归属。研究所经过努力，完成了研究开发任务。研究所欲将“锅炉自动控制器”发明向国务院专利行政部门提出专利申请，而锅炉厂认为申请专利的权利应归其所有，因为是锅炉厂提供了开发经费和设备。

问题：

谁有权申请专利？为什么？

分析要点提示：

某研究所有权申请专利。根据专利法规定，如果在委托发明创造中，双方没有就专利申请权归属作出约定，专利申请权应当属于完成发明创造的主体，即受托人。

（3）某研究所科研人员张某长期从事与饮水处理技术有关的科研项目。2018 年 5 月，由于工作需要，单位内部调动使其走上了行政管理工作岗位，他开始从事人事管理工作。张某在工作之余，继续从事饮水处理技术方面的研究。2019 年 6 月，张某终于研制成功一种“矿泉水制造方法及装置”。

问题：

张某的这项发明创造属于职务发明创造还是非职务发明创造？理由是什么？

分析要点提示：

该发明创造应当属于非职务发明创造，因为其不符合职务发明创造的条件。虽然该项发明创造与张某调动工作前的本职工作有关，但由于该发明创造是在调动工作一年以后做出的，因此不属于职务发明创造。

即测即评

第十二章　专利权产生的实质条件

【本章引例】

某研究所研究人员甲向国务院专利行政部门申请一种“密码的编码方法”的发明专利，该发明创造的特征是：编码方法简单，而且不容易解密。问：该申请能否被授予专利？如果甲申请一种产生密码的电子设备，即编码机，可否申请专利？

【本章学习目标】

通过本章的学习，你应该能够：

- 掌握专利权产生的消极条件
- 了解专利的新颖性
- 了解专利的创造性

发明创造能否被授予专利，取决于它是否满足专利法的有关规定。各国一般都根据自己的情况，对可以授予专利的发明创造的范围予以一定的限制，对于授予专利的发明创造的实质性要件有一定的要求。授予专利的条件可以分为形式条件和实质条件。所谓形式条件指发明创造在申请专利的过程中所应当满足的程序上的要求，如专利申请文件的撰写规则、内容、种类等（这部分内容将在第十三章中介绍）。本章重点介绍授予专利的实质条件。所谓实质条件即人们常说的发明创造的专利性，具体可以分为消极条件和积极条件。消极条件就是从反面去规定哪些发明创造不具备专利性，从而不能被授予专利。积极条件则是从正面去阐述具备什么条件的发明才能被授予专利，这些条件具体体现为新颖性、创造性和实用性。

第一节　专利权产生的消极条件

根据我国专利法的规定，消极条件包括如下内容。

一、违反法律、社会公共秩序的发明创造，不授予专利权

发明创造本身是一个技术范畴，无所谓违法与否的问题。而发明创造专利权是一个法

律概念。权利必须依据法律产生，作为专利权也不例外。为了维护法律的统一性和社会公共秩序，《专利法》第5条规定，对违反国家法律、社会公德或者妨碍公共利益的发明创造，不授予专利权。发明创造的目的本身为我国法律明文禁止或与法律相违背，如专用于伪造货币的方法或工具，以及走私专用设备，不授予专利权。若发明创造本身并不违法，但将其实施却可能破坏社会公德或者妨碍公共利益，这样的发明创造也不能被授予专利权，如致人休克的防盗车装置、有伤风化的器具。但可能被滥用的发明不属于被排除主题，如武器。另外，如纯粹供娱乐用的游戏器具（如扑克牌等），即使它有可能被用于赌博，也不能认为是违反法律或者公序良俗的发明创造，而应当根据实际条件决定能否授予专利权。

二、违反法律、行政法规的规定获取或者利用遗传资源，并依赖该遗传资源完成的发明创造，不授予专利权

《专利法》第5条规定，对违反法律、行政法规的规定获取或者利用遗传资源，并依赖该遗传资源完成的发明创造，不授予专利权。遗传资源是指取自人体、动物、植物或者微生物等含有遗传功能单位并具有实际或者潜在价值的材料。需要指出的是，发明创造中使用了遗传资源，并不一定就是依赖遗传资源完成的发明创造。在这里，依赖遗传资源完成的发明创造是指利用了遗传资源的遗传功能完成的发明创造。因此，如果发明创造中使用了遗传资源，但是没有利用遗传资源的遗传功能，就不需要履行信息披露义务。反之，凡是依赖遗传资源完成的发明创造申请专利的，申请人应当在请求书中予以说明，并填写国务院专利行政部门制定的表格。说明的内容主要是该遗传资源的直接来源和原始来源；申请人无法说明原始来源的，应当陈述理由。如果申请人利用或获取遗传资源不合法，其依赖遗传资源的发明创造不能获得专利授权。

三、《专利法》第25条规定的各项不能成为专利权的客体

1. 科学发现

科学发现，指人们通过自己的智力活动对客观世界已经存在的但未被揭示出来的规律、性质和现象等的认识。与发明创造相比，它们都是将一种新的东西作为知识介绍或用于人类社会，但是两者存在本质区别。科学发现指对“前所未知”的自然规律的认识，发明创造则是“前所未有”的东西。科学发现不能被授予专利，最主要的理由是因为科学发现不是改造客观世界的技术方案。

参考案例 12-1

有人发现一种在工业界已经存在的物质——谷氨酸盐用于调味具有特别效果。对于某种物质的特殊效用的发现能否申请专利，在专利的发展史上存在争议。因为其非常类似于科学发现。但从目前各国的专利法的规定来看，一般这种对某种物质的非显而易见的特性的发现可以作为用途发明申请专利。应当将此种情形与科学发现区别开来。

2. 智力活动的规则和方法

智力活动的规则和方法，指人们进行推理、分析、判断、记忆等思维活动的规则和方法，例如体育竞赛规则、游戏规则、教学演算的符号和代码、计算方法、生产管理方法、经商的方法等。这些规则的作用对象是人，即直接作用于人的思维，而与产业上的技术活

动不发生直接关系。它们不是利用自然规律解决人类生产、生活中某一特定技术问题的技术方案，不能用工业方法制造。不过虽然智力活动的规则和方法本身不被授予专利权，但进行智力活动的设备、装置或者根据智力活动的规则和方法而设计制造的仪器、用具等，都可以获得专利保护。

3. 疾病的诊断和治疗方法

疾病的诊断和治疗的对象是人和动物，其目的是消灭疾病、促进健康，这同以物、材料为对象，以制造产品为目的的工艺方法是两个不同的事物。疾病的诊断和治疗方法不能用工业的方法制造和使用，从而不适于用专利法保护。但是治疗疾病的药品可以被授予专利。另外，用于诊断或治疗疾病的仪器、设备或者器械等，只要具备专利条件，就可以被授予专利。

参考案例 12-2

有人发明了通过尿液诊断某种癌症的化验方法，其向国务院专利行政部门申请专利。国务院专利行政部门认为，此种化验方法的目的是服务于癌症的诊断，因此属于疾病的诊断方法，不能申请专利。

4. 动物和植物品种

动物和植物品种可分为天然生长和人工培养两种。自然界天然生长的动植物不是人类智力活动的发明创造，因此不能被授予专利权。人工培养的动植物品种，虽然是人类智力活动的成果，但任何一种动植物品种都是有生命的东西，作为产品，它具有能够自身生长繁殖的特性，而其他发明产品不可能有此特性。此外，从工业实用性的方面来看，它往往不是工业上制造出来的，不能用工业的方法进行生产，而是通过动植物母体培育出来的，有其自身的发生和成长规律，套用产品发明的模式保护并不十分合适，我国专利法明确规定对动植物品种不授予专利权。但是动物和植物品种的生产方法，可以依照专利法规定授予专利权。

另外，根据《TRIPS 协议》，对于植物新品种必须给予一定的保护，这种保护可以是单行法方式，也可以是以专利法方式保护。因此我国于 1997 年通过了《植物新品种保护条例》，给予植物新品种以单行法的保护。

5. 原子核变换方法以及用原子核变换方法获得的物质

原子核变换方法和用该方法获得的物质关系到国防和国家重大经济利益，也涉及科研和公共生活等各个方面，不宜为人垄断，同时也不宜公开，因此不授予专利权。其中的“原子核变换方法”指使一个或几个原子核经分裂或聚合，形成一个或几个新原子核的方法。

6. 对平面印刷品的图案、色彩或者二者的结合作出的主要起标识作用的设计

这是对外观设计保护范围的特别限制，减少外观设计专利权与商标专用权、著作权之间的交叉与冲突。排除的核心标准就是这些设计主要起到标识作用。其中，“平面印刷品”主要指平面包装袋、瓶贴、标贴等用于装入被销售的商品或者用于附着于其他产品之上、不单独向消费者出售的二维印刷品。“主要起标识作用”则是指二维印刷品的图案、色彩或者二者的结合主要是用于让消费者识别被装入商品或者被附着产品的来源或者生产者，而不是用于使被装入的商品外观或者被附着的产品外观本身“富有美感”而吸引消费者。需要指出的是，尽管床单、窗帘等商品也是二维产品，但不属于“平面印刷品”，而且这些商品的花色或者图案通常也不是“主要起标识作用”，因此这些商品的图案设计不在排

除范围。

第二节　专利权产生的积极条件

我国专利法规定，授予专利权的发明和实用新型，应当具备新颖性、创造性和实用性。缺少这三个条件中的任何一个，都不能获得专利权。

一、新颖性

所谓新颖性，就是指申请专利的发明或实用新型是现有技术中前所未有的，尚未被公知公用的。根据我国《专利法》第 22 条第 2 款的规定，新颖性，是指该发明或者实用新型不属于现有技术；也没有任何单位或者个人就同样的发明或者实用新型在申请日以前向国务院专利行政部门提出过申请，并记载在申请日以后公布的专利申请文件或者公告的专利文件中。新颖性是发明或者实用新型获得专利权的必要条件之一。

专利制度中的现有技术，是指在申请日以前在国内外为公众所知的技术。它是一个相对概念，具有严格的时间性。在判断一项发明或者实用新型是否为现有技术时，必须以某个时间点为标准。从各国专利法的规定来看，确定这个时间点的标准有两类：一个是以申请日为时间点；另一个是以发明或者实用新型的完成日为时间点。我国是以申请日为时间点。如果有优先权的，则以优先权日作为确定新颖性的时间点。

1. 公开的形式

在申请日前已经存在的技术，并非都是现有技术，只有在申请日前已经公开的技术，才可能构成现有技术。而且即使是申请日前已经公开的技术，也不一定构成现有技术，因为法律对某些情况下的技术公开，认为不丧失新颖性。专利法上的公开的形式有三种：

（1）出版物公开或书面公开。

即把发明创造的内容在出版物上予以描述。此处的出版物指以书面形式描述并公开出版和发行的有形物。它可以是印刷品、胶片、磁带、电子出版物等。凡是将技术信息在出版物上发表的，就是以出版物公开。在通常情况下，出版物上所标明的日期应视为该出版物公开发表的日期。如果有证据证明出版物上标明的日期与实际公开出版的日期不相符合的，以实际出版的日期为准。

（2）使用公开。

就是通过该项技术的使用而向社会公开了它的技术方案。这里的“使用”是广义的，包括制造、销售、公开演示、展览等方式。

（3）以其他方式公开。

以其他方式公开包括口头公开、广播公开等。如果是以其他方式公开的，要求别人能够根据其公开的内容实现发明创造。

2. 公开的地域标准

关于公开的地域标准，世界上存在三种标准：

（1）世界性标准，即凡是在世界任何一个地方公开过的技术，都不能授予专利权。

（2）本国标准，即凡是在本国公开过的，都不具备新颖性；至于在外国是否已经公开，则在所不论。

（3）混合标准，即关于出版物的公开，采用世界性标准；而其他方式的公开，采用本国标准。《专利法》第 22 条规定的新颖性标准采用世界性标准。

3. 抵触申请

根据专利基本原理和专利权所具有的独占性，在同一个国家或者地域范围内，同样的技术只能被授予一个专利权。为了保证这一原则得到实现，《专利法》第 22 条规定，发明创造如果具备新颖性，还必须“没有任何单位或者个人就同样的发明或者实用新型在申请日以前向国务院专利行政部门提出过申请，并记载在申请日以后公布的专利申请文件或者公告的专利文件中”。在先申请构成在后申请的抵触申请，需要符合下列条件：

（1）在先申请的申请人可以是任何单位和个人，包括申请人自己的在先申请也有可能构成抵触申请。

（2）两申请所具有的技术主题相同。

（3）在先申请于在后申请的申请日或者优先权日以前不曾公开，但被记载于在后申请的申请日或者优先权日以后公布的申请文件中。因此需要指出的是，如果在先申请在被公布以前撤回、放弃或者被视为撤回或者被驳回，则不能构成抵触申请。

需要注意的是，抵触申请仅适用于评价新颖性，不适用于评价创造性，即新颖性的判断标准是现有技术和抵触申请，创造性的判断标准是现有技术。

4. 丧失新颖性的例外

前面已经论述过，在申请日前已经公开的技术并不必然构成新颖性的丧失。即在某些特殊情况下，尽管申请专利的发明创造在申请日或者优先权日前公开，但在一定期限内提出专利申请的，则不丧失新颖性。这是对发明人、设计人的一种临时保护。《专利法》第 24 条规定，申请专利的发明创造在申请日以前 6 个月内，有下列情形之一者，不丧失新颖性：

（1）在国家出现紧急状态或者非常情况时，为公共利益目的首次公开的；

（2）在中国政府主办或者承认的国际展览会上首次展出的；

（3）在规定的学术会议或者技术会议上首次发表的；

（4）他人未经申请人同意而泄露其内容的。

结合《专利法实施细则》第 30 条的相关规定，应当认为除第四种情形外，专利申请人应当在提出专利申请时说明情况，并自申请日起 2 个月内，提交有关国际展览会或者学术会议、技术会议的组织单位出具的有关发明创造已经展出或者发表，以及展出或者发表日期的证明文件。

需要指出的是，我国专利法仅仅规定出现上述情况时不丧失新颖性，并不意味着申请人享有优先权，故其效力与优先权效力不同。因此，如果在申请人有上述公开情形时，其他善意第三人公开该项技术或提出专利申请的，则使得在后申请丧失新颖性。

参考案例 12-3

余教授利用业余时间完成了一项方法发明。2019 年 5 月 9 日，他在科技部召开的技术会议上首次披露了该发明。2019 年 9 月 10 日出版发行的《科技动态》杂志详细介绍了余教授的发明。2019 年 10 月 10 日，某大学实验室独立作出相同发明，并于 2019 年 10 月 15 日提出了专利申请，余教授得知后于 2019 年 11 月 1 日也提出了专利申请。由于余教授的发明已经被书面公开，其专利申请丧失了新颖性，因而余教授和某大学实验室的专利申请都不能获得专利权。

二、创造性

创造性从质的方面反映出发明创造的特征。在国外专利法中也称为“非显而易见性”。《专利法》第22条第3款规定：“创造性，是指与现有技术相比，该发明具有突出的实质性特点和显著的进步，该实用新型具有实质性特点和进步。”由于实用新型不进行实质审查，因此对实用新型创造性的评定，只有在对实用新型专利权提出无效请求时才可能涉及。

创造性是相对的概念，是与申请日以前的已有技术相比，而“申请日以前的已有技术”即现有技术。

“实质性特点”是指发明创造具有一个或几个技术特征，与现有技术相比较有本质的区别。因此，凡是发明创造所属技术领域的普通技术人员不能直接从现有技术中得出构成该发明创造的全部必要技术特征的，即非显而易见性，都应认为具有实质性的特点。在评定一项发明创造是否具有实质性特点时，不仅要考虑技术方案本身的内容，而且要考虑它的目的和效果，并把它们作为一个整体来理解。在判定发明创造是否具有创造性时，专利法还专门设计了一个“所属技术领域普通技术人员”的概念。这是一个虚拟的人，法律要求他具有中等技术水平，掌握所属技术领域或相关领域的常识和技能，并且他的技术水平随着技术领域和完成发明时间的不同而变化。

“进步”是指与现有技术相比较有所发展和前进。这主要表现在技术效果上，例如克服了现有技术存在的缺点和不足，或者具有新的优点或效果，或者代表了某种新的技术趋势。发明要求有进步，其目的是防止那些倒退的或者对科学技术的进步无益的发明创造出现。

创造性的判断往往采用三步法：

（1）确定最接近的对比文件；

（2）确定发明的区别特征和其实际解决的技术问题；

（3）判断要求保护的发明对本领域技术人员来说是否显而易见，即现有技术是否给出技术启示。

可以将一份或多份对比文件中的不同的技术内容组合在一起进行评定。这点与新颖性判断不同，新颖性采取单独对比的原则。

三、实用性

发明或实用新型能够制造或者使用，并且产生积极效果。实用性包含技术属性和社会属性两层含义。实用性的技术属性指发明创造具有在工业上被付诸应用的技术上的可能性；实用性的社会属性指发明创造具有一定的社会效果，能够对社会有用。实用性一般具备三个条件：

（1）属于技术课题的解决方案。

（2）具有再现性，即具有在工业上制造和使用的现实可能性。

（3）具有有益性，即能够产生有益的社会效果。

参考案例 12-4

发明永动机是许多人的梦想，如利用从高处落水而使水车转动，水车转动使得水车上的水到达高处并再次落下而无限循环往复。对于永动机发明的专利申请，国务院专利行政部门在实践中一般采用两种方式驳回申请：一是申请人的申请不具有实用性，该设备由于违反能量守恒原理而无法制造，故不具有实用性；二是在实践中可以以说明书没有充分公开，使得他人无法重复其发明创造而驳回其申请。

四、授予外观设计专利的实质要件

根据《专利法》的要求，授予专利权的外观设计，应当具备新颖性，即不属于现有设计，没有抵触申请；与现有设计或者现有设计特征的组合相比，具有明显区别；外观设计不得与他人在申请日以前已经取得的合法权利相冲突。此处的“合法在先权利”包括著作权、商标权、肖像权等。

关于外观设计的新颖性，有必要了解以下几点：

（1）判断标准采用世界性标准，即与申请日以前在国内外为公众所知的设计不相同或者不相近似。外观设计的新颖性受抵触申请的限制。

（2）判断一项外观设计是否与已有的外观设计相同或近似，一般应仅限于和同一类别产品的外观设计相比较，不应和不同类别的相比较。

（3）在跟同类产品的外观设计进行比较时，应当从整体的外部形象上加以比较，而不是对各个部分进行分别比较，也不是抽象地从造型构思上加以比较。

（4）专利法规定的不丧失新颖性的三种情况，同样适用于外观设计。

【引例评析】

甲的发明内容不需要采用任何技术手段或遵守某个自然规律，仅需要人们进行记忆、思维、识别和判断，不具备技术特征，属仅依靠人脑的思维活动就可以实施编码的查字方法。它不是一个采用技术手段或利用自然法则产生技术效果的技术方案，属于智力活动规则和方法，因此不能被授予专利。但如果是就编码机申请专利，由于其是一个具体的设备，且具有特定的功能，只要符合专利法规定的其他实质条件，应当可以申请专利。但需注意，计算机汉字输入法可申请专利，因为是编码方法与计算机结合，如王码五笔输入法。

【本章小结】

1. 授予专利的发明创造要求一定的条件。其实质条件包括消极条件和积极条件。消极条件的内容是：（1）违反法律、社会公共秩序的发明创造，不授予专利权。（2）违反法律、行政法规的规定获取或者利用遗传资源，并依赖该遗传资源完成的发明创造，不授予专利权。（3）下列各项不能成为专利权的客体：科学发现；智力活动的规则和方法；疾病的诊断和治疗方法；动物和植物品种；用原子核变换方法获得的物质。

2. 我国专利法规定，授予专利权的发明和实用新型，应当具备新颖性、创造性和实用性。授予专利权的外观设计，应当具备新颖性、创造性，亦不得与他人在申请日前取得的合法权利相冲突，如著作权、商标权、肖像权等。

3. 新颖性，对于三种发明创造来说，新颖性标准是一样的，即不属于现有技术（现有设计）；也没有任何单位或者个人就同样的发明创造在申请日以前向国务院专利行政部门提出申请，并记载在申请日以后公布的专利申请文件和公告的专利文件中。要掌握《专

利法》第 24 条关于丧失新颖性的例外的规定。

【练习题】

1. 名词解释

新颖性　抵触申请　创造性　使用公开

2. 思考题

（1）专利法规定的不属于专利权客体的情形有哪些？

（2）比较发明专利与外观设计专利的积极条件的不同。

3. 案例分析题

（1）某日用化工厂研制出一种“多功能电动牙刷”产品。这种产品设计独特、结构良好。日用化工厂向国务院专利行政部门提出实用新型专利申请。国务院专利行政部门经审查发现，该产品在国内虽属首创，但在该厂申请专利以前，该产品曾在日本少量试销。

问题：

该日用化工厂的发明创造是否具有新颖性？

分析要点提示：

具有新颖性。因为我国专利法对于出版物新颖性的要求采用国际标准，但对于使用新颖性的要求则采用国内标准，即只要没有在国内公开使用过就可以申请专利。

（2）某农业研究院于 2019 年 1 月研制成功一种新型农用手动吹雾器。这种产品的发明将有利于农业生产。2019 年 5 月，该产品在农业部召开的全国性的技术信息交流会上展出。2019 年 10 月，该农业研究院将其发明创造向国务院专利行政部门提出专利申请。

问题：

该发明创造是否具有新颖性？

分析要点提示：

具有新颖性。该发明创造属于《专利法》第 24 条规定的例外情形之一，因此在 6 个月之内不丧失新颖性。

即测即评

第十三章　专利权产生的程序

【本章引例】

吴某发明了一种“自行车笔式充气装置”，当时没有申请专利，只是购买了一些制造设备，准备在当地开办一个小厂，生产销售这种产品。后来李某也做了同样的发明，并向国务院专利行政部门提出了实用新型专利申请，最后取得了专利权。问：吴某可否要求该发明创造的专利权？

【本章学习目标】

通过本章的学习，你应该能够：

- 掌握专利申请的原则
- 掌握专利申请日的概念及作用
- 了解优先权制度
- 了解发明专利的审查
- 了解专利无效的法律后果

第一节　专利申请

一项发明创造为取得专利权，除必须满足专利法规定的内容要求，即符合其实质条件外，还必须按专利法规定提出申请，并符合对专利申请文件的格式要求，履行各种申请手续，这就是通常所说的授予专利的形式条件。它主要包括申请人的资格、申请文件的准备和申请手续的履行等。

一、专利申请人的资格

专利申请人，指对某项发明创造依法律规定或者合同约定享有专利申请权的公民、法人或者其他组织。专利申请人必须具有申请专利的资格，即必须是有权申请专利的主体，这在前面有关专利权主体的叙述中已有介绍。

二、专利申请的原则

1. 书面申请原则

书面申请原则是指申请人为获得专利权所需履行的各种法定手续都必须依法以书面形式办理。一方面，专利申请是一项具有非常高的专业性的活动，涉及各个专业领域的知识，为了保证申请人的利益，有必要采用书面形式；另一方面，从专利立法的宗旨出发，授予专利权的一个大前提是权利人向社会公开其技术方案，因此为了保证社会的公共利益也要求专利申请必须采用书面形式。

书面申请原则要求在专利申请过程中，各种申请文件必须采用书面形式。所谓的申请文件，主要包括专利请求书、权利要求书、说明书、附图、照片或图片等。通常各国专利授权机构对于这些文件的格式都有特殊的要求，印制有专门的表格；递交的文件必须按照表格规定填写。另外，随着社会的发展，信息技术已经日趋完善，因此专利申请开始趋向于无纸化操作。即所有的专利申请可以电子文本提交，发生争议时也以电子文档作为证据。这种电子文档虽然与我国传统的书面原则不一致，但并没有改变书面申请原则。根据我国相关法律的规定，电子文档是作为书面文档看待的。

书面原则实际上不仅适用于专利申请，而且适用于专利审查、专利代理以及专利实施等各种专利事务。在专利审查中，审查员与申请人之间的联系通常要求采用书面形式。专利代理和专利实施也要求签订书面合同。

2. 先申请原则

专利权是一项独占权，一项发明创造只能被授予一项专利权。但现实生活中容易发生两个不同的人独立完成相同的发明创造，并且都向国务院专利行政部门提交了专利申请的情况。从世界各国的立法来看，对于这种情况采用两种不同的制度，即先发明原则和先申请原则。所谓先发明原则，即当存在两个或两个以上的申请人就同一主题提出专利申请时，法律将根据完成发明创造时间的先后决定专利权的归属。美国曾经采用先发明原则，现在已经改采用先申请原则。所谓先申请原则，即两个以上的申请人分别就同样的发明创造申请专利的情况下，最先提出申请的申请人应当被授予专利权。

与先发明原则相比，先申请原则具有以下优点：操作简单准确、有利于促使发明创造成果的及早公布。当然先申请原则也有以下缺点：导致发明人仓促申请，降低申请质量；加大专利审查的工作量。但这些问题可以通过改进专利审查制度加以完善。

先申请的判断标准是专利申请日。两个以上申请人在同一日分别就同样的发明创造申请专利的，应当在收到国务院专利行政部门的通知后自行协商确定申请人。如果当事人要求了优先权的，则以优先权日为申请日。

参考案例 13-1

甲、乙均于2019年1月5日提出同样内容的专利申请。甲是上午提出的，而乙是下午提出的。在这种情况下谁可以获得专利申请权呢？我国对于专利申请的申请日的确定只考查每日标准，而不考查时刻标准。因此该案应当属于甲、乙同日申请的情形。在此种情况下，首先应由甲、乙双方协商，如果协商不成的，则国务院专利行政部门应当驳回他们的专利申请。

3. 一申请一发明原则

也称发明单一性原则，即一项申请只能要求保护一项发明创造或者与一个总的发明构思有联系的一组发明创造。实行一申请一发明原则，便于对专利申请进行分类、检索和审查。在专利权授予后，也便于专利权的转让和专利许可合同的签订。

虽然各国均承认专利申请的单一性原则，但在实际操作中，对于单一性的认识则有很大的差别。例如我国的单一性原则允许申请人就属于一个总的构思或者有联系的技术方案提出专利申请。如《专利法实施细则》第 34 条规定，可以作为一件专利申请提出的属于一个总的发明构思的两项以上的发明或者实用新型，应当在技术上相互关联，包含一个或者多个相同或者相应的特定技术特征，其中特定技术特征是指每一项发明或者实用新型作为整体，对现有技术作出贡献的技术特征。其中，属于一个总的发明构思的一组发明创造，可以作为一件申请提出，也可以分成几件申请提出。对于外观设计来说，同一产品两项以上的相似外观设计，或者用于同一类别并且成套出售或者使用的产品的两件以上的外观设计可以作为一件申请提出。一件外观设计专利申请中的相似外观设计不得超过 10 项。

参考案例 13-2

甲某就一套茶具向国务院专利行政部门申请外观设计专利，其中既包括茶杯的外观设计，也包括茶壶以及茶船的外观设计，甲某决定作为一份申请提出。此申请涉及多个外观设计专利，但由于这多个外观设计的产品属于同一类别且成套出售，因此并不违反单一性原则，可以作为一份申请提出。

三、专利申请日和优先权

1. 专利申请日

发明和实用新型的申请日是指国务院专利行政部门收到发明或者实用新型专利申请的请求书、说明书（实用新型必须包括附图）和权利要求书的日期。如果申请文件是邮寄的，以寄出的邮戳日为申请日。信封上寄出的邮戳日不清晰的，除当事人能够提出证明外，以国务院专利行政部门收到日为递交日。专利申请人享有优先权的，以优先权日为申请日。

专利申请日是申请人的在先申请地位的标志。申请日也是一系列有关判断和时间计算的基准点。如发明创造的新颖性、创造性的判断要以申请日以前的技术为参照；发明专利申请的公布时间、请求实质审查的期间、专利权的保护期等都是以申请日为时间起算的基准点。

2. 优先权

专利申请人就其发明创造自第一次提出专利申请后，在法定期限内，又就相同主题的发明创造提出专利申请的，根据有关法律规定，其在后申请以第一次申请的日期作为其申请日。专利申请人依法享有的这种权利就是优先权。

优先权的主要作用是使专利申请人就其发明创造第一次提出申请后，有足够的时间考虑是否向其他国家提出专利申请，并且有时间修改、改进其专利技术。基于优先权提起的在后申请的新颖性、创造性的判断时间是前一申请日。

（1）国际优先权。

专利法规定，申请人自发明或者实用新型在外国第一次提出专利申请之日起 12 个月内，或者自外观设计在外国第一次提出专利申请之日起 6 个月内，又在中国就相同主题提出专利申请的，可以享有优先权，即有权以其第一次提出申请的日期作为后来提出申请的申请日。这样，他不仅可以排斥在其第一次申请以后就相同主题提出申请的其他人，而且判断其新颖性和创造性的时间标准也应以第一次申请的时间为准。

优先权是《巴黎公约》规定的一种权利。这种权利是建立在互惠原则的基础上的。因此，我国专利法规定，申请人要求外国优先权的须以该外国同中国有双边协议或者共同参加的国际条约为前提，或者按照互惠原则处理。

根据我国专利法规定，申请人要求优先权的，应当在向中国国务院专利行政部门提交专利申请时提交书面声明。该书面声明应当写明第一次提出专利申请的申请日、申请号和受理该申请的国家。申请人在向中国国务院专利行政部门提出专利申请之日起3个月内提交第一次专利申请文件的副本。

（2）本国优先权。

《专利法》还规定了本国优先权，即申请人自发明或者实用新型在中国第一次提出专利申请之日起12个月内，或者自外观设计在中国第一次提出专利申请之日6个月内，又向国务院专利行政部门就相同主题提出专利申请的，可以享有优先权。申请人如要行使优先权，应当在申请的时候提出要求优先权的书面声明，并且在规定时间内提交第一次提出的专利申请文件的副本。未提出书面声明或者逾期未提交专利申请文件副本的，视为未要求优先权。

参考案例 13-3

甲于2019年3月向国务院专利行政部门提出发明专利申请。同年12月甲又向国务院专利行政部门就同一内容提出实用新型申请专利，并要求优先权。在此种情况下，甲可以获得优先权，并以2019年3月作为实用新型专利申请的申请日。

法律规定本国优先权的目的在于：当事人可以在获得一个较早的申请日的前提下，继续完善自己的专利申请，并在完善后要求本国优先权。外观设计不能主张本国优先权。

要求本国优先权的申请人，可以是中国人，也可以是外国人。

根据《专利法实施细则》第32条的规定，在先申请应当是发明或者实用新型专利申请，而且在提交后一申请时，在先申请有下列情形之一的，不得作为要求本国优先权的基础：第一，已经要求外国或者本国优先权的；第二，已经被授予专利权的；第三，属于按照规定提出的分案申请的。申请人要求本国优先权的，其在先申请自后一申请提出之日起即被视为撤回。

四、专利申请的提出、修改和撤回

1. 专利申请的提出

专利申请程序实行书面原则，办理专利申请的各种手续都必须采用书面形式。按照专利法的规定，专利申请人在提交发明专利或者实用新型专利申请时，必须提交下列文件：

（1）请求书。

请求书是申请人向国务院专利行政部门表示请求授予专利权愿望的一种书面文件。在我国，申请人只要用中文填好国务院专利行政部门印制的统一格式的请求书，并交到国务院专利行政部门即可。

（2）说明书。

说明书是一个技术文件，是申请文件中篇幅最长的部分。它应当将发明创造的内容清楚、完整地公开，使所属技术领域的普通技术人员能够实施该项发明。

（3）权利要求书。

权利要求书记载的是申请人请求专利保护的范围，是申请文件中最核心也是最重要的部分。在专利权被授予后，权利要求书是确定发明或者实用新型专利权范围的根据，也是判定他人是否侵权的根据，直接具有法律效力。在判断他人是否侵犯专利权时，必须将专利权权利要求的内容作为一个整体看待，不能分解。另外需要了解权利要求书与说明书之间的关系：权利要求书应当以说明书为依据，而说明书及附图可以用来解释权利要求书。如果权利要求书没有列出说明书中所阐述的全部新的技术特征，它所受到的法律保护范围就要缩小。说明书中没有阐述的事项，不能写入权利要求书请求保护，因为没有公开的发明创造不能获得专利保护。

（4）附图。

附图的作用是对说明书进行补充，是说明书的一个组成部分。发明的说明书可以有附图，也可以没有附图。实用新型的说明书必须有附图。

（5）摘要。

它是简要说明发明或者实用新型的技术要点的文件。其目的是使任何有关人员能够迅速地获得发明或者实用新型主要内容的情报，以便于进行科技情报管理，同时它也有助于专利审查人员对申请项目进行初步分类。

依赖遗传资源完成的发明创造，申请人应当在专利申请文件中说明该遗传资源的直接来源和原始来源；申请人无法说明原始来源的，应当陈述理由。

《专利法》第 27 条规定了对外观设计专利申请文件的要求。申请外观设计专利的，应当提交请求书以及该外观设计的图片或者照片以及对该外观设计的简要说明等文件。申请人提交的有关图片或者照片应当清楚地显示要求专利保护的产品的外观设计。简要说明不得使用商业性宣传用语，也不能用来说明产品的性能。如必要时，国务院专利行政部门可以要求申请人提交使用该外观设计的样品或者模型。

2. 专利申请的修改

专利申请的修改分为国务院专利行政部门要求修改和申请人主动修改两种。国务院专利行政部门对发明专利进行实质审查后，认为不符合专利法的规定，要求在指定期限内修改申请，逾期不修改的，视为撤回；经修改后仍不符合规定，予以驳回。对于申请人主动修改，我国专利法原则上是允许的，但有一条限制：对发明或者实用新型专利申请文件的修改不得超过原说明书和权利要求书的记载范围；对外观设计专利申请文件的修改不得超过原图片或者照片表示的范围。

3. 专利申请的撤回

专利法允许申请人在被授予专利权之前随时撤回其申请。撤回其申请时，应当向国务院专利行政部门提交要求撤回的书面文件。申请被撤回后，该申请视为自始即不存在。如果专利申请是在专利公开以前提出的，在撤回之后，申请人可以重新提出申请，其他人也可以就相同的发明提出专利申请。如果撤回是在专利公开以后提出的，则该发明已丧失新颖性，任何人就此发明提出的申请都会被驳回。

第二节　专利审查

专利种类不同，专利审查程序是不一样的。实用新型专利和外观设计专利的审查程序只采用初步审查制，即只要经过初步审查，没有发现驳回理由，国务院专利行政部门就作出授予专利权的决定，发给专利证书，并予以登记和公告。

我国发明专利的审查实行“早期公开，延迟审查”的制度，程序比较复杂，分初步审查、早期公布、实质审查三个阶段。

一、初步审查

我国《专利法》第 34 条规定，国务院专利行政部门收到发明专利申请后，经初步审查认为符合本法要求的，自申请日起满 18 个月，即行公布。

国务院专利行政部门可以根据申请人的请求早日公布其申请。可见初步审查是专利申请中的必经程序。初步审查包括形式审查和初步的实质审查。我国专利法要求的初步审查，主要包括以下一些内容：审查专利申请案的申请手续是否完备，文件是否齐全，填写是否符合规定；审查专利申请案中必备的各种证件是否完备；审查申请人的身份是否符合专利法中的规定；审查发明主题是否符合法律的规定，是否属专利法保护的范围；专利申请人是否缴纳了申请费。对于形式上的问题，国务院专利行政部门可以通知申请人在指定期间补正。申请人无正当理由不补正的，其申请视为撤回。补正后仍不符合专利法要求的，国务院专利行政部门驳回申请。

二、早期公布

在初步审查合格后，自申请日起满 18 个月，即行公布申请人的发明，将申请内容发表在《专利发明公报》上。早期公开制度既有利于公众对专利申请案的监督，又有利于新技术的应用和推广。早期公布的发明还没有经过实质审查，不能授予专利权，因而不具备独占地位和排他性，但法律为其提供一种临时保护。根据《专利法》第 13 条的规定，发明专利申请公布后，申请人可以要求实施其发明的单位或者个人支付适当的费用。

三、实质审查

自申请日起 3 年内，国务院专利行政部门可以根据申请人随时提出的请求，对申请进行实质审查。申请人无正当理由逾期不请求实质性审查的，该申请即被视为撤回。

国务院专利行政部门认为必要的时候可以主动对申请进行实质审查。发明专利的申请人请求实质审查的时候，应当提交在申请日前与其发明有关的参考资料。发明专利已在外国提出过申请的，申请人请求实质审查的时候，应当提交该国为审查其申请进行检索的资料，或者审查结果的资料。无正当理由不提交的，该申请视为撤回。实质审查的主要内容是发明的实质条件，即新颖性、创造性和实用性。实质审查的结果有三种：没有发现驳回理由的，决定授予专利权，发给专利证书并予以登记和公告；认为部分不符合专利法的规定，限期修改；认为全部不符合专利法的规定，在决定驳回前限期要求申请人或其代理人陈述意见。对于专利申请经申请人陈述意见或者进行修改后，国务院专利行政部门仍然认为不符合本法规定的，国务院专利行政部门有权予以驳回，并通知申请人或其代理人。申请人在接到国务院专利行政部门驳回申请的通知后，如对此决定不服，可以在收到通知之日起 3 个月内，请求复审。

四、专利复审程序

根据专利法规定，专利申请人对国务院专利行政部门驳回申请的决定不服的，可以自收到通知之日起 3 个月内，向国务院专利行政部门请求复审。当事人对国务院专利行政部门的复审决定不服的，可以自收到通知之日起 3 个月内向人民法院起诉。

五、授权决定、登记和公告

专利权是一种需要经过公告才能产生效力的权利。因为专利权的客体具有无形性，因此其权利保护范围必须通过公告才能确定。

根据专利法的规定，发明专利申请经实质审查没有发现驳回理由的，由国务院专利行政部门作出授予发明专利权的决定，发给发明专利证书，同时予以登记和公告。发明专利权自公告之日起生效。实用新型和外观设计专利申请经初步审查没有发现驳回理由的，由国务院专利行政部门作出授予实用新型专利权或者外观设计专利权的决定，发给相应的专利证书，同时予以登记和公告。实用新型专利权和外观设计专利权自公告之日起生效。

六、专利权无效程序

专利权的无效是指已经取得的专利权因不符合专利法的规定，根据有关单位或个人的请求，经国务院专利行政部门审核后被宣告无效。

1. 无效理由

专利权无效的理由具体包括：不符合专利法规定的实质性要件；专利说明书、权利要求书的撰写不符合法律规定；对专利申请文件的修改不符合法律规定；被授予专利权的智力成果不属于可授专利权的范围；重复授权；有在先申请。

2. 宣告无效的程序

请求宣告专利权无效的单位或个人，应当向国务院专利行政部门提出请求书，说明理由。国务院专利行政部门在受理无效宣告请求后，应将请求书的副本送交专利权人，要求其在指定的期限内陈述意见。期满未答复的，不影响国务院专利行政部门的审理。国务院专利行政部门经过审查，作出宣告无效或者宣告有效的决定，并通知请求人和专利权人。宣告无效的决定，由国务院专利行政部门登记和公告。上述决定，当事人可以在收到通知之日起 3 个月内向人民法院起诉。

3. 宣告无效的效力

原则上，被宣告无效的专利权自始即不存在。但宣告专利权无效的决定，对在宣告专利权无效前人民法院作出并已执行的专利侵权的判决、调解书，已经履行或者强制执行的专利侵权纠纷处理决定，以及已经履行的专利实施许可合同和专利权转让合同，不具有追溯力。但是因专利权人的恶意给他人造成的损失，应当给予赔偿。如果专利权人或者专利权转让人不向被许可实施专利人或者专利权受让人返还专利侵权赔偿金、专利使用费、专利权转让费，明显违反公平原则的，专利权人或者专利权转让人应当全部或者部分返还。

【引例评析】

从本章引例来看，吴某虽然发明在先，但是我国实行申请在先原则，因此最后李某获得了专利权。当然，根据我国专利法的规定，吴某虽然无权申请专利，但是还是可以在原

先准备的经营规模内继续生产此种产品。

【本章小结】

1. 专利申请的原则包括：书面申请原则；先申请原则；一申请一发明原则。

2. 优先权包括国际优先权和本国优先权，注意两者之间的区别。

3. 专利种类不同，专利审查程序不一样。实用新型专利和外观设计专利的审查程序只采用初步审查制，即只要经过初步审查，没有发现驳回理由，国务院专利行政部门就作出授予专利权的决定，发给专利证书，并予以登记和公告。发明专利的审查实行“早期公开，延迟审查”的制度。

4. 专利权的无效是指已经取得的专利权因不符合专利法的规定，根据有关单位或个人的请求，经国务院专利行政部门审核后被宣告无效。对国务院专利行政部门的决定不服的，可以在规定时间内向人民法院提起诉讼。

【练习题】

1. 名词解释

专利申请日　优先权　权利要求书　先申请原则　发明单一性原则

2. 思考题

（1）专利申请被宣告无效后的法律后果是什么？

（2）国内优先权与国际优先权的联系与区别是什么？

3. 案例分析题

张某发明了一种可以变色的圆珠笔，将其命名为“变色笔”，并申请了实用新型专利，后与A厂达成专利转让协议。A厂在实施专利的过程中，发现产品的销路不好，因此就没有支付合同规定的专利转让费。张某告到法院，要求A厂按合同要求支付专利转让费，A厂以该产品质量不好，造成工厂亏损为由，向法院要求宣告该专利无效。

问题：

（1）A厂的理由是否成立？

（2）宣告专利无效的理由有哪些？

（3）A厂能否要求法院宣告该实用新型专利无效？

分析要点提示：

首先，A厂的理由不能成立。因为宣告专利无效必须具有法定理由，而A厂的理由不属于法律规定的可以宣告无效的理由。其次，宣告专利无效的理由的具体内容可以参见文中关于“专利权无效的理由”的阐述。最后，A厂不能直接要求法院宣告专利无效，只能向国务院专利行政部门要求宣告专利无效。在国务院专利行政部门作出复审裁定以后，对该裁定不服的，才能向法院起诉。

即测即评

第十四章　专利权

【本章引例】

何某于2019年6月研制成功“整体形小青瓦”，同年7月向国务院专利行政部门申请了实用新型专利，并获得批准。2019年10月某研究所自行研制出“新型多节瓦”，同年申请了实用新型专利，并获得批准。然后该研究所对该项技术进行了转让。何某发现该研究所的专利虽然有新的特征，但仍在“整体形小青瓦”专利的保护范围内。因此他向法院起诉，要求研究所停止侵权，赔偿经济损失。问：何某的请求能否得到支持？

【本章学习目标】

通过本章的学习，你应该能够：

- 掌握专利权人权利的内容
- 掌握专利权的限制
- 掌握对专利权强制许可的具体类型
- 掌握开放许可制度
- 了解专利权的保护期限及起算点

第一节　专利权人的权利

专利申请经审查（发明专利要经过实质审查，而实用新型和外观设计专利要经过形式审查）没有发现驳回理由的，由国务院专利行政部门作出授予专利权的决定，对专利申请人发给专利证书，并予以登记和公告。一旦公告，则权利人的权利正式确定，对所有其他人具有对抗和排他效力。

世界各国专利法，对专利权人的权利界定有两种不同的表述方式：一种是从正面规定专利权人可以享受的实施自己专利权的内容；另一种是从反面规定专利权人有权禁止他人未经许可利用其专利权的内容。第二种表述方式更为科学和严格。这主要是考虑到了改进发明的问题。因为对于有些发明创造来说，其可能是在现有的发明创造的基础上完成的，而如果两种发明创造都获得了专利权，则改进发明要实施，应当取得前一专利权人的许可，否则就属于侵犯专利权的行为。因此如果从正面规定专利权人享有哪些权利，就不够正确。我国采用第二种方式。《专利法》第 11 条规定，发明和实用新型专利权被授予后，除本法另有规定的以外，任何单位或者个人未经专利权人许可，都不得实施其专利，即不得为生产经营目的制造、使用、许诺销售、销售、进口其专利产品，或者使用其专利方法以及使用、许诺销售、销售、进口依照该专利方法直接获得的产品。外观设计专利权被授予后，任何单位或个人未经专利权人许可，都不得实施其专利，即不得为生产经营目的制造、许诺销售、销售、进口其外观设计专利产品。

根据《专利法》的这条规定以及其他相关规定，我们可以将专利权人的权利归纳为如下几种。

一、禁止权

根据《专利法》第 11 条的规定，专利权人享有的禁止权的大前提是禁止为生产经营目的实施其专利的行为。因此非为生产经营目的实施其专利的行为，不属于禁止权的范围。当然对于“为生产经营目的”不能理解为“以营利为目的”，“为生产经营目的”的范围应当比“以营利为目的”的范围广。即非以营利为目的，但是属于以生产经营为目的的，如环境保护、气象预报等形式仍属于此类行为。

根据专利类型的不一样，其禁止权的范围也不一样。对于发明和实用新型专利中的产品专利，禁止权包括制造、使用、许诺销售、销售、进口该专利产品的权利。对于发明专利中的方法专利来说，由于专利权的效力不仅仅是方法本身，而且及于以该方法直接获得的产品，因此方法专利的禁止权的内容有五种：使用该方法、使用依该方法直接获得的产品、许诺销售依该方法直接获得的产品、销售依该方法直接获得的产品、进口依该方法直接获得的产品。

为了进一步明确相关概念的内涵，下面将有关概念作一详细阐述。

1. 专利产品

专利产品是指享有产品发明专利或者实用新型专利的产品。是否属于专利产品，必须依照发明专利或者实用新型专利的权利要求书的内容确定，说明书和附图应当用来解释权利要求书。因此判断是否属于专利产品，不能以专利权人制造的产品为准，而应以专利的权利要求书的内容为准。因为专利权人制造的产品有时不一定与权利要求书的记载完全符合。

2. 制造

制造，对于产品专利，是指实际生产受保护的专利产品；对于方法专利，则要求是制造依该专利方法所取得的产品。此时不考虑用什么方法制造，制造数量多少，在本国什么地方制造等。如果是大批量制造，实际上就是一种“生产”行为。另外从实践发展来看，制造该产品实际上也包括制造与该产品的必要技术特征实质上相同的类似产品，即等同物。这实际上也是权利要求的解释规则。根据最高人民法院《关于审理专利纠纷案件适用法律问题的若干规定》第 17 条的规定，权利要求的解释应当“包括与该技术特征相等同的特征所确定的范围”，并认为“等同特征，是指与所记载的技术特征以基本相同的手段，实现基本相同的功能，达到基本相同的效果，并且本领域普通技术人员在被诉侵权行为发生时无需经过创造性劳动就能够联想到的特征”。

参考案例 14-1

甲享有“电冰箱温度调节装置”的专利权，乙为冰箱维修店。某日应丙的要求，乙重新制作了一个温度调节装置，更换了原冰箱上失效的“温度调节装置”，此种行为为甲所知后，遂告上法院。根据法律规定，乙的行为从表面上看是维修行为，但实际上已经构成了对整个专利产品的制造，因此构成侵权行为，应当承担相应的侵权责任。

3. 使用

所谓使用，对于产品专利，是指按照产品的功能直接使用受保护的专利产品的行为；对于方法专利，则包括对专利方法的使用及对依该专利方法获得的物品的使用两个方面。对于产品专利来说，“使用”要求达到发明本来目的或为取得其发明原来的作用效果而使用。因此，即使是同一物品，如果是为了取得与专利物品不同的目的效果而使用，就不是专利法意义上的“使用”。当然，虽然主观上为不同的目的而使用，但客观上取得了与专利物品同样的效果，也是这里说的“使用”。

4. 许诺销售

根据最高人民法院《关于审理专利纠纷案件适用法律问题的若干规定》的规定，所谓许诺销售，是指以做广告、在商店橱窗中陈列或者在展销会上展出等方式作出销售商品的意思表示。许诺销售在英文中表述为“offering for sale”，在各国并没有明确的定义。从我国的规定来看，它既可以是要约，也可以是要约邀请。

参考案例 14-2

雷某是一种“带滑轮轨的窗帘圆管道”的专利权人，2019 年在参加广州国际家具博览会时，雷某发现另有两家参展商亦展出同样产品，他遂将此事告知广东省市场监督管理局（知识产权局）。该局经现场调查勘验，认为被控产品与权利人的专利相同。权利人遂正式向广东省市场监督管理局（知识产权局）提出请求，认为被请求人的许诺销售行为侵犯专利权人的合法权益，请求广东省市场监督管理局（知识产权局）责令被请求人停止在博览会上展示相同产品。广东省市场监督管理局（知识产权局）认为被请求人未经专利权人许可，在专利权有效期内，展示与专利相同产品，构成在许诺销售活动中侵犯专利权的行为，应承担相应的法律责任。

5. 销售

所谓销售，是指为了生产经营目的而将专利产品从一方转移给另一方的商业行为。此处的销售指对专利产品的销售或依专利方法所取得的产品的销售，而不针对专利权本身。但在实践中如何认定“销售”并不是一件简单的事情。根据合同法的规定，“销售”至少应当包括两个方面的内容：卖方将货物的所有权转移给买方；买方支付卖方一定的金钱作为对价。

6. 进口

所谓进口，是指把专利产品或包含专利方法的物品从国外输入到国内的行为。对于进口行为不考虑这种产品是从哪个国家运进来，在产品的制造国或出口国是否享有专利保护。

我国 1984 年的《专利法》没有将“进口”作为专利权人的权利进行规定，他人未经许可，为生产经营目的进口专利产品的行为并不侵犯专利权。当然在实践中，专利权人可以通过禁止“销售”或禁止“使用”的方式，禁止他人未经允许进口的行为，但这比禁止进口要复杂和困难。而且《TRIPS 协议》规定了专利权人有禁止进口的权利，并规定缔约各方对该规定不得保留意见，也无过渡期，应当立即履行该义务。因此在 1992 年修改《专利法》时，将禁止“进口”作为权利人的权利之一作了明确规定。

对于外观设计专利，受保护的行为只有制造含有外观设计专利的产品和许诺销售、销售、进口含有外观设计专利的产品四种，不包括使用含有外观设计专利产品的行为。外观设计专利产品，指用于产品之上的外观设计是受专利法保护的，其中的产品是外观设计的载体，是申请人在申请专利时指定使用该外观设计的具体载体。

二、转让权

转让权是指专利权人将其获得的专利权转让给他人的权利。专利法规定，专利权与专利申请权都可以转让。专利权的转让导致专利权的主体发生变更。专利权只能作为一个整体转让，根据我国专利申请的“一申请一发明”原则，每一项专利只应当涉及一项发明创造，其客体是一个单一体，因此专利权人不能将其专利权分割转让。

中国单位或个人向外国人、外国企业或者外国其他组织转让专利申请权或者专利权的，应当依照有关法律、行政法规的规定办理手续。转让专利申请权或者专利权的，当事人必须订立书面合同，经国务院专利行政部门登记后生效。

如果专利申请权或者专利权是共有的，则涉及共有权的行使规则。根据《专利法》第14条的规定，专利申请权或者专利权的共有人对权利的行使有约定的，从其约定。没有约定的，共有人可以单独实施或者以普通许可方式许可他人实施该专利；许可他人实施该专利的，收取的使用费应当在共有人之间分配。除单独实施及普通许可方式许可他人实施这两种情形以外，行使共有的专利申请权或者专利权，如转让、部分转让、独占许可方式许可他人实施等情形，应当取得全体共有人的同意。

三、实施许可权

实施许可权指专利权人通过实施许可合同的方式，许可他人实施其专利并收取专利使用费的权利。《专利法》第12条规定，任何单位或者个人实施他人专利的，应当与专利权人订立实施许可合同，向专利权人支付专利使用费。这一规定就是专利权人依法享有专利实施许可权的法律依据。专利权人有权决定与愿意实施其发明创造专利的单位或者个人签订实施许可合同，使获得专利权的发明创造能够顺利地转化为生产力，为社会服务。

专利实施许可，根据实施许可权的性质与范围的不同，可以分为以下几种类型。

1. 独占许可

即在一定条件下，在一定地区内，只有一家被许可人独占实施一项专利的实施权，专利权人自己也不能实施该专利技术。

2. 排他许可

亦称独家许可，是指在一定条件下，在一定地区内，只允许一家被许可人实施一项专利，但专利权人自己可以实施该专利技术。

3. 普通许可

仅仅是实施一项专利的许可，专利权人不提供不向其他人给予许可的保证。

4. 分许可

分许可指经专利权人同意，在许可合同中有明文规定时，原许可合同的被许可方以自己的名义把专利技术再向任何第三方提供的一种许可形式。分许可是在原许可下派生出来的许可形式，它仍然属于普通许可的性质。

5. 交叉许可

交叉许可又称互换许可，指贸易双方均以优惠条件许可对方实施自己的专利技术，双方互为许可方和被许可方。这种许可多出现在相关专利的专利权人之间。

参考案例 14-3

A厂于2019年2月获得一项铝合金型材方面的专利授权，为了尽快推广此项新技术，遂与B公司签订许可合同。根据合同约定，除了A厂自己生产产品外，只允许B公司生产该项产品。根据此合同，双方的许可属于排他许可，而且在合同没有特别约定的情况下，B公司也没有权利进行分许可。

专利实施许可合同作为一种合同关系，原则上只是在合同当事人之间发生效力。虽然法律规定，专利实施许可应当自合同生效之日起3个月内向国务院专利行政部门备案。但这种备案不是合同生效的条件，因此是否具有对抗第三人的效力值得探讨。根据最高人民法院有关的司法解释，我们认为，对于独占许可和排他许可，应当确定被许可人对第三人的效力，即被许可人有权作为利害关系人提起诉讼。而在普通许可中，被许可人原则上没有这样的权利，但可以通过获得权利人的授权后提起诉讼。

四、放弃权

专利权人可以在专利权保护期限届满前的任何时候，以书面形式声明或以不交年费的方式放弃其专利权。《专利法》第44条规定，专利权人以书面形式声明放弃其专利权的，专利权在期限届满前终止。

专利权人提出放弃专利权声明后，一经国务院专利行政部门登记和公告，其专利权即可终止。自此以后，其发明创造便成为公有技术，任何人都可以自由使用，既不必经过许可，也不必支付报酬，更不存在侵权的问题。

五、专利的标记权

标记权，指专利权人在专利产品或者该产品的包装、说明书、产品广告上表明专利标记和专利号的权利。此处所指的“专利标记”指“中国专利”“专利”等字样。《专利法》第16条规定，专利权人有权在其专利产品或者该产品的包装上标明专利标识。需要说明的是，这种标记权也是专利权人的权利之一，但是这种权利不是一种人身权。

在专利产品或者该产品的包装上做上专利标记和专利号，是专利权人的一项权利，而不是义务。也就是说，专利权人可以在专利产品或者该产品的包装上做上专利标记和专利号，也可以不做这样的标记。在专利侵权诉讼中，侵权行为人不得以专利权人未在专利产品或者该产品的包装上做专利标记和专利号为由进行抗辩；人民法院也不得以专利权人未在专利产品上做上专利标记和专利号为由，拒绝受理专利权人的侵权诉讼；专利权人也不因未在专利产品或者该产品的包装上做专利标记而丧失请求权。

只有专利权人及其代理人（包括被许可人）可以使用专利标记。但是，对于已经终止的专利权，该产品的制造者、使用者就不能再使用专利标记。

第二节　专利权人的义务

专利权人不仅享有法律规定的各项权利，而且必须承担相应的义务。如果专利权人不依法履行其法律义务，就要承担相应的法律后果。

各国规定的专利权人的义务主要有两项：一是缴纳各种费用，其中主要是专利年费（也称专利维持费）；二是实施已获专利的发明创造的义务。我国1984年的《专利法》规定了这两项义务。1984年的《专利法》第51条规定，专利权人负有在中国制造其专利产品、使用其专利方法的义务。1992年修订的《专利法》取消了专利权人的实施义务。根据现行《专利法》第43条的规定，专利权人应当自被授予专利权的当年开始缴纳年费。同时根据《专利法》第81条的规定，向国务院专利行政部门申请专利和办理其他手续，应当按照规定缴纳费用。

专利权人缴纳费用的意义在于：

（1）补偿国家专利主管机关的业务支出。国务院专利行政部门在受理、审查、公布专利申请以及日常管理工作中，要耗费大量的人力和物力，理应由专利权人给予一定的补偿。

（2）控制专利的质量。一项发明创造从申请到取得专利保护，专利权人需要缴纳各种费用，这笔费用虽然在该项发明创造可能获得的经济利益中只占很小比例，但毕竟是一笔不小的支出，因而迫使专利权人努力提高技术的先进性和可靠性，从而维护专利的稳定，保证专利授权的质量。

（3）有助于促进专利技术的实施。一项专利只有尽早地投入实施，专利权人才能获得经济效益。

专利权人缴纳的年费采用累进制，即缴纳的费用是逐年增加的。专利权人应缴纳的第一次年费应当在收到国务院专利行政部门的授权通知之日起的2个月内办理登记手续时缴纳；专利权人同时还要缴纳专利登记费和专利证书印花税。专利申请人已经缴纳了授予专利权当年的专利申请维持费的，就不必再缴纳授予专利权当年的年费。以后的年费，必须在上一年度期限届满前1个月内缴纳。专利权人未按期缴纳年费时，可以在宽限期（6个月）内补缴，并且同时支付滞纳金。超过宽限期，专利权人仍未补缴年费的，专利权自上个年度期限届满之日起终止。

第三节　专利权的限制

一、专利权行使时的限制

根据《专利法》第75条的规定，在下列情况下，行为人的行为不视为侵权。

1. 专利权用尽后的使用或销售

专利产品或者依照专利方法直接获得的产品，由专利权人或者经其许可的单位、个人售出后，使用、许诺销售、销售、进口该产品的，不侵犯专利权。专利权用尽原则是为了保证商品的自由流通。但需要注意的是，专利权用尽只适用于专利产品或者依照专利方法直接获得的产品经专利权人或经其许可的人售出以后，他人再次的使用、许诺销售、销售、进口行为，不包括他人的制造行为。

2. 先用权规则

在专利申请日前已经制造相同产品、使用相同方法或者已经做好制造、使用的必要准备，并且仅在原有范围内继续制造、使用的，不属于侵犯专利权的行为。这种限制的目的在于保护先用权人已经付出的劳动和投资，不致因为该项发明创造后来被他人取得专利权而受影响。

参考案例 14－3

A厂于2018年2月申请专利“隔爆荧光灯”，于2019年2月22日获得权利证书。后A厂发现B公司擅自制造同样的产品，遂向某市专利管理机关投诉立案。B公司辩称在专利申请日前（2016年11月）已设计完毕并制造出样品，并召开了“防爆电器新产品”座谈会，介绍推广隔爆荧光灯及支架，并于2017年11月将图纸与样品送交某部电气仪表防爆质量检测中心检测，B公司提供了相应的书面证明材料。据此，当地专利管理机关认定，B公司符合《专利法》第75条第1款第2项的规定，不构成侵权行为。

3. 临时过境规则

临时通过中国领土、领水、领空的外国运输工具，依照其所属国同中国签订的协议或者共同参加的国际条约，或者依照互惠原则，为运输工具自身需要而在其装置和设备中使用有关专利，不用得到专利权人许可。这种限制是为了保障国际的交通自由，同时也是我国履行国际公约规定的义务。

4. 合理使用规则

专为科学研究和实验而使用有关专利不属于侵权行为。需要注意的是，《专利法》规定，合理使用是指在实验室条件下，为了在已有专利技术的基础上探索新的发明创造，演示性地利用有关专利，或者考察验证有关专利的技术经济效果而利用有关的专利技术。

5. 药品、医疗器械行政申请例外

为提供行政审批所需要的信息，制造、使用、进口专利药品或者专利医疗器械的，以及专门为其制造、进口专利药品或者专利医疗器械的，不侵犯专利权。对于此项行为，注意两点：第一，“为提供行政审批所需要的信息”是其唯一目的，如果“包含”这一目的，同时又有其他目的的行为，仍有可能构成侵权。第二，行为内容仅限于“制造、使用、进口专利药品或者专利医疗器械的，以及专门为其制造、进口专利药品或者专利医疗器械”，因此销售、许诺销售的行为不包含在里面。药品上市审评审批过程中，药品上市许可申请人与有关专利权人或者利害关系人，因申请注册的药品相关的专利权产生纠纷的，相关当事人可以向人民法院起诉，请求就申请注册的药品相关技术方案是否落入他人药品专利权保护范围作出判决。国务院药品监督管理部门在规定的期限内，可以根据人民法院生效裁判作出是否暂停批准相关药品上市的决定。

另外，如果为生产经营目的使用或者销售不知道是未经专利权人许可而制造并售出的专利产品或者依照专利方法直接获得的产品，能证明其产品合法来源的，不承担赔偿责任。根据这一规定，为这种行为的当事人不承担损害赔偿责任，但要承担停止侵害等法律责任。

二、专利实施的特别许可制度

《专利法》在第四次修订中，将专利实施中的强制许可、计划许可及新增加的开放许可制度统一进行了规定，称之为专利实施的特别许可制度。

1. 强制许可

专利实施的强制许可，指国务院专利行政部门依法定条件和程序颁发的使用专利的许可。申请人获得这种许可后，不必经专利权人同意，就可以实施专利。强制实施许可的性质，属于对专利权的限制。其意义在于防止和限制专利权人滥用专利权，维护社会整体利益，促进专利尽快实施。对于从属专利而言，强制许可还有利于保护技术改进，促进技术进步。强制许可仅适用于发明专利和实用新型专利，不适用于外观设计专利。《专利法》所规定的强制许可主要有以下五种情形：

（1）商业性的强制许可。专利权人自专利权被授予之日起满 3 年，且自提出专利申请之日起满 4 年，无正当理由未实施或者未充分实施其专利的，任何以合理的条件请求发明或者实用新型专利权人许可实施其专利，而未能获得这种许可时，国务院专利行政部门根据具备实施条件的单位或个人的申请，可以给予实施该专利的强制许可。未充分实施其专利，是指专利权人及其被许可人实施专利的方式或者规模不能满足国内对专利产品或者专利方法的需求。

（2）专利权人行使专利权的行为被依法认定为垄断行为，为消除或者减少该行为对竞争产生的不利影响的。

（3）国家紧急状态或非常情况下的强制许可。在国家出现紧急状态或者非常情况时，或者为了公共利益的目的，国务院专利行政部门可以给予实施发明专利或者实用新型专利的强制许可。

（4）为了公共健康目的，对获得专利权的药品，国务院专利行政部门可以给予制造并将其出口到符合中华人民共和国参加的有关国际条约规定的国家和地区的强制许可。取得专利权的药品，是指解决公共健康问题所需的医药领域中的任何专利产品或者依专利方法直接获得的产品，包括取得专利权的制造该产品所需的活性成分以及使用该产品所需的诊断用品。

（5）从属专利的强制许可。一项取得专利权的发明或者实用新型比以前已经取得专利权的发明或者实用新型在技术上先进，其实施又有赖于前一发明或者实用新型的实施的，国务院专利行政部门根据后一专利权人的申请，可以给予实施前一发明或者实用新型专利的强制许可。反之，国务院专利行政部门根据前一专利权人的申请，也可以给予实施后一发明或者实用新型的强制许可。

关于强制许可，要注意几点：（1）取得强制许可的申请人应当支付专利权人合理的使用费。使用费的数额由双方协商。双方不能达成协议的，由国务院专利行政部门裁决。（2）取得强制许可的申请人不享有独占的实施权，并且无权允许他人实施。（3）强制许可涉及的发明创造为半导体技术的，其实施限于公共利益的目的和消除或者减少垄断的情形。（4）强制许可除《专利法》第 53 条第 1 款第 2 项（消除或者减少垄断的强制许可）、第 55 条（为公共健康目的对药品的强制许可）规定的情形外，强制许可的实施应当主要是为了供应国内市场。（5）依照《专利法》第 53 条第 1 款第 1 项（商业性的强制许可）、第 56 条（从属专利的强制许可）的规定，申请强制许可的单位或者个人应当提供证据，证明其以合理的条件请求专利权人许可其实施专利，但未能在合理的时间内获得许可。（6）国务院专利行政部门作出的给予实施强制许可的决定，应当及时通知专利权人，并予以登记和公告。（7）专利权人对国务院专利行政部门关于实施强制许可的决定不服的，专利权人和取得实施强制许可的单位或者个人对国务院专利行政部门关于实施强制许可的使用费的裁决不服的，可以自收到通知之日起 3 个月内向人民法院起诉。

2. 计划许可

计划许可，是指根据国家和社会利益的需要，有关行政管理机关可以采用行政手段对国有企事业单位获得专利权的发明专利进行推广应用的专门制度。

《专利法》第 49 条规定，国有企业事业单位的发明专利，对国家利益或者公共利益具有重大意义的，国务院有关主管部门和省、自治区、直辖市人民政府报经国务院批准，可以决定在批准的范围内推广应用，允许指定的单位实施，由实施单位按照国家规定向专利权人支持使用费。

根据《专利法》的规定：（1）只有国有企事业单位的发明专利允许进行这种推广应用。集体所有制单位、个人、非国有的法人和非法人组织、外国公民和法人的发明专利不适用这种推广应用。（2）只有发明专利适用推广应用。外观设计及实用新型不可适用这种推广应用。

3. 开放许可

专利权人自愿以书面方式向国务院专利行政部门声明愿意许可任何单位或者个人实施其专利，并明确许可使用费支付方式、标准的，由国务院专利行政部门予以公告，实行开放许可。就实用新型、外观设计专利提出开放许可声明的，应当提供专利权评价报告。专利权人撤回开放许可声明的，应当以书面方式提出，并由国务院专利行政部门予以公告。开放许可声明被公告撤回的，不影响在先给予的开放许可的效力。任何单位或者个人有意愿实施开放许可的专利的，以书面方式通知专利权人，并依照公告的许可使用费支付方式、标准支付许可使用费后，即获得专利实施许可。实行开放许可的专利权人可以与被许可人就许可使用费进行协商后给予普通许可，但不得就该专利给予独占或者排他许可。开放许可实施期间，对专利权人缴纳专利年费相应给予减免。

三、专利权的终止

专利权的期限，又称专利保护期。根据《专利法》规定，发明专利权的期限是 20 年，实用新型专利权的期限为 10 年，外观设计专利权的期限是 15 年，均自申请日起计算。此处的申请日，是指实际提起申请的日期，即使在要求优先权的情况下，也只能是实际的申请日。《专利法》还就不合理延迟授权及药品专利提供了专利权期限的补偿：自发明专利申请日起满 4 年，且自实质审查请求之日起满 3 年后授予发明专利权的，国务院专利行政部门应专利权人的请求，就发明专利在授权过程中的不合理延迟给予专利权期限补偿，但由申请人引起的不合理延迟除外。为补偿新药上市审评审批占用的时间，对在中国获得上市许可的新药相关发明专利，国务院专利行政部门应专利权人的请求给予专利权期限补偿。补偿期限不超过 5 年，新药批准上市后总有效专利权期限不超过 14 年。

一旦专利权的保护期限届满，专利权人就丧失对发明创造的独占权，由此该发明创造成为社会的共同财富，而不为特定人所专有。除了因为保护期届满使得专利权终止以外，专利权还可以因为下列原因而终止：没有按规定缴纳年费；专利权人以书面声明放弃专利权；专利权人死亡而又无人继承。

【引例评析】

虽然该研究所的专利有新的特征，但是只要该专利的主要特征都在“整体形小青瓦”专利的保护范围内，则两个专利之间构成基础专利与从属专利。作为从属专利，如果要实施，应当取得基础专利权人的同意。因此何某可以要求研究所停止侵权，赔偿经济损失。

另外这里还有强制许可的问题，即作为研究所，可以根据《专利法》第 51 条的规定，要求何某将其专利权的实施许可授予研究所。

【本章小结】

1. 发明和实用新型专利禁止权包括制造、使用、许诺销售、销售、进口该专利产品的权利。发明专利中方法专利的效力不仅仅及于方法本身，而且及于依该方法直接获得的产品。外观设计专利禁止权包括制造、许诺销售、销售、进口该专利产品的权利，但不包括禁止使用外观设计专利产品的权利。

2. 任何单位或者个人实施他人专利的，都必须与专利权人订立书面实施许可合同，向专利权人支付专利使用费。专利实施许可，根据实施许可权的性质与范围的不同，可以分为独占许可、排他许可、普通许可、交叉许可。

3. 根据《专利法》第 75 条的规定，下列情形中行为人的行为不视为侵权：专利权用尽后的使用、许诺销售、销售或进口；先用权规则；临时过境规则；合理使用规则；药品、医疗器械行政申请。另外，如果为生产经营目的使用或者销售不知道是未经专利权人许可而制造并售出的专利产品或者依照专利方法直接获得的产品，能证明其产品合法来源的，不承担赔偿责任。故为这种行为的当事人不承担损害赔偿责任，但要承担停止侵害等法律责任。

4. 申请人获得强制许可后，不必经专利权人同意，就可以实施专利。强制实施许可的性质，属于对专利权的限制。其意义在于防止和限制专利权人滥用专利权，维护社会整体利益，促进专利尽快实施。《专利法》所规定的强制许可有五种类型：商业性的强制许可；消除垄断的强制许可；国家紧急状态或非常情况下的强制许可；公共健康目的下药品的强制许可；从属专利的强制许可。

5. 专利权人可以自愿以书面方式向国务院专利行政部门声明愿意许可任何单位或者个人实施其专利，并明确许可使用费的支付方式与标准，并由国务院专利行政部门予以公告。这种方式称之为开放许可。

6. 发明专利权的期限是 20 年，实用新型专利权的期限是 10 年，外观设计专利权的期限是 15 年，均自申请日起计算。

【练习题】

1. 名词解释

许诺销售　排他许可　先用权规则　强制许可　开放许可

2. 思考题

（1）比较独占许可与独家许可。

（2）行使专利权时有哪些限制？

（3）简述转让专利权的条件。

3. 案例分析题

工程师赵某发明了一种制造饼干的方法，并于 2017 年 2 月向国务院专利行政部门申请专利，2018 年 1 月申请提前公开，并于 2019 年 1 月获得专利权。A 企业在 2017 年 5 月开始利用此方法生产饼干。现赵某向法院起诉，要求确认 A 侵权。A 公司则以先用权为由进行抗辩。

问题：

该抗辩能否成立？为什么？

分析要点提示：

该抗辩不能成立。因为先用权制度中要求先用权人必须是在申请日前，而非专利申请公开日前已经生产或者做了生产的准备工作。在本案中，A 企业是在申请日后、公开日前进行生产的，所以不构成先用权抗辩。

即测即评

第十五章　专利权的保护

【本章引例】

张某发明了一种可以大大提高生产效率的机械装置，并申请了发明专利，获得授权。一年后，A公司自称获得张某的授权，可以制造、生产该发明专利，但并未出示任何材料证明这种授权。A公司与B设备制造厂签订生产许可协议，由B设备制造厂生产并销售该机械装置。问：张某可以向谁主张权利？

【本章学习目标】

通过本章的学习，你应该能够：

- 掌握权利要求书的解释原则
- 掌握专利侵权的判断原则
- 熟悉专利侵权损害赔偿的计算方法
- 了解专利侵权纠纷的地域管辖

第一节　专利侵权的判断

一、保护范围的确定

作为专利权的保护对象的发明创造是无形的智力成果，它的保护范围无法依其本身来确定。《专利法》第26条规定，专利申请人应当提交权利要求书，说明请求专利保护的范围。权利要求书应当以说明书为依据，清楚、简要地要求专利保护的范围。发明和实用新型专利权的保护范围以权利要求书的记载为准，说明书及附图可用于解释权利要求。外观设计的保护范围以表示在图片或者照片中的该外观设计产品为准。

但是对于权利要求书的解释，各国有不同的解释原则。一般而言，现在有三种解释原则。

1. 周边限定原则

根据这一原则，权利要求书是专利保护的范围。因此，应当根据权利要求书的文字严格地、忠实地进行解释。美国采用这种原则，目前这种原则被越来越多的国家所采纳。但是这种原则要求申请人能够很好地把握住权利要求书的写法，避免出现缩小专利保护范围的情况。

2. 中心限定原则

根据这种原则，权利要求书是专利的保护范围，但认为在解释权利要求时不应完全局限于权利要求的文字记载，而应当以权利要求书为中心，全面考虑发明的目的、性质以及说明书和附图，将权利要求书记载的内容确定为专利保护的中心，将中心周围一定范围内的技术也包括在专利保护范围之内。德国曾采用此方法。这种原则过分考虑对于权利人的保护，由于保护范围的不确定，不利于社会公众对专利技术以外的技术的利用。

3. 折中原则

专利权的保护范围根据权利要求书的内容确定，说明书和附图应该用来解释权利要求。这一原则既照顾了专利权人的利益，又照顾到了社会公众的利益，相对比较合理。从我国专利法的规定来看，我国采用的是这种原则，欧洲专利公约也采用这种原则。

二、侵犯专利权的判断规则

如何确定被控侵权的产品落入原告专利权的保护范围，被控侵权人享有何种抗辩，在实践中有重要价值，往往存在一定的差异。下面几点是司法实践中常见的判断规则。

1. 实用新型和外观设计的评价报告制度

专利侵权纠纷涉及实用新型专利或者外观设计专利的，人民法院或者管理专利工作的部门可以要求专利权人或者利害关系人出具由国务院专利行政部门对相关实用新型或者外观设计进行检索、分析和评价后作出的专利权评价报告，作为审理、处理专利侵权纠纷的证据。专利权人、利害关系人或者被控侵权人也可以主动出具专利权评价报告。

2. 全面覆盖原则

如果被诉产品减少了原告专利的一个以上的必要技术特征，即没有完全覆盖原告专利的保护范围，则侵权不成立。因为专利权的保护范围是一个整体，专利法不承认“部分侵权”。如果被诉产品完全覆盖了原告专利的必要技术特征，同时又增加了一个以上的技术特征，则存在两种可能：一种是该技术特征的增加并没有产生实质性的积极效果，即没有实现技术上的进步，则以侵权论；另一种可能是该技术特征增加后使发明或实用新型实现了技术上的进步，则构成从属发明。在第二种情况下，如果被告没有取得原告同意或者获得强制许可，仍应当承担侵权责任。

3. 等同原则

如果被诉产品以实质上相同的方式或者手段替换了原告专利的一个以上的技术特征，产生实质上一样的技术效果，并且所属领域的普通技术人员无须创造性劳动就能联想到，同时覆盖了原告专利的其他技术特征，则侵权成立。这种情况称作“等同手段代替”。反之，如果用以替换的方式或手段与原告专利的技术特征有实质的不同，所产生的技术效果实质上不一样，则不构成侵权。

参考案例 15-1

A厂拥有“机械奏鸣装置音板的成键方法及其设备”专利权。B公司自A厂的专利权公告后亦开始生产机械奏鸣装置设备并生产八音琴音片。与专利技术相比，B公司生产的机械奏鸣装置与专利技术在大部分技术特征方面相同，但在个别技术特征上有所不同。A

厂认为虽然技术特征有所不同，但构成等同侵权。终审法院确认，被控侵权产品和方法虽然与专利权要求的技术特征不同，但属于将专利权利要求中的必要技术特征以基本相同的手段，实现基本相同的功能，达到基本相同的效果的等同物，落入了A厂专利权的保护范围，构成侵犯专利权，判决被告停止侵害、赔偿损失。

4. 公知技术抗辩

在专利侵权纠纷中，被控侵权人有证据证明其实施的技术或者设计属于现有技术或者现有设计的，不构成侵犯专利权。

三、侵害专利权的行为的具体形态

专利权的侵权行为可以分为两种类型，即直接侵权和间接侵权。

1. 直接侵权

根据《专利法》第11条的规定，直接侵权就发明和实用新型专利权而言，是指未经专利权人许可，为生产经营目的制造、使用、许诺销售、销售、进口其专利产品或者使用其专利方法的行为；就外观设计专利权而言，是指未经专利权人许可为生产经营目的制造、许诺销售、销售、进口其外观设计专利产品。

各种直接侵权的形态是互相独立的，不能因为一种行为是合法的，而认为其他行为也是合法的。例如，专利权人授予A制造专利产品的权利，但如果A没有经过专利权人的同意，私自将该制造物出卖，那么，虽然A的制造行为是合法的，但其销售行为肯定属于侵权行为。

2. 间接侵权

间接侵权指行为人本身并不直接侵犯专利权，但却诱使他人非法实施专利权人的专利。主要表现为通过提供实施专利所必要的设备、零部件等方式，诱使他人直接侵害专利权的行为。最高人民法院《关于审理侵犯专利权纠纷案件应用法律若干问题的解释（二）》就教唆、帮助侵权作了明确的规定。

参考案例 15-2

原告拥有“磁镜式直流电弧炉”专利，其中“激磁线圈”是专利权利要求记载的必要技术特征之一。原告专利的职务发明人王某退休后到被告某电子系统工程公司担任顾问，指导被告在中国内地生产此专利产品的关键部件——“激磁线圈”。而后被告又将其供给中国香港的某公司组装成“磁镜式直流电弧炉”专利产品。原告得知后，即以某电子系统工程公司和中国香港的某公司为被告，向某中级人民法院提起诉讼，请求被告停止侵权，赔偿损失。一审法院作出判决后，原告提出上诉。二审法院认为：某电子系统工程公司未经专利权人许可，为他人仿制上诉人的专利产品而制造、销售只能用于该专利产品的关键部件，主观上具有帮助他人实施直接侵害上诉人专利权的故意，与直接侵权人一起构成对上诉人的共同侵权。据此，被告应当停止侵权，并赔偿经济损失。

第二节　侵犯专利权的法律责任

侵犯专利权的法律责任，包括民事责任、行政责任和刑事责任。

一、民事责任

专利侵权的行为人应当承担的民事责任形式主要有停止侵害、赔偿损失和消除影响。

1. 停止侵害

停止侵害，指侵权人根据专利管理机关的处理决定或者人民法院的生效判决，停止擅自制造、使用、销售专利产品或使用专利方法或者使用、销售依据该专利方法直接获得的产品的行为。为了有效地阻止专利侵权行为的继续进行，人民法院在采用停止侵害的民事责任时，还可以根据专利权人的请求，没收、销毁侵权产品或者责令侵权行为人将侵权产品交由专利权人或者利害关系人处理。在采用这种责任方式时，应当判令对制造侵权产品的专用设备、工具等予以没收、销毁。

2. 消除危险

根据《专利法》第72条的规定，专利权人或者利害关系人有证据证明他人正在实施或者即将实施侵犯专利权、妨碍其实现权利的行为，如不及时制止将会使其合法权益受到难以弥补的损害的，可以在起诉前依法向人民法院申请采取保全、责令作出一定行为或者禁止作出一定行为的措施。这就是一般学理所称的“临时禁令”制度，实际上属于传统民法所称的消除危险请求权的范畴。

3. 赔偿损失

赔偿损失是一种普遍采用的救济措施。在专利侵权中的损失主要有两种：一是因侵权所造成的专利权人的利益直接减少或者灭失的部分；二是因侵权行为而失去的本来应该获得的利益，主要包括仿造者实施发明创造依法应付给专利权人的那部分使用费。由于专利权是一种无形财产权，故当权利受损时，权利人往往无法举证证明自己因被侵权所受损失的大小。故根据《专利法》及相应的司法解释，规定了对于损害赔偿的以下几种计算方法：

（1）以专利权人因侵权行为受到的损失作为损害赔偿额。

计算方法是：权利人因被侵权所受到的损失可以根据其专利产品因侵权所造成销售量减少的总数乘以每件专利产品的合理利润所得之积计算。权利人销售量减少的总数难以确定的，侵权产品在市场上销售的总数乘以每件专利产品的合理利润所得之积可以视为权利人因被侵权所受到的损失。

（2）以侵权人因侵权行为所获得的全部利润作为损害赔偿额。

计算方法是：侵权人因侵权所获得的利益可以根据该侵权产品在市场上销售的总数乘以每件侵权产品的合理利润所得之积计算。侵权人因侵权所获得的利益一般按照侵权人的营业利润计算，对于完全以侵权为业的侵权人，可以按照销售利润计算。

（3）以不低于专利许可使用费的合理数额作为赔偿额。

权利人的损失或者侵权人获得的利益难以确定，但有专利许可使用费可以参照的，人民法院可以根据专利权的类别、侵权人侵权的性质和情节、专利许可使用费的数额，以及该专利许可的性质、范围、时间等因素，参照该专利许可使用费的倍数合理确定赔偿数额。

（4）法定赔偿。

权利人的损失、侵权人获得的利益和专利许可使用费均难以确定的，人民法院可以根据专利权的类别、侵权人侵权的性质和情节等因素，确定给予人民币3万元以上500万元以下的赔偿。

（5）惩罚性赔偿。对于故意侵犯专利权情节严重的，人民法院可以在按照前述（1）、（2）、（3）种方法确定赔偿数额的一倍以上五倍以下确定赔偿数额。

人民法院根据权利人的请求以及具体案情，可以将权利人因调查、制止侵权所支付的合理费用计算在赔偿数额范围之内。

人民法院为确定赔偿数额，在权利人已经尽力举证，而与侵权行为相关的账簿、资料主要由侵权人掌握的情况下，可以责令侵权人提供与侵权行为相关的账簿、资料；侵权人不提供或者提供虚假的账簿、资料的，人民法院可以参考权利人的主张和提供的证据判定赔偿数额。

4. 消除影响

在侵权行为人实施侵权行为给专利产品在市场上的商誉造成损害，影响其专利产品的销售或使用时，侵权行为人就应当承担消除影响的法律责任。承担这种责任的方式主要是通过新闻媒体公开声明，以消除对专利产品造成的不良影响。

二、行政责任

根据专利法及相关行政法规的规定，管理专利工作的部门在处理专利侵权纠纷时，可以责令侵权行为人停止侵权行为、罚款。管理专利工作的部门责令侵权行为人停止侵权行为、罚款的措施就属于承担行政责任的方式。

三、刑事责任

根据《刑法》第 216 条的规定，假冒他人专利，情节严重的，处 3 年以下有期徒刑或者拘役，并处或者单处罚金。这是侵犯他人专利权可能承担的刑事责任。

第三节　专利纠纷的解决

一、专利管理机关的处理

依据《专利法》第 65 条的规定，对未经专利权人许可，实施其专利的侵权行为，专利权人或者利害关系人可以请求管理专利工作的部门处理。“管理专利工作的部门”指国务院有关主管部门或者地方人民政府设立的专利管理机关。根据国务院专利行政部门 1989 年 12 月发布的《专利管理机关处理专利纠纷的办法》规定，专利侵权纠纷应当由侵权行为发生地的专利管理机关调处。如果两个或者两个以上的专利管理机关对某个专利侵权纠纷案件都享有管辖权，由先接到调处请求的专利管理机关调处。

专利管理机关调处专利侵权纠纷时，应当查明事实，分清是非，在此基础上，促使当事人达成协议。经专利管理机关调解，当事人双方达成协议的，应当制作调解书。调解书要经当事人签名盖章，调处人员签名，并加盖专利管理机关公章。如调解不成，专利管理机关应当及时作出处理决定。处理决定书应由调解人员签名，并加盖专利管理机关印章。专利侵权纠纷经专利管理机关调解达成调解协议的，在调解书送达前或者送达后，当事人一方反悔向人民法院起诉的，人民法院应予受理。

对专利管理机关作出的处理决定，不设监督或者复议程序，而是通过当事人服从与否来决定是否进入司法程序进行调整。如果当事人不服专利管理机关的处理决定，可以在收到通知之日起 3 个月内向人民法院起诉。但是，当事人在规定的期限内未起诉的，专利管理机关的处理决定即发生法律效力。一方不履行的，另一方可凭专利管理机关的处理决定书请求人民法院强制执行。

当事人一方向专利管理机关请求调处，专利管理机关已经立案并向另一方发出答辩通知书，而另一方拒绝答辩并向人民法院起诉的，只要起诉符合《民事诉讼法》第 108 条的规定和最高人民法院关于审理专利案件的有关规定，人民法院应予受理；如果另一方接到专利管理机关的答辩通知书后作了实质性答辩，在专利管理机关调处过程中又向人民法院起诉的，人民法院不予受理。

在专利管理机关调处专利纠纷的过程中，当事人双方都向人民法院起诉的，人民法院应予受理，并告知其向专利管理机关办理撤回请求调处手续。

二、人民法院对专利纠纷的处理

如果发生专利侵权纠纷，专利权人或者利害关系人既可以请求专利管理机关处理，又可以请求人民法院审理。

1. 对专利侵权纠纷的级别管辖的规定

从我国实际出发，最高人民法院规定以下人民法院为专利侵权纠纷的第一审人民法院：

（1）各省、自治区、直辖市人民政府所在地的中级人民法院。

（2）各经济特区的中级人民法院。

（3）各省、自治区高级人民法院根据实际需要并报经最高人民法院同意，可以指定本省、自治区开放城市或者设有专利管理机关的较大城市的中级人民法院为专利侵权纠纷的第一审人民法院。基层人民法院和其他中级人民法院不能作为第一审人民法院审理专利侵权纠纷案件。最高人民法院设立知识产权法庭，统一审理全国范围内专利的民事和行政上诉案件。

2. 对专利侵权纠纷地域管辖问题的规定

对于专利侵权纠纷案件的地域管辖问题，最高人民法院作了专门规定：

（1）因侵犯专利权行为提起的诉讼，由侵权行为地或者被告住所地人民法院管辖。侵权行为地包括：被控侵犯发明和实用新型专利权的产品的制造、使用、许诺销售、销售、进口等行为的实施地；专利方法使用行为的实施地，以及依照该专利方法直接获得的产品的使用、许诺销售、销售、进口等行为的实施地；外观设计专利产品的制造、许诺销售、销售、进口等行为的实施地；假冒他人专利的行为实施地；上述侵权行为的侵权结果发生地。

（2）原告仅对侵权产品制造者提起诉讼，未起诉销售者，侵权产品制造地与销售地不一致的，制造地人民法院有管辖权；以制造者与销售者为共同被告起诉的，销售地人民法院有管辖权；销售者是制造者分支机构，原告在销售地起诉侵权产品制造者制造、销售行为的，销售地人民法院有管辖权。

三、专利纠纷的诉讼时效

专利权人或者利害关系人如果在法律规定的期限内不行使其权利，就丧失请求人民法院依诉讼程序强制侵权人履行义务的权利。这种法律规定期限就是诉讼时效。《专利法》第74条规定，侵犯专利权的诉讼时效为3年，自专利权人或者利害关系人知道或者应当知道侵权行为之日起计算。

关于专利权属纠纷的诉讼时效，应当做同样理解。

关于未支付使用费的纠纷的诉讼时效，根据《专利法》第74条第2款的规定，发明专利申请公布后至专利权授予前使用该发明未支付适当使用费的，专利权人要求支付使用费的诉讼时效为3年，自专利权人得知或者应当知道他人使用其发明之日起计算，但是，专利权人于专利权授予之日前即已得知或者应当得知的，自专利权授予之日起计算。

四、专利纠纷中的举证责任和证据的审查

专利民事纠纷与其他民事纠纷一样，应当适用“谁主张，谁举证”的举证责任原则。在侵权案件中，原告应当证明自己享有专利权及被告对其实施了为法律所禁止的行为。原告完成举证义务后，由被告进行抗辩。被告提出的抗辩主张，可以是对原告所举事实与证据的否定，也可以提出其他主张并且应当为此提供必要的证据。

需要注意的是，《专利法》第66条第1款规定，在发生侵权纠纷时，如果发明专利是一项新产品的制造方法，制造同样产品的单位或者个人应当提供其产品制造方法的证明。根据这一规定，当专利侵权诉讼涉及一项新产品的制造方法时，举证责任发生转移，由被告负举证责任。如果被告能够出示证据证明自己的产品不是用该方法获得的，那么他就不构成侵权；否则，法律判定该行为人使用了专利权人的专利方法，构成侵权。

【引例评析】

A公司与B厂构成共同侵权，应当共同对张某承担侵权责任。在这里需要判断B厂的行为是否具有过错。我们认为B厂应该要求A公司提供授权材料；同时其明知该发明属于张某所有，故其行为有过错，因此A公司与B厂的行为构成共同侵权行为。张某可以要求A公司与B厂停止侵害，赔偿损失。

【本章小结】

1. 发明和实用新型专利权的保护范围以权利要求书的记载为准，说明书及附图可用于解释权利要求。外观设计的保护范围以表示在图片或者照片中的该外观设计专利产品为准。对于权利要求书的解释，一般有三种解释原则：周边限定原则；中心限定原则；折中原则。从《专利法》的规定来看，我国采用的是第三种原则。

2. 专利侵权行为可以分为直接侵权和间接侵权两种类型。在实践中，虽然被控侵权的产品与原告专利之间存在差异，仍有可能构成侵权：(1) 如果被诉产品以实质上相同的方式或者手段替换了原告专利的一个以上的技术特征，产生实质上一样的技术效果，同时覆盖了原告专利的其他技术特征，则构成等同侵权。(2) 如果被诉产品减少了原告专利的一个以上的必要技术特征，即没有完全覆盖原告专利的保护范围，则侵权不成立。(3) 如果被诉产品完全覆盖了原告专利的必要技术特征，同时又增加了一个以上的技术特征，如果实施，仍构成侵权。

3. 侵犯专利权，要根据情况承担民事责任、行政责任甚至刑事责任。主要掌握民事责任的形式，即停止侵害、消除危险、赔偿损失、消除影响。其中又要掌握以下几种损害赔偿的计算方式：以专利权人因侵权行为受到的损失作为损害赔偿额；以侵权人因侵权行为所获得的全部利润作为损害赔偿额；以不低于专利许可使用费的合理数额作为赔偿额；法定赔偿；惩罚性赔偿。

4. 掌握专利侵权纠纷案件的地域管辖、专利侵权诉讼中的诉讼时效以及专利侵权纠纷中的举证责任倒置等问题。

【练习题】

1. 名词解释

周边限定原则　直接侵权　间接侵权　等同侵权

2. 思考题

（1）直接侵权的表现形式有哪些？试作简要分析。

（2）专利管理机关如果要处理专利侵权纠纷，应当符合什么条件？

3. 案例分析题

2014 年 5 月甲申请的一项关于饮水机的发明被授予发明专利。2017 年 5 月甲在上海发现乙生产并销售甲获得专利的产品，甲于 2020 年 4 月在北京又发现有这种产品在市场上销售，同样是由乙生产的。甲经调查发现乙于 2015 年就开始生产这种产品，于是甲在 2020 年 4 月底到北京的某法院起诉，要求乙承担专利侵权责任。

问题：

（1）此案是否存在诉讼时效问题？为什么？

（2）本案的地域管辖的法院应当是哪儿？为什么？

分析要点提示：

（1）此题不存在诉讼时效的问题。因为根据民法的基本原理，诉讼时效的起算点应该是知道或者应当知道权利受到侵害之日。具体到本题，虽然乙在 2015 年就开始侵权行为，但是对于甲来说，是 2017 年 5 月才真正知道有权利受到侵害的事实的。而原告是在 2020 年的 4 月底到法院起诉，仍在 3 年的诉讼时效期间内。

（2）甲可以选择在北京或者上海起诉，因为这两个城市均为侵权行为的发生地或者结果地。

即测即评

第四编

商标法

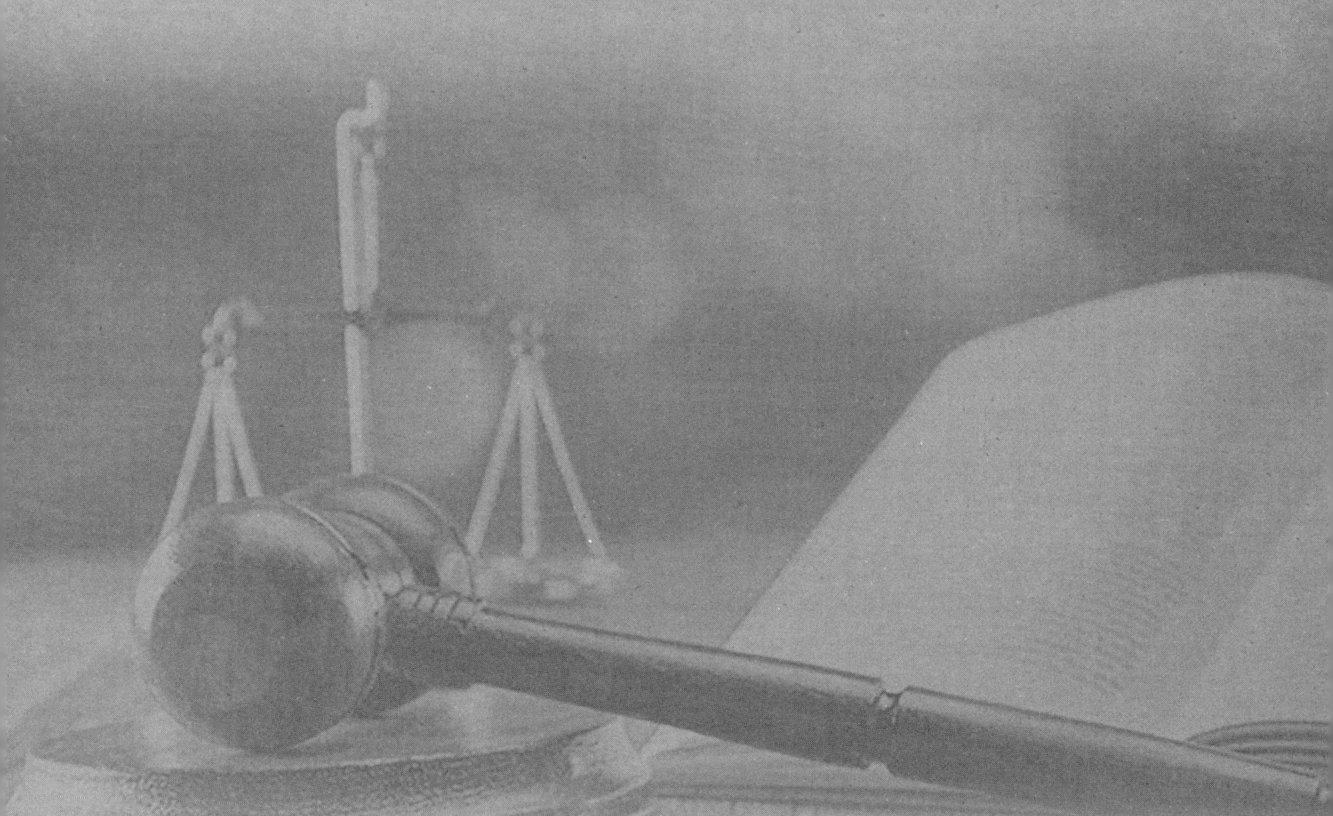

第十六章　商标概述

【本章引例】

甲公司在成立初始便委托乙公司为其进行企业形象设计，其中包括甲公司商标图案的设计。甲对乙完成的商标图案设计非常满意，准备将其申请注册并作为商标使用。问：在尚未注册或者实际使用前，甲对该图案可能享有何种权利？该图案能否依照商标法得到保护？该图案是否为法律意义上的商标？

【本章学习目标】

通过本章的学习，你应该能够：

- 掌握商标的概念、特征和功能，商标与商品的关系，商标与其他相关商业标记的区别与联系
- 了解商标法律制度的起源和发展过程，商标制度与社会经济条件发展的相互作用，以及商标法律制度在市场经济中的作用和功能

第一节　商　标

一、商标的概念

日常生活中，商标可谓司空见惯。任何人作为一个普通的消费者都可以脱口报出一批自己喜欢或常用商品的商标。更有一些名牌的崇拜者非名牌商品不买。这种现象从一个侧面反映出商标在市场营销中对消费者的购买行为具有引导作用。商标的作用正是在引导消费者认牌购货的过程中得以体现的。

尽管绝大多数人对商标并不缺乏感性认识，但要从法律层面给商标下一个严格的定义却并非易事。从广义的角度讲，可将商标定义为商品（通常包括产品和服务）的标记。此种界定反映了商标的一个基本属性，即商标依附于商品之上，离开了商品也就无所谓商标。但另一方面，此定义属顾名思义或望文生义，在形式逻辑上似有循环论证之嫌。不仅如此，就其实质内容而言，这一定义所界定的范围过于宽泛，可能把一些原本不属于商标范畴的东西囊括其中，因为“商品的标记”除商标之外还有许多。比如，原产地名称作为一种地理标记，也是专门用在商品上的，故也属于商品的标记；从某种角度上看，商品通

用名称或称谓也可被理解为一种商品的标记，只是此标记的作用在于区分不同种类的商品，而不是商品的提供者。因此这种过于宽泛的定义事实上不能精确地界定商标的内涵，故而应当在法律上对其进行更进一步的限定。

从商标在现实社会中的作用看，商标最为重要的作用在于区别特定商品的提供者。因此，有必要在前述界定的基础上加上一定的限定：商标是商品的提供者于商品营销中用以区别商品源自何人的标记。这一定义突出了商标的作用，也使其得以区别地理标记和商品通用名称。因为地理标记的作用是为了区别商品产地，商品通用名称是为了区别不同种类的商品，而商标则主要是为了区别商品的提供者。

从商标法的角度看，法律保护的核心是商标权。在后面有关商标权内容和效力的章节里可以看到，商标权的效力通常仅及于特定商品及其类似商品的范围。划定这一权利效力范围的基础是是否会造成消费者对商品出处的混淆。由此即可看出商标法保护的即商标的区别功能。故商标定义中应当反映出商标试图在多大范围内起到区别作用。这便涉及商品分类以及如何界定类似商品的问题。可见，在界定商标定义时，有必要将前述商标定义进一步限定为：商标是商品的提供者在商品营销中为使自己提供的商品有别于其他人提供的同种或类似商品而使用的专用标记。

当然，对于驰名商标根据相关国际条约其权利效力可能扩大到其他商品类别，而不论其是否在这些类别的商品上使用或者注册。对于驰名商标的这种做法显然超越了狭义的商标权的效力，给予驰名商标这种特别保护的理论基础应当是反不正当竞争法的相关学说。在最近几十年里不少厂商所使用的产品商标不仅起着区分商品来源的作用，同时还兼有区分同一制造商所生产的不同商品的作用。这种做法对于产品营销是有积极意义的。

二、商标的特征和属性

商标作为知识产权法的保护对象自然具备知识产权保护对象的一般特征。这些在本书开篇已有论述。这里仅从商标法的角度阐述商标的属性。

首先，商标与商品具有密不可分的关联性，凡未与商品结合的任何文字、图形、立体造型或者声音等符号性标志均不构成商标法意义的商标。依照现行中国商标法，商标的构成要素包括文字、图形、字母、数字、三维标志、颜色组合和声音。商标使用人可以选取任何不违反法律、法规及公共秩序的文字、图形、字母、数字、三维标志、颜色组合或声音作为其商标的标志。在该标志与特定商品结合之前，从法律意义上讲是不能被称为商标的。它只是一个语言文字中的元素、一幅具有一定艺术价值的绘画、图案或一尊雕塑等。不管该用作商标的标志设计得如何完美，在没有将该标志与具体商品结合之前，它只能算作一种智力劳动成果，而不是商标法意义上的商标。因为商标权所确立和保护的，只是商标权人对特定标志与特定范围的商品之间的联系和支配关系；而此时该标志尚未与任何商品以任何方式实际结合，消费者无从感知尚不存在的标志与商品间的联系。故而在这一阶段，作为智力成果的商标设计方案，尚不是法律意义上的商标，不可能受到商标法的保护。

在现实中，商标标志与商品的结合方式有两种。第一种方式是依靠申请注册使标志与商品结合。凡施行商标注册制度的国家，都要求商标注册申请人在其注册申请书中注明其商标使用的商品范围。注册程序最根本的意义就在于将标志与特定商品间的关系在法律上加以确认。从这种角度看，一些法律条文中关于注册申请经审查合格后“授予商标权”或

"授权"的提法是不准确的。这只是立法中的一个语言习惯而已。第二种方式是在商品流通领域直接将标志使用在商品上。通过直接使用的方式，可以在事实上建立起标志与特定商品之间的联系。在这里，直接使用应当包括在产品本身与产品包装上，或者产品、服务的广告中使用商标，还可以包括在服务用相关用品或者工具上，在服务场所等场景中使用商标。商标的价值正是在这种使用中才得到增值的。这种价值本质上就是消费者所认可的商品与具体商标间的联系。这种联系即表现为商标权人的商业信誉。商标在这里成了商誉的一种载体。商标的价值成了商誉高低的一个晴雨表。商标法所保护的也正是这种联系。换言之，这种联系的法律确认即表现为商标权。

应当指出的是，现实中常有人将商标与商品和商誉割裂开来，从而导致两种错误：一是认为游离于具体商品之外的标志仍可作为商标看待。如前所述，离开了特定商品，任何美妙的设计都只能是一个智力劳动成果，而不是商标。二是认为商誉可以完全独立于商标等具体的财产形态之外存在，从而导致一些企业在计算企业无形资产时除了计算商标价值之外，还另外单列一项商誉的价值，似乎商标价值中不包括商誉。事实上，商誉并非虚无缥缈的东西，它必须通过一系列外化的载体来体现。商标便是最为重要的载体之一。此外，还有其他一些载体，如商号等。商誉是企业在市场中综合形象的反映，是公众对整个企业的综合评价。商誉的高低不仅取决于有关商标、商号等商业标志的价值，还同企业的管理制度、技术水平、产品质量、研发能力、资本数额等各个方面相关。总之，商誉作为一种财产利益并非空穴来风，它总是依托于前述某一具体的财产权载体，商标便是这众多具体的载体之一。商誉的总体价值即是这些具体财产价值的总和，离开了这些财产的具体形态也就无所谓商誉。一家没有任何财产的企业怎么可能在社会或公众中享有商誉？因此商誉在法律上并非一种独立的财产利益，只是各种财产权益的综合反映。相应地，法律上也不可能有独立的"商誉权"。

其次，商标的价值是在商标的使用中形成的。当一个图案、三维造型或一段声音还未曾与具体的商品结合时，任何消费者均不会由此图案、造型或声音联想到某一具体的商品或商品提供者。随着面世的商品在一定时间里使用某一商标，才逐渐在消费者的心目中建立起该标志与特定商品间的联系。这种联系在法律上即被以商标权的方式加以确认。当使用该商标的商品品质卓越（包括商品的内在质量以及商品销售之后的服务）时，必定会在消费群体中产生良好的影响，这种影响便是通常所说的商誉。这一商誉最后又会以商标价值增加的方式凝结在该商品所使用的商标上。严格地讲，商标在实际投入使用之前，其作为商标的价值应当为零。商标的价值中不应当包括作为商标标志的设计价值，即标志设计人所创造的价值。这部分的价值是智力成果的价值，而不是商标的价值。我们可以从逻辑上推论，一个商标如果仅仅是通过法定程序注册而没有在任何意义上投入实际使用，那么这一商标本身是没有价值的，因为在消费者心目中尚不存在前述标志与商品间的联系。但这并不否认该标志所具有的作为智力成果的价值。现实中对于驰名商标而言，这种作为智力成果的价值是远远低于该标志在作为商标使用中所产生的商标的价值的。需要说明的是，在商标转让时，设计费当然可以作为成本之一，但这一成本并非商标价值形成过程中所发生的成本，而是前期智力劳动成果（即商标设计方案）形成过程中所发生的成本。

参考案例 16-1

"Cartier"（卡地亚）是一个在世界众多国家都有极高知名度的商标。在我国，该商标也已在诸多门类的商品上被核准注册，并作了大量广告宣传，开设了多家专卖店。国网公司在网络技术的普及过程中，将国际上的一些知名商标申请为网络域名。由于域名注册机构只按照先申请原则办理域名申请案件，国网公司因此占有了中国域（即“.cn”）下包括“Cartier”在内的大量域名。国网公司是否因其注册行为而享有了法律上的权利？

我国法律未将域名规定为一种法定权利的对象。到目前为止，世界上也没有任何一个国家在法律上明确规定域名权。因此，域名尚不具备如商标权一样的排他效力。尽管如此，将网络域名作为一种财产利益的载体是无可争议的。法律只承认和保护来源合法的利益，即只有合法利益才能受到保护。国网公司将“Cartier”注册为域名的行为存在利用他人商誉的恶意，属于不正当竞争行为，法律不应予以保护。在有关商标权人向法院提起诉讼后，法院便判决撤销了国网公司注册的包括“Cartier”在内的若干域名，转而由相关权利人占有。在我国解决域名争议除了向法院提起诉讼外，还可以根据争议域名的顶级域名门类通过专门的域名争议解决机构解决。如有关“.cn”“.中国”等中国顶级域下的域名，可通过中国国际贸易仲裁委员会的域名争议解决中心解决相关权属争议，对于通用顶级域下的相关域名争议则可通过WIPO、亚洲域名争议解决中心等机构予以处理。

三、与商标相关的几个概念

1. 商标与商号

商号作为一种商业标记，与商标关系非常密切。商号是商事主体用于同其他商事主体相区别的标志。如海尔集团，“海尔”便是其商号。现实中，商号往往是企业名称中的最为重要的部分。一般而言，企业名称通常应当包括企业所在地、商号、主要业务范围和企业性质四个部分，如“北京联想计算机有限公司”。这其中直接起区别作用的核心部分就是商号。由此可见，在法律上商号同企业名称还是存在着细微差异的。另外，对一些公司或者企业而言，其商标与商号在构成的元素上有时完全一致，即企业可将其商号同时作为商标使用或进行了注册。比如“同仁堂”和“海尔”便既是商号又是商标。但从法律角度看，商号与商标还是存在着本质的不同。这主要表现在以下几个方面：

首先，标志的使用对象不同。商标的使用范围是以商品为对象的。无论是用于广告，还是直接用于产品或者产品的包装上，都是以商品为依托的，商标是商品的标记。而商号的使用则是以商事主体为核心的，因为商号是企业或者公司的标志。

其次，二者的功能或作用不同。商标的主要作用是区分同种或者类似商品的来源渠道；而商号则是用在企业名称中，用以区分此企业或彼企业。这也反映出权利人使用这两种标志的初衷是不同的。

最后，从现行法律保护状况看，商标与商号作为财产，其产生依据不同。商号是随着企业的产生而产生的。在我国，企业的产生通常需经登记注册。商号在这一过程中随之产生。依照我国现行的有关规定，企业对其商号并不享有绝对的排他权。各级工商行政管理部门仅仅出于管理方便的目的，在各自批准登记注册企业的一定地域范围内不允许重名。由此观之，商号在全国范围内并不具有绝对的排他性。在这种体制下，商号的排他效力相对较弱。而商标则完全不同，经注册核准的商标权利人享有完全的专有权，而且这种权利效力在全国范围内有效。

参考案例 16-2

“步步高”“新科”“先科”“金正”“夏新”“奇声”“万利达”等均曾为我国著名的

DVD或VCD播放机厂商的商标。因为我国的商标注册由国家商标行政管理部门统一审查，所以注册商标权人以外的其他人不可能就同样的商标图案在同种或类似商品上获得商标局的注册核准。但是，广东某地就曾有一大批企业在这些驰名的商业标志前加上当地的地名“花都”后作为自己企业的字号，如“花都万利达”“花都厦新”等。媒体曾称此为“花都现象”。所有这些企业名称在当地都不重名，因而也不违反现行的企业名称管理规定。尽管这些企业名称后来在国家市场管理部门的督促下先后被勒令撤销或变更，但这反映出我国在企业名称管理的制度层面上存在一定问题。

另外，在规范的市场环境下，任何一个商事主体都必须具备自己的商号，这是其存在的前提。如果在申办企业登记时不确定申办企业的字号，工商行政管理部门通常不批准这样的企业成立的。相反，法律却允许一个企业没有自己的商标。是否在自己的商品上使用商标通常是企业自己的事情。除个别必须使用注册商标的特殊行业外，法律一般不予干预。

2. 商标与商品广告和装潢

从商品营销的角度看，无论是商标还是广告和装潢，都属于营销手段，都是以促销商品为终极目标的。但是商家使用商标的直接目的却与广告和装潢完全不同。商标的直接功能是为了让消费者从众多相同或者类似商品中区分辨出自己喜爱的商品。而广告的直接目的则是让消费者从商品的内在质量和外在形象上接受某种商品，并且在消费者心目中建立起该种商品与特定的商标或者厂商之间的联系。商品装潢的作用可以体现为通过对商品及其包装的外在形象，进而渲染、烘托出该商品的内在品质，以刺激消费者的购买欲。可见，商标与广告和装潢在商品营销过程中所起的作用是完全不同的，它们分别从不同的角度为商品的营销服务，而商标则仅仅具备区别作用。

从法律的要求上看，商标与广告和装潢确有众多不同之处。依照法律，商标一般不得直接描述商品本身，如商品的质量、功能等。即使所描述的均为真实情况，依照商标法也是不允许的。因为商标的直接作用是区别，故而要求其必须具备“显著性”。直接描述商品本身属性的标志显然会大大地削弱商标的区别作用。而广告或者商品装潢则往往需要着力渲染商品的质量、功能等属性，甚至于允许在一定程度上采用艺术夸张的手法。比如，某女性护肤品的广告中用“今年二十，明年十八”一语来描述女性在使用该护肤品后的效果，便是一种夸张。法律上对广告或装潢没有“显著性”的要求，因此在不误导消费者的前提下，广告或装潢在法律规定的限制性条件方面较之商标相对宽松。

从法律保护的方式和力度看，商标与广告和装潢有着很大的不同。通常，一些具有独创性的商品广告或装潢还可以作为作品受到著作权法的保护。这种保护的直接效力是针对广告或者装潢本身的，这与广告和装潢所宣传的商品没有任何关系。而商标权所保护的是特定标志与相关商品间的联系，任何破坏这种联系的行为都属于侵权行为。可见，二者的法律依据及权利指向的对象都具有全然不同的性质。当然，现实中一些确有显著特征的广告或装潢也可能转而成为商标，尤其是那些在使用中产生了“第二含义”的广告或者装潢。但此时仅仅是权利指向的对象的竞合，其权利及其内容仍然是完全不同的。

第二节　商标法的历史与现状

一、商标法的历史沿革

在商品经济尚不发达的时期，商品的数量相对匮乏，商品供应渠道相对简单，社会经

时商标法还就地理标志、官方标志、驰名商标等作了专门规定，使法律更具有可操作性。在注册制度方面，该商标法更加强调诚信原则的作用，坚决拒绝恶意“抢注”，强调保护在先权利，为解决有关权属纠纷提供了依据。另外，商标法还专门将多年来根据巴黎公约一直实施的优先权制度作了明确规定，从而使优先权在商标法上的名分得以确立。在对侵犯商标权行为的认定方面规定得更为严谨，处罚更加严厉。该法针对侵犯商标权的行为，对过去的一些模糊区域作出了明确规定，引入了法定赔偿制度，将诉讼法中的保全制度用来解决即发侵权行为，更为严格地保护了商标权人的利益。经过此次修订，我国商标法在立法上的总体水平同国际上的通行标准已经不相上下，这也是我国市场经济制度不断完善的表现。

随着我国市场经济的不断发展，商标法中的一些内容已难以适应实际需要，为此国家在 2013 年对原有商标法作了较为全面的修订。此次修订没有来自外部的压力，修订的主要内容都是围绕如何更好满足我国自身经济发展的需求这一目的展开。修法的内容主要包括：拓展商标保护范围，允许声音商标注册，对驰名商标功能异化的校正，对商标异议程序作适当简化，设立商标确权审查的时限，进一步加大打击恶意抢注行为的力度。同时还对原有的商标争议程序作了调整，改用无效宣告方式来解决此类纠纷。此外，还加大了对侵犯商标权行为的惩罚力度，将法定赔偿的高限调整到 300 万元。这次修法是历次商标法修订中耗时最长的一次，也是工作量最大的一次。因为此次修法所解决的主要问题完全是中国发展过程中发生的问题，没有太多国外的经验可以参考。这便要求立法者对当下的国情作深入的调查研究。商标法修订过程中，修订稿也是几度反复，最终形成了最后的文稿。

2019 年，为了解决我国在对外贸易中的知识产权保护问题，同时也针对国内因特殊原因所致的商标注册申请量剧增的问题，国家对《商标法》再作修订。这次修订中针对不以使用为目的的恶意抢注他人商标作了专门规定，并明确将其增加为异议、无效宣告的理由。新法还进一步加大了侵犯商标权行为的损害赔偿的力度，将恶意侵权损害赔偿额度酌定幅度增加到已证明额度的 1～5 倍；人民法院酌定赔偿的最高限增加到 500 万元；假冒注册商标商品以及主要用于制造这种商标的材料、工具等应请求予以销毁或禁止进入商业渠道等方面的规定。总体上此次修订特别加大了对恶意注册行为的打击力度，对我国的营商环境改善有积极作用。

第三节　商标法与其他知识产权法的关系

狭义的商标法当指《中华人民共和国商标法》。而广义的商标法则是调整以商标权为核心的所有法律关系的法律规范的总称。在这种意义上商标法则属于知识产权法中的一个重要门类。除商标法之外，我国现行的知识产权法还包括著作权法、专利法、反不正当竞争法等。本节中所称商标法除特别指出，当指广义的商标法。与商标法关系最为密切的是反不正当竞争法。当然，有关保护企业名称或商号、原产地名称等的法律规范同样与商标法有着极为密切的关系，只是在我国现行体制下它们或者只是在如《民法典》中有一个原则性的规定，或者仅在行政法规或部门规章层面上受到保护，或者被吸收到某个具体的商标种类中受到保护，国家并没有就其专门立法，故在本节中不专门对其加以讨论。

一、商标法与反不正当竞争法的关系

反不正当竞争法之所以与商标法关系密切，是因为众多不正当竞争行为均涉及利用他人商业信誉，而侵犯商标权的行为的目的是利用凝结在他人商标上的商业信誉。在法理上，有些行为既可以认定为不正当竞争行为，同时又属侵犯商标权的行为。这在我国现行的《反不正当竞争法》中也有充分反映。该法第 6 条第 1 项规定的不正当竞争行为即为“擅自使用与他人有一定影响的商品名称、包装、装潢等相同或者近似的标识”。这种行为与侵犯他人未注册商标的行为在行为构成上完全一致，只是这里的条文未采用未注册商标的表述而已。本质上讲，该行为即是侵犯未注册商标的行为。

关于商标法和反不正当竞争法的关系，多年来学术界一直存在着两种截然对立的观点。有人认为商标法是反不正当竞争法的特例，商标法是附属于反不正当竞争法之下的一个特别法。但也有人持相反的看法，认为反不正当竞争法是对商标法的补充。这两种相反观点并存于世的事实本身，就说明商标法同反不正当竞争法之间存在错综复杂、相互交融的关系。我们认为，诚实信用是一切民事活动中应当遵守的基本准则，是民法的基本原则之一。违反商业道德，不正当地利用他人商业信誉的行为显然违反了这一原则。在法律上，一切不正当利用他人商业信誉的行为都属于不正当竞争行为。对此学术理论界并无争议。但是，并非一切不正当利用他人商业信誉的行为都属于侵犯商标权的行为；反过来，一切侵犯商标权的行为都在不同程度上利用了他人商业信誉。可见在形式逻辑上，侵犯商标权的行为显然只能是不正当竞争行为的一个子集。基于这种推理，我们可以得出这样的结论：如果将商标法界定在保护商标权的范围里，那么商标法实际上只是反不正当竞争法的一个特别法。

从司法实践的角度考虑，反不正当竞争法被人们认为是知识产权法中的兜底法。即凡是其他具体的权利法无法或者难以调整的，都可以适用反不正当竞争法加以规范。其原因正在于反不正当竞争法的基石就是“诚实信用”。但是实践中要证明被告利用了原告的商业信誉往往需要对更多证据进行综合判断之后才能得出结论，这一过程是非常烦冗和复杂的。为了将纠纷处理的过程简化，人们在总结现实中诸多经验和教训的基础上，将那些通过归纳可以纳入权利法体系调整的行为从不正当竞争行为中抽出去，用静态的权利法来调整。这些权利法便是现在的商标法、著作权法以及专利法等。事实上，无论是大陆法系还是英美法系国家，原告在能够通过静态的权利法解决纠纷时，通常不会选择不正当竞争之诉。从这种将受法律保护的利益有选择地挑出其静态部分，用权利的方式加以“固化”，使人们可以通过简单的侵权诉讼来解决纠纷的过程中，我们完全可以感觉到商标法与反不正当竞争法间的关系。

尽管如此，我们仍应看到，两部法律还是有其各自的特点的。通常依照商标法所产生的商标权，其权利效力是有严格的范围的。一般而言，商标权的效力只能延及在同种或者类似商品上使用相同或者近似商标。即使在存在防御注册制度的国家，对允许防御注册的商标亦有非常严格的限定条件。相比之下，反不正当竞争法的调整范围及其保护对象的约束条件则相对广泛和宽松。对于违背公平、诚实信用原则的行为，即使商标法中未明确规范，也可依照反不正当竞争法提起诉讼。

针对现实中具体的法律规范，很可能在反不正当竞争法中存在一些有关商标法的规定，而商标法中也有一些属于反不正当竞争法的内容。对于前者我们容易理解，因为商标法可被作为反不正当竞争法的特别法。而后者的存在则是因为商标法不断发展的结果，比如关于驰名商标保护的问题原本就应当是反不正当竞争法的内容，因为商标权的效力仅及于在同种或类似商品上使用相同或者近似商标，而对驰名商标的保护则可能跨越不同的商品门类。这显然已经突破了传统商标法的规定。对驰名商标给予这种特殊保护的根本原因就在于驰名商标的商誉已超越了其注册的同种或类似商品的范围。

参考案例 16－3

“雅戈尔”和“苏泊尔”均为我国浙江的知名度极高的商标。宁波人胡某、沈某分别在香港注册了香港雅戈尔集团有限公司、苏泊尔集团（香港）有限公司。该二公司与浙江的雅戈尔集团和苏泊尔集团没有任何关系。不仅如此，他们还分别向原国家工商行政管理总局商标局（现为国家知识产权局商标局）申请注册了“香苏”“泊尔港”和“香雅”“戈尔港”。然后他们将上述两组商标合并，且“香”“港”二字使用小号字体，则成为“香苏泊尔港”和“香雅戈尔港”。胡某、沈某二人分别在香港注册公司的行为在“一国两制”的框架下应属香港法律调整。其在内地注册“香苏”“泊尔港”和“香雅”“戈尔港”商标的行为则应由内地法律调整。尽管商标局在审查中没有发现任何驳回前述商标注册申请的理由，但这种商标使用方式属于典型的不正当竞争行为，同时也是侵犯商标权的行为。

二、商标法与其他相关知识产权法的关系

在特定情况下，商标法与著作权法同样也存在着交叉现象。无论商标的构成是平面图案还是立体造型，只要该图案或者造型同时满足作品构成要件，原则上就可以受到著作权法的保护。如果声音商标是由一段旋律构成，这段声音也可能构成作品。此时在同一对象上可能同时附着有两种不同的知识产权，即著作权和商标权。当这两种形式上的权利分别属于不同的权利人时，则可能在行为上发生冲突。这种冲突主要表现为将该作品作为商标使用的行为是否侵犯著作权。解决这一问题应当从两个方面加以考虑：第一，由于在先著作权并不排斥他人完全独立创作出相同作品的著作权，因此在理论上存在着偶然雷同的可能性，即当商标权人完全独立地完成了作为商标标志的创作时，商标权人不侵犯在先著作权人的著作权，因为他们各自均对自己创作的作品拥有著作权。当然，两个作者完全独立地创作出相同的作品确实属于偶发事件。第二，如果商标权人本身不是著作权人，则应当考虑商标权人与著作权人间是否就作品的使用问题曾订立有关著作权使用许可的协议。若有协议则一切行为应依照协议。反之依照著作权法，未经著作权人同意为商业目的使用他人作品的行为即为侵犯著作权的行为。需要说明的是，因为一个商标只能因使用而产生商业信誉，著作权人并不能因他人侵犯其著作权而占有这种因后天使用而添附的商业价值。在法理上，此时的商标权人仅仅是形式意义上的商标权人，因为其商标权产生的正当性受到挑战。严格地讲，这种冲突并非权利冲突，因为法律上的权利只能通过合法途径产生。

在我国的专利法中明文规定了外观设计专利。同著作权法一样，外观设计保护制度也可能在特定保护对象上同商标法冲突。但是与前面著作权法不同的是，外观设计是一种依附在特定产品上的具有美感的方案，而作品则无须依附于特定产品。这可能导致在外观设计权和商标权之间无法分清谁是在先权利的情形。著作权自作品创作完成之时起产生。而此时作品尚未与任何商品或产品结合，故而谈不上商标权或外观设计权的问题。可见著作

权是在先权利。外观设计和商标间的关系则相对复杂，有时可以分清二者产生的先后，但如果都是在同等条件下利用了已有的作品，则可能在证据上无法确认其利益顺序。好在我国的外观设计和商标制度均要求申请登记，因此申请日的先后应可作为确认这种顺序利益的重要依据。依照我国现行商标制度，侵犯在先权利的商标，即使已经注册核准也将被撤销或宣告无效。同样的，专利法对于外观设计专利也要求其必须具备新颖性。那些在申请日前已经公开的外观设计是不应当被授予专利的。

【引例评析】

一个图案、三维造型或一段声音只有当其与特定商品联系在一起作为商品的标记使用时，才是法律意义上的商标。而与商品发生联系的途径无非两个，即在商品上以商标的形式实际使用和向商标登记机关申请注册商标。而甲公司在申请注册商标前从未将该图案作为商品的标记使用，作为一个刚刚设计完毕的图案是无法直接援引商标法相关条款获得保护的。在法律意义上该图案尚不能被称为商标。相应地，甲公司对于该图案也不可能享有商标权。但这并不排除甲公司可能根据其与乙公司间的合同取得该图案的著作权，因为依照著作权法，委托作品的著作权是可以由合同约定的。另外，如果甲公司将以该图案作为商标使用的策划方案尚加以保密，则该方案可能构成受法律保护的商业秘密，因为乙公司之外的其他人都不知该方案的内容，而乙公司与甲公司之间存在合同关系，乙公司对其提供给甲公司的方案应当有保密义务。

【本章小结】

1. 商标是商标法中的一个基本概念。商标法中所称商标有其自身的特征和属性，不能将未曾以任何方式与商品结合的平面图案、三维造型或者声音等其他标志当作商标。与商品结合是构成商标的基本要件之一。与商品结合的方式无非两种：或申请注册或实际使用。

2. 凡商标均须具备区别功能。商标的价值正是依托在这种区别功能之上的。这种区别功能往往是在商标的实际使用中产生或得到加强的，因为只有通过使用才能让消费者认可商标与使用该商标的商品间的联系。这种联系形成的过程，就是商标商誉积累的过程，因此也是商标价值积累的过程。

3. 商标与商品装潢、商号等虽然存在着联系，但它们的本质是完全不同的。装潢不需具备区别功能，其作用在于渲染商品本身的属性；商号则根本不是商品的标记，而是商业主体间的区别标记。

4. 商标法同其他知识产权法间存在着密切联系，但各司其职。这其中，商标法同反不正当竞争法的关系最为密切。商标法所规范的侵犯商标权的行为，实际上就是类型化了的不正当竞争行为。

【练习题】

1. 名词解释

商标　商标法　商号　企业名称

2. 思考题

（1）为什么未曾与特定商品实际结合的标志不能被叫作商标？

（2）简述商标与商号间的区别和联系。

（3）我国的商标制度是如何发展起来的？

3. 案例分析题

甲以“武松打虎”图案作为商标注册。在甲尚未将该商标投入实际使用时，乙未经甲许可擅自在商品上使用该图案作为商标。

问题：

乙的行为侵犯了甲的哪些权利？如侵犯商标权应当怎样确定损害赔偿？

分析要点提示：

首先，了解我国商标法对注册商标的相关规定，从而判定甲在商标法上享有何种权利。其次，根据前期课程所学知识，就该商标图案是否存在其他权利作出判断，从而决定乙是否还侵犯了其他权利。最后，根据民事责任的承担原则，以及我国商标法的有关规定对损害赔偿问题作出回答。

即测即评

第十七章　商标法中的有关主体

【本章引例】

张某在北京一厨艺班学习完毕后准备回家开办一家自己的餐馆，且自己暗自揣摩将来以“全来了”作为其商标。为了防止他人也以此作为商标使用，张某决定在离开北京之前，前往商标局将“全来了”三字申请商标注册。此时餐馆尚未开办。问：张某能否以其自己的名义申请商标？

【本章学习目标】

通过本章的学习，你应该能够：

- 掌握商标权人的概念
- 了解商标权人的产生方式
- 熟知商标局和商标无效复审机构的作用
- 了解地方市场行政管理机关在商标法律制度中的地位和作用

第一节　商标权人

一、商标权人概述

所谓商标权人，即依法享有商标权的法人、自然人或其他组织。由于商标权人的主体资格是以商标权的存在为前提的，因此商标权产生的途径，也就是商标权人产生的途径。在这里我们暂且不考虑因转让或继承商标权而成为商标权人的情况，因为在这种情况下商标权继受人实际上是原商标权人的延续。即在这一过程中没有创设新的商标权，仅仅是权利在不同主体间的让渡。在这种意义上，商标权人的产生与前述商标产生的两种途径相同：一是因直接在商品上使用商标而成为商标权人；二是因商标注册申请被核准而成为商标权人。但对一个具体的国家而言，因其法律规定不同，商标权人产生的途径会有所差异。或者仅凭直接使用商标便可成为商标权人，或者只有申请商标注册才能成为商标权人，或者二者皆可。

什么人可以成为商标权人因各国国内法规定而异。在一些国家，法律仅允许具备商品经营（包括生产、销售产品或提供劳务等）资格的主体成为商标权人，而普通的自然人不允许直接申请商标注册。而在另一些国家，一般自然人均可直接进入商业领域从事经营行为，因而普通民事主体均可申请商标注册。简言之，自然人能否成为商标权人取决于该国法律对自然人的权利能力的限制。比如，在我国 2001 年《商标法》生效之前，自然人依法不能直接申请商标注册，除非该自然人获得了个体工商户等可以直接经营商品的身份。在西方国家，如欧美等国都允许自然人直接申请商标注册。

在前一章已经阐明，商标与商品是紧密相连的。通常情况下，只有从事商品经营的人需要使用商标。反过来，在使用商标的商品上应当凝结着商标权人一定的劳动，这使商品在一定程度上附着了商标权人的“痕迹”。为了区别商品来源，便有了使用商标的必要。产品的生产者以其劳动制造了产品，由于生产工艺、方法、原材料等的差异，不同的生产者所生产的同种或同类产品在质量、成本、性能等许多方面都可能不尽相同。销售者在产品采购进货的选择中也付出了一定的劳动，因而各个商店各自有其特点，即使经营同种产品，其商品品质、成色、档次、价格等也有差异。服务的提供者所提供的服务往往更具各自的特色。即使是那些以委托加工方式，比如 OEM（代工）方式经营商品的商家，其经营的产品同样与其存在联系，因为加工方必须严格地按照委托方提出的要求加工产品。有时产品设计、原料、加工方法等都是由委托方提供。原则上讲，任何人只要赋予了商品以自身的特色，便可在其商品上使用商标以区别于来自他人的同种或类似商品。从这种意义上讲，商标权人应当同其商品存在某种内在的联系。当这种联系被法律所确认时，即成为商标权。

二、我国商标法中的商标权人

我国 1982 年《商标法》第 4 条有关商标权人主体资格的规定一直延用了近 20 年：“企业、事业单位和个体工商业者，对其生产、制造、加工、拣选或者经销的商品，需要取得商标专用权的，应当向商标局申请商品商标注册。”1993 年修订的《商标法实施细则》对此进一步解释：“商标注册申请人，必须是依法成立的企业、事业单位、社会团体、个体工商户、个人合伙”等。2001 年，《商标法》第 4 条改为：“自然人、法人或者其他组织对其生产、制造、加工、拣选或者经销的商品，需要取得商标专用权的，应当向商标局申请商品商标注册。”“自然人、法人或者其他组织对其提供的服务项目，需要取得商标专用权的，应当向商标局申请服务商标注册。”2013 年，立法机关将该条规定中的两款合并为：“自然人、法人或者其他组织在生产经营活动中对其商品或者服务需要取得商标专用权的，应当向商标局申请商标注册。”

法律允许自然人申请注册商标，是对人的一种解放。从商标法的角度看，允许自然人申请注册商标必然意味着自然人也可以成为商标权人。在相当长的一段时间里，有人认为商标法属于商法的一部分。而商事主体与民事主体相比，其要求或条件均高于民事主体。故商标法要求商标权人必须具备经营商品的权利能力是理所当然的。由此进一步推论，自然人不应当成为商标权人。从逻辑上讲，要求商标权人应当能够经营商品是没有问题的，问题出在以此为前提推断自然人不能成为商标权人。从理论上讲，公民有权利从事经营行为，这是公民的基本权利之一。由此可知，自然人当然具备经营商品的权利能力，只是在从事具体的经营行为时公民的行为能力可能会受到一定限制。法律可能要求从事经营行为的公民具备一定的外部条件，比如拥有一定数量的独立资产，或者需要履行一定的手续，比如登记。这种限制属于行为能力的内容，因此法律不应当禁止自然人成为商标权人。世界上多数国家的商标法都允许自然人成为商标权人。当然，由于现阶段我国的市场经济制度不甚完备，以致一些根本不打算使用商标的人为囤积商标牟取不法利益也去申请商标注册。2019 年修订的《商标法》中进一步强调商标注册人的使用意图，将其作为商标审查的重要要件之一，就是为了解决这一问题。

依照我国商标法，外国人的商标在我国可以得到完善的保护。这就是说外国人也可以依法成为中国商标权人，而不论其是自然人还是法人。《商标法》第 17 条规定："外国人或者外国企业在中国申请商标注册的，应当按其所属国和中华人民共和国签订的协议或者共同参加的国际条约办理，或者按对等原则办理。"可见，凡与中国订有关于商标保护双边协定的国家，其国民的商标保护事宜均按双边协议办理。对于未与我国订立商标保护双边协议的国家，只要该国也参加了中国已参加的保护商标的国际公约，比如《巴黎公约》、世界贸易组织的《TRIPS 协议》等，我国将按照相关国际条约的规定给予其商标相应的保护。目前类似《巴黎公约》这样的国际条约已有 170 多个成员，因此我国对于世界上大多数国家在商标保护问题上都给予国民待遇。对于少数既未参加相关国际公约，又未同我国订有双边条约的国家，我国还可按对等原则给予其保护。需要指出的是，这里所说的外国人或外国企业是指在中国没有经常居所或者营业所的外国人或者外国企业。那些在中国有经常居所或者营业所的外国人可依照《巴黎公约》等在中国享有国民待遇。

依据我国现行商标法，两个以上的自然人、法人或者其他组织可以共同向商标局申请注册同一商标，共同享有和行使该商标专用权。但我国商标法曾在相当长的一段时间里不承认商标的共有，直到 2001 年这种情况才得到改变。共有是财产权归属的一种方式。随着市场经营行为的多样化，共有商标的需求必然广泛地存在于现实之中。商标权作为一种具有财产性质的权利，如果不允许共有显然不利于市场流转。在过去，正是由于法律不允许共有，从而导致一些原本属于共有的商标，不得不以一人的身份申请注册，然后在法定的注册申请程序之外，再另起炉灶以合同的方式约定共有或免费使用许可。现实中还有不少因此而致的法律纠纷存在。最为典型的案例就"杜康"商标案。

参考案例 17-1

在 1983 年《商标法》开始实施之初，我国刚刚开始从计划经济转向市场经济，对市场经济规律并不熟悉，故当时的商标行政主管部门不允许商标共有。当时河南汝阳、伊川，陕西白水分别各有一家企业已经在白酒产品上使用"杜康"商标，且这三家企业均在《商标法》开始实施时提出注册申请。于是，经由当时的国家工商行政管理局、商业部、供销合作总社以及河南、陕西地方政府等行政机关多次协调，加之三家企业为全民所有制或集体所有制，最后三家企业达成由其中一家企业申请注册、另外两家企业获得免费使用许可的协议。但由于商标注册的有效期仅有十年，故而导致注册商标使用许可合同的有效期不可能长于商标注册有效期。于是在 20 世纪 90 年代后的几十年里，三家企业间因商标各种使用方式所产生的法律纠纷不断，虽经行政部门和司法机关多次协调和审判，仍然难以彻底解决，即使河南的两家企业合并后依旧如此。这种状况严重影响了企业发展和"杜康"商标崛起，同时也造成了市场秩序的混乱和消费者的误解。

第二节 商标行政管理机构

各国通常都设有相应的商标行政主管机构，但机构的名称及权限往往有所不同。比如在德国，专利商标局统管全部知识产权事务，不仅包括专利、商标事务，甚至还包括著作权、集成电路布图设计等相关行政事务。在美国，有关联邦层面上的商标行政事务一般归美国专利与商标局管理。在法国，有关商标事务则由法国工业产权局负责。而在我国，有关商标注册申请的审查、复审、无效等事务则由国家市场监督管理总局下设的国家知识产权局商标局负责；各地的市场行政管理部门则对辖区内违反商标法的行为拥有行政处罚的权力。本节主要介绍我国的商标行政管理机构。

一、商标局

根据我国现行商标法，商标局负责全国商标注册和管理工作。商标局的主要职能可以概括为以下几个方面：受理来自国内外商标注册申请和依照《商标国际注册马德里协定》及其议定书的国际注册申请；审查有关商标注册申请，对核准注册的商标发给商标注册证；办理商标续展、变更、注销、撤销、宣告无效、转让等事务；受理商标使用许可合同的备案登记；负责全国有关商标管理工作，如指导查处假冒商标或侵犯商标权的案件、认定驰名商标、管理商标代理机构等。在我国，商标局是政府行政部门，因此其作出的决定均应接受司法监督，即有关当事人对其决定不服可以就其行政决定依法寻求法律救济。

二、商标评审机构

我国现行商标法规定，商标评审委员会专门负责处理商标争议事宜。商标评审委员会可对商标局的工作可起到一定的制约作用。商标评审委员会的主要职能有：对不服商标局驳回商标注册申请决定的案件进行复审；对商标局关于商标异议裁定不服的案件进行复审；对不服商标局撤销注册商标决定的案件进行复审；对注册不当商标申请宣告无效的案件作出裁定。由于商标评审委员会属于政府行政部门，有关当事人可以就其行政决定提起行政诉讼。依照现行法律，对商标评审委员会的决定不服的，可以依法向北京知识产权法院提起行政诉讼。若是对北京知识产权法院的判决不服，则可上诉于北京市高级人民法院。

需要特别指出的是，在2018年的国家机构改革中，商标评审委员会的职能被并入了商标局，但2019年修订的《商标法》中依旧保留了“商标评审委员会”这一名称，且条文中商标局的职能中不含商标评审委员会的职能。这便导致现行商标法条文上的商标局与国家机关正式序列中的商标局在法律意义上不具有同一性。即作为国家正式机构的商标局事实上履行了商标法条文中“商标局”和“商标评审委员会”两家机构的职能。当然，这样的问题显然属于过渡期中的问题。为了表述清晰，本教材后续在涉及相关机构职能的介绍或陈述中，除非特别说明，仍按2019年《商标法》的规定称商标局和商标评审委员会。

参考案例 17-2

海尼根公司已经在“啤酒”等商品上注册了“Heineken”与“喜力”商标。通过广泛宣传和长期使用，“Heineken”及其与“喜力”的组合在“啤酒”等商品上已有一定知名度。但海尼根公司在烟草上仅仅注册了“Heineken”，而没有注册“喜力”商标。泰中公司在烟草上申请注册“喜力”商标，并经商标局审查审定公告。海尼根公司认为该商标不应被核准注册，故提出异议。但商标局驳回海尼根公司的异议请求。海尼根公司因此请求商标评审委员会复审，但商标评审委员会维持了商标局的决定。海尼根公司不服起诉至法院。法院认为，烟草和啤酒的销售渠道可能重合，二者拥有部分相同的消费群体亦是众所周知的事实。在海尼根公司已在第34类烟草等商品上注册了“Heineken”商标的情形下，如果泰中公司在同样的商品类别上注册“喜力”商标，将可能造成相关公众对该烟草的来源产生混淆。因此在“烟草”等商品上“Heineken”与“喜力”商标应认定为近似商标。故法院判决泰中公司在烟草等商品上申请的“喜力”商标不予核准。

三、地方商标行政管理机关

在我国，县级以上地方人民政府都设有市场监督管理部门；在北京市则设有独立的知识产权局。在这些机构中专门设有处理商标行政事务的机构，如商标管理处、科、股等，负责所在辖区的商标行政管理工作。依照商标法，地方政府的这类行政管理机关的职权有：查处侵犯商标权的案件；处理违反商标法中有关商标管理规定的行为，如擅自改变注册商标图案、未注册商标冒充注册商标、商标图案或造型违反商标法中的禁止性规范、法律或行政法规规定必须使用注册商标的商品上市销售不使用注册商标等行为；监督商标的使用工作等。如果对于地方政府的商标行政管理机构就有关纠纷的处理决定不服的，同样可以依照《行政诉讼法》向有管辖权的人民法院提起行政诉讼。

【引例评析】

张某在法律上的自我保护意识是很值得称道的。我国现行商标法允许自然人、法人等各类主体申请商标注册。因此，张某在尚未办理餐馆注册手续之前是可以以其个人名义申请商标注册的。如果日后其开办的餐馆是以独立法人的形式被批准注册，则该商标权并不属于作为法人的餐馆，仍然属于张某本人。当然，张某作为商标权人可以选择将商标权转让给餐馆或者许可餐馆使用。

【本章小结】

1. 商标权人即依法享有商标权的法人、自然人或其他组织。原则上讲，凡法律承认其具备主体资格的人（包括法人等组织）均有资格在履行适当法律程序后成为商标权人。但对外国人申请中国商标注册的，法律规定了一些限制性条件。当注册申请被核准，申请人也就成为商标权人。商标权人有权支配商标的使用，并有权处分其商标权。

2. 商标权在产生和行使过程中会涉及有关行政管理机关。商标局负责受理、审查商标注册申请、商标续展、变更，以及注销、无效宣告、撤销、合同备案、公告等事务。商标评审委员会负责对商标局的决定进行复审，以及对商标不当注册无效宣告等案件进行裁定。地方政府负责商标行政管理机构则有权查处违反商标法规定的行为，并就违法行为作出行政处罚决定。

【练习题】

1. 名词解释

商标权人　商标局　商标评审委员会

2. 思考题

（1）商标权人是怎样产生的?

（2）简述商标局在商标权产生过程中的作用。

（3）我国商标法对于商标权人的条件有哪些规定?

3. 案例分析题

甲公司在其生产的餐具上长期使用注册商标“迎春”。因餐具质量稳定且经久耐用而在消费者中有一定的知名度。与甲公司同处一地的乙厂未经甲公司许可，在自己生产的餐具上也使用“迎春”二字作为商标，致使许多消费者误以为乙厂是甲公司的分厂。

问题：

甲公司为了保护其权益，除了可以向法院提起诉讼之外，可否向当地政府的行政管理机关请求处理?当地行政管理机关将如何处理?

分析要点提示：

地方政府机关属于行政部门，因此在分析本案例时应当特别注意行政部门处理侵犯商标权案件的理论基础。有了这个基础也就有了行政执法的底线，并由此决定政府可能采取哪些行政处罚措施。比如，如何处理甲公司因侵权行为所受损失。

即测即评

第十八章 商标的种类

【本章引例】

湖北荆州市某酒厂根据当地发掘出的编钟的造型设计出造型别致的酒瓶。为了防止他人仿造这种造型的酒瓶，该酒厂可否将酒瓶造型申请商标注册？

【本章学习目标】

通过本章的学习，你应该能够：

- 掌握各种类型的商标的概念特征
- 了解不同种类的商标在市场竞争中的不同功能

第一节 文字商标、图形商标、立体商标、声音商标和组合商标

按照商标构成的元素，可以把商标分为文字商标、图形商标、立体商标、声音商标、气味商标和组合商标。通常，视觉可感知的商标都能受到法律保护。在一些国家，声音、气味等非视觉形象的商标也受商标法的保护。我国商标法长期以来仅对具有视觉形象的标志加以保护。但在2013年的《商标法》修订中，这一传统被打破了。修订后的《商标法》第8条规定："任何能够将自然人、法人或者其他组织的商品与他人的商品区别开的标志，包括文字、图形、字母、数字、三维标志、颜色组合和声音等，以及上述要素的组合，均可以作为商标申请注册。"这是我国第一次引入非视觉性的声音作为商标构成要素。

从理论上讲，商标最为重要的功能是区别。而人们正是根据自己感官所感知的信息来区别不同的人或者事物的。从这种意义上看，凡是可以为人类所感知的各种信息形式都可以用作区别标志。只是人类的各个感觉器官的敏感程度不同，故而未必所有的信息形式都适合于商标。相比之下在非可视性标志中，人的嗅觉对各种气味的分辨能力显然不及听觉对声音的分辨能力。这就是说，以气味作为商标有时未必能够很好地起到区别的作用，而音响则完全不同。人的耳朵对于各种不同声音的分辨能力是非常强的。所以声音确实是作为商标的一个非常好的素材。随着我国商标法律制度的发展和不断完善，商标法保护的商标种类会越来越多。当然，技术的发展也可能扩大人类的感知范围。网络技术中分组交换

技术的成熟，提示人们数据标头同样也是起识别作用的。于是有人提出可以用数据标头作为商标，只是这种标记必须通过机器才可能为人所感知。在国际上，也有人将立体商标、声音商标和气味商标等统称为非传统商标，以区别于传统的文字和图形商标。本节中主要讨论列入我国现行商标法保护范围的商标种类。

一、文字商标

所谓文字商标，即以文字构成的商标。无论是以中文还是外文，或者字母、数字等构成的商标均可称为文字商标。在这里，我们对文字的理解是广义的。我国商标法中将文字、字母、数字等并列。但从商标构成的角度看，以这类符号构成的商标在性质上毫无二致。事实上，无论是字母还是数字，都是文字的一种形式，完全可以被囊括于文字这一属概念之下，因此由字母或者数字构成的商标都属于文字商标。现实中，文字商标比比皆是，比如“海尔”“Haier”“三九”“999”“熊猫”“Panda”等均属此类。

文字商标与其他商标相比，其最大的优越性是便于口头语言称谓。通常任何文字都有相应的读音，凡识文断字者均可依其文字读出其音。这样，商家不仅可以通过商标的文字形象、含义宣传其商品，还可以通过文字的读音以声音形象影响消费者。反过来，消费者在购买相应商品时可以直呼其商标。以语言的方式使用商标，对消费者而言是非常方便的。这是文字商标最大的优越性。

二、图形商标

图形商标即是以图形构成的商标。此属望文生义，因为没有解释图形一词的含义。这里的图形亦应作广义理解，即把那些由线条或者色块构成的平面图案都叫作图形。这样，我国商标法上所称的颜色组合商标也可被纳入图形商标的范畴。无论在法理还是逻辑上，将图形商标割裂为线条组合商标和颜色组合商标都是毫无意义的，而且这种做法还可能导致图形商标同真正意义上的组合商标的混淆。事实上，所有的图形必定是线条或者色块的组合。一种色彩或者一根线段往往难以构成图形。也许一个图形只用了一种色彩，但它一定同时采用线条将整体的色彩分割成色块，从而构成图形。而所谓色彩组合即为不同色块的组合。各色块间的分界即构成了线条。线条与色块是构成图形的基本要素。所以我国商标法中所称的色彩组合商标应当也属于图形商标的一种。

构成图形商标的图形可简可繁。有的学者将一些由非常简单的图形所构成的商标称为记号商标，如法国雪铁龙汽车的商标、日本三菱重工的商标。但在商标法上仍将其作为图形商标看待。

图形商标与文字商标相比，具有形象化的外在形式，可让人一目了然。好的图形商标其视觉冲击力极强，常常有让人过目难忘的效果。比如，德国生产的梅赛德斯-奔驰汽车的三角星商标便是一例。当然，图形商标也有其弊端，即没有统一的读音，有的甚至很难用语言简单而准确地对其加以描述。这可能导致消费者不知如何称呼某一特定商标，进而影响商标在消费者中的传播。

三、立体商标

所谓立体商标即是以三维造型构成的商标。一个平面图形可以为人的视觉所感知。同样的，三维造型也可以为人的视觉所感知。这就如同美术作品中的绘画和雕塑。从功效上看，以三维造型作为商标同图形商标非常相似，可以让人感知到一个具体的形象，但同样不使用语言直接称谓。立体商标的载体由于其三维的造型有可能与某些特定的实用功能相联系。比如，著名画家黄永玉所设计的“酒鬼”酒瓶的造型以及美国可口可乐饮料瓶的造型等。这种造型本身既是某种液态物质的商标，同时又是承载某种液态物质的容器的造型。这种两重性很可能导致法律上的冲突。比如，外观设计专利的构成要素就是关于产品外观的色彩或者造型。这与商标的构成要素相同。当商标权和外观设计专利权在形式意义上分属于不同主体时便会有这样的问题。这种与功能相关的造型可能导致所有这类产品都必须具有这种造型。这种情形下，这种造型就不适合作为这种产品的商标，因为这将影响商标的区别功能。后面在商标显著性的内容中将对此详细讨论。虽然这些问题对其他商标也同样存在，但由于我国商标法保护立体商标的时间尚短，更应予以特别重视才是。

四、声音商标

所谓声音商标，顾名思义是指以声音为构成要素的商标。能够作为标志使用的声音应当是人耳或人的听觉可以识别的声波。从物理上讲，超声或者次声均非人耳所能感知，故不属于声音商标的构成要素。现实中，一段音乐旋律显然是可以作为商标使用的。同样，其他在人可感知的频率范围内的声音及其组合也是可以作为商标的，比如前述美国广播公司的一段由竖琴琴声、钟声、开门声等各种不同声音组合在一起，作为其商标的一段声音便是一例。需要特别指出的是，声音商标与可视性标志不同，它不是以空间展示其形象，而是在时间序列上逐渐展开的。所以这种商标的载体与前述各种可视性标志完全不同。一些国家在商标注册时必须提交记录这段作为商标的声音的载体。我国 2013 年修订的《商标法》将商标注册的范围扩大到声音商标，主要是为了适应国际环境的发展和变化。如今，越来越多的国家在商标法中明确保护如声音商标之类的非传统商标，《商标法新加坡条约》中也对这类非传统商标作了规定。我国主动修订《商标法》扩大保护范围，也是为了适应我国经济的飞速发展。

五、组合商标

所谓组合商标是指由文字、图形、三维造型或声音等两种或两种以上构成要素组合而成的商标。具体地讲，一个商标图案中同时包含着文字和图形就是一种组合商标。这种组合商标同时吸取了文字商标和图形商标的优点。既便于口头称谓，又具有形象化的形式。但是事物往往是利弊兼具的。由于组合商标同时包含多种构成要素，因而在构成上往往显得比较冗杂、纷繁。而标志构成上的繁杂是现代商业标记设计中的一大忌讳。因为构成相对繁杂的商标往往缺乏特点，其形象缺乏冲击力，难以让消费者记住。国外一些历史悠久的大公司在最近几十年里逐渐地将其过去的比较复杂的商标图案进行简化，分几次乃至十几次逐步删除那些在图案中没有特点的部分，最后保留下一个抽象的形象。这样不仅突出了商标图案的特征，而且不会因为商标构成的变化而丢失市场。总体上凡事都利弊兼备，组合商标在形象和语言方面取得了优势，则在其显著性方面就存在劣势。

第二节　产品商标与服务商标

一、产品商标

产品商标在商标法中有两种含义。第一种含义是与服务商标相对应的，即直接用于产品上以标明产品来源的商标。这里所称的产品是指除劳务或服务以外的一切商品，即有形体的产品。其使用方式可以是直接在产品本身上标注，也可用于广告中以宣传产品，还可以用在产品的包装或者装潢上。总之，只要商标所针对的商品是产品，则该商标即为产品商标。我国现行商标法条文中将这种意义的产品商标称作商品商标。我们认为这在形式逻辑上是不严谨的。因为商品作为一学术概念其外延包括产品和服务，商品是上位概念，产品和服务是下位概念。将用于产品的商标称为商品商标在理论上是不妥的。造成这种情况的原因在于我国商标法在 1993 年之前只保护产品商标，故在当时的商标法条文中未区分产品与服务，统称为商品。后在修法时仅增加了服务商标的条款，而未对原先的条款作修订，故而造成目前的状况。

各国商标法无一例外地都明文规定保护产品商标。因为现实中数量最多、使用最广泛、市场影响最大的还是产品商标。为了更好地规范产品商标的使用，各国的商标行政管理部门都自己制定或援引了相应的商品分类表，将有关产品分门别类。到 20 世纪 80 年代末，我国一直采用自己制定的 78 类商品分类表。1988 年 11 月后开始使用《尼斯协定》确立的国际分类表。从这一分类表看，产品分类共有 34 类，而服务的分类只有 8 类。

产品商标的第二种含义是指产品的生产者为了区分其产生的各类不同产品，在各种不同产品上分别使用的商标。比如，日本索尼（Sony）公司的“Walkman”商标仅仅使用于微型收录机上，Sony 公司生产的其他所有产品均不使用该商标。我国天津史克制药公司的“康泰克”亦为专门用在感冒胶囊上的产品商标。这种针对特定产品所使用的特定商标，也被称为产品商标。这种做法国际上虽然早已有之，但早年主要集中于汽车、制药或化工等少数行业，真正开始在其他行业流行还是在 20 世纪 60 年代之后。这种产品商标的作用主要体现在产品的市场营销方面。如果一家公司能够通过各种营销手段，比如大量的广告宣传，使消费者在某一商标与特定商品间建立起紧密的联系，以致消费者将该商标当作这种产品的特定名称，那么其市场占有份额势必会有较大的提高。仍以 Sony 和史克公司为例，消费者要购买 Walkman，只能买 Sony 公司的产品；要买“康泰克”也只能买史克公司的产品。因为这是这两家公司的商标，未经商标权人许可其他人不得使用。如果采取传统的用型号来区分自己生产的产品的做法，显然不可能有这样的效果。首先，型号的构成不具有显著性，因而难以让消费者记住。其次，不具有显著性的标记也不可能被授予商标权，因而无法排斥他人使用。由此观之产品商标在营销过程中确有其不可替代的作用。不过，这种意义的产品商标在使用中还需非常小心，稍不留意就可能导致物极必反的结果。“阿司匹林”曾经就是这一药品的产品商标。由于权利人使用方式的问题，致使阿司匹林淡化为该药品的通用名称。类似的例子还有很多，如“可口可乐”商标中的“可乐”事实上也已成为含有焦糖的碳酸饮料的通用名称了。即使是前述 Sony 公司的 Walkman，在 2002 年也曾被维也纳一法院认定为产品通用名称。可见，越是知名度高的产品商标越应当注意防止商标显著性的淡化。

二、服务商标

服务商标是指用于服务上以区分服务提供者的商标。如银行或保险公司所提供的金融服务、航空公司或铁路运输部门所提供的交通运输服务等均可使用各自的服务商标以示区别。服务商标也有人将其称为服务标记。这是因为早年许多国家的商标法均未将其纳入保护范围的缘故。我国是在 1993 年修改商标法之后，从该年的 7 月 1 日开始受理服务商标注册申请的。事实上，中国早在 1984 年便加入了《巴黎公约》，公约第 6 条对服务商标的保护作出了规定：本联盟各成员承诺保护服务标记；不应要求它们对该项标记的注册作出规定。可见《巴黎公约》并不要求各成员必须建立服务标记注册制度。但从履行《巴黎公约》所规定的义务的角度讲，不能认为中国在 1993 年修订《商标法》之前完全不保护服务商标，只是此前服务商标不能依商标法申请注册。

第三节　集体商标、证明商标和等级商标

一、集体商标

集体商标是指由一个集体组织，比如行业协会享有权利，由该组织成员使用在其商品（包括产品和服务）上，以便使其商品与非成员的商品区分开来的标记。从世界范围来看，集体商标的使用在现实中非常普遍。许多国家都对集体商标予以保护。我国商标制度从 1993 年开始对集体商标给予保护。2001 年正式将集体商标写入《商标法》条文中。现行《商标法》第 3 条第 2 款规定：“本法所称集体商标，是指以团体、协会或者其他组织名义注册，供该组织成员在商事活动中使用，以表明使用者在该组织中的成员资格的标志。”集体商标与普通商标相比，其使用人数较多，故而在申请注册集体商标时对注册申请人的要求相对严格，申请人除了需要递交常规的申请文件之外，还应当提供有关集体商标的使用管理规则等文件。国家有关部门专门制定了关于集体商标注册申请和管理的规定，以规范集体商标的注册和使用。

根据集体商标相关的使用管理规则，凡集体组织的成员，原则上就应当可以使用该集体组织的集体商标，只是有关成员应当办理集体商标的使用手续。通常集体组织应当给其成员发放集体商标准用证。不是集体组织成员则绝对不允许使用该集体组织的集体商标。

二、证明商标

证明商标，也有人称其为保证商标，是指由一机构拥有商标权，由该机构以外的人使用在其商品（包括产品和服务）之上，用以证明该商品的原材料、原产地、品质、精度、制造工艺等商品特征的标记。在国际上，证明商标的使用非常普遍，全新羊毛标志便是最常见的证明商标之一。我国现在也已有不少证明商标，如绿色食品标志、真皮标志等均属证明商标。我国商标法保护证明商标是从 1993 年开始的。而《商标法》条文中专门规定证明商标则是在 2001 年。现行《商标法》第 3 条第 3 款规定：“本法所称证明商标，是指由对某种商品或者服务具有监督能力的组织所控制，而由该组织以外的单位或者个人使用于其商品或者服务，用以证明该商品或者服务的原产地、原料、制造方法、

质量或者其他特定品质的标志。”从这个定义中我们可以感觉到证明商标在许多方面有别于普通商标。

严格地讲，证明商标只是一种商品标记。它与普通的商标有着诸多不同的特征。首先，普通商标不允许直接描述商品的质量或内在性能等，但使用证明商标的目的恰恰是将商品的内在品质公之于众。其次，证明商标的权利人是不允许使用其证明商标的，只能对他人的使用情况是否符合规定加以控制；而普通商标的商标权人首先需满足自己使用的需求。最后，商标的使用通常以区别商品的来源为目的，而证明商标在功能上根本没有区分商品来自何人的作用。可见证明商标在基本作用和特征上都不同于普通商标。只是因为证明商标在形态和使用方式与普通商标基本相同，将其纳入商标法的调整范围在管理上比较方便。在一些国家，产品的安全标志也被纳入证明商标的范畴，如 AP（approved product）便是一例。在我国有关部门通过行政管理办法发布的一些标志，如过去的“国优”或“部优”标志、现在的“方圆”或“长城”（认证标志）等标志在理论上均可纳入证明商标的体系。

证明商标与集体商标在使用方式上有一些相似之处。首先，它们都要求由商标权人作为商标使用的管理者行使管理职责，比如不具备证明商标所标示的性能的商品绝对不能允许使用证明商标，不属于集体组织的成员绝对不能允许其使用集体商标。其次，商标的使用都必须服从各自的使用规则。依照原国家工商行政管理总局颁布的《集体商标、证明商标注册和管理办法》，它们在注册时都要求提供各自的使用管理规则；有关人员申请使用时应当办理有关手续，并向其发放规定格式的准用证等。

三、等级商标

等级商标，是指商标权人为了区分自己不同档次的同种商品而使用的商标。新中国成立前，许多企业除了拥有经常使用的正牌之外，还都有自己的副牌。这种副牌就可能在产品档次不同于通常正牌产品时被用作等级商标。

需要说明的是，等级商标固然是为了区分商品的不同档次，但就商标图案或造型本身而言并无任何描述商品档次的含义，即在标志的构成上与其他商标毫无差别；且产品品质的差异只有商标权人内部掌握。等级商标的使用是商标权人为了维持其商标在消费档次上的定位而采取的一种经营手法。这完全不同于证明商标或商品广告可以直接描述商品内在特性。这里所谓的等级区分，通常由商标权人自己掌握，消费者仅从等级商标的标志的构成上无从知晓商品的质量。当然消费者可以根据商品的价格或者通过商品的使用间接地感知等级商标与其所使用的商品品质间的联系。日常生活中的一些产品商标，如同一卷烟厂生产的不同品牌的香烟，也具有等级商标的作用，因为这些品牌同时也标志着产品的档次。

厂商使用等级商标的目的是多方面的。一方面，由于不同价格、质量或者质地的商品往往有不同的消费群体。为了营销的方便，厂商往往会采用不同的商标。某些商标仅仅使用在普通大众消费品上，有的商标则仅仅在豪华的奢侈商品上使用。另一方面，商标权人为了维护其驰名商标的信誉，对一些质量略有瑕疵但仍达到基本要求的产品可能会将商标更换为副牌，而不使用其驰名商标。事实上，使用等级商标是国际上普遍采用的做法。而我国过去的用一等品、二等品之类的方式标注产品等级是计划经济体制下的做法。市场经济中各个厂商一般都有自己的质量标准，国家仅对一些涉及安全的产品制定强制性的最低标准。实际投放市场的产品其参数大多是按照企业自己制定的比国家标准更为严格的标准检验的。所以采用等级商标还有利于保守厂商内部质量体系中的商业秘密。

第四节　联合商标与防御商标

一、联合商标

联合商标是一组商标，即同一人在同类商品上享有的一组类似商标。其类似之处通常表现在商标图案的构成、读音或者含义等方面。如新中国成立前上海一家食品公司就曾将构成其商标“乐口福”的三个汉字的各种组合，如“乐福口”“福口乐”“口乐福”等均申请为注册商标。采用联合商标的目的主要是更有效地防止他人在同类商品上注册或使用类似商标。商标法虽然规定了在同种或者类似商品上使用与他人商标相近似的商标的行为属于侵权行为，但现实中，被告方常常会以商标本身不构成近似而作为其抗辩理由，或称虽然商标图案或者造型在某些局部构成要素近似，比如个别字母相同，但在整体上不会造成混淆等。此时，原告将承担相对更重的举证责任以证明两个商标相似。而当有联合商标存在时，这种侵权判断则可能变得相对简单。

在有些国家，商标权人可能会以联合商标中的某一个商标作为主商标，而其他的商标备而不用。但这种做法在我国现行规范上尚难实际实施，因为我国商标法要求注册商标必须实际使用，故我国商标法并未专门规定联合商标制度。但我国商标法并不限制在同一商品上使用多个商标，因此只需将注册的一组类似商标投入实际使用即可解决这种问题。如“海尔”与“Haier”就是一组实际使用的联合商标，“可口可乐”“CocaCola”“Coke”等也构成一组实际使用的联合商标。

参考案例 18-1

福林公司生产的“富贵鸟”牌鞋已经在消费者中建立了良好的信誉和知名度。为了防止他人利用类似商标假冒福林公司的产品，该公司在鞋类商品上又分别注册了“富贵鸣”“富贵鸡”“富贵鸽”“富贵鹅”“富贵鸠”“富贵鹰”“富贵鹊”等，由此形成一组事实上的联合商标。只是我国法律对于要求注册商标的权利人必须在一定期限内实际使用这些商标，否则便可以撤销那些未曾使用的商标。

二、防御商标

防御商标是指为了防止他人在不同类商品上使用与自己相同的商标，而将同一商标图案、造型或者声音注册在各类商品上所形成的一组商标。防御注册一旦成立，其商标即具有很强的排他性，其他人不得在已注册的商品上使用这一商标。正是因为防御商标的这一特性，各国对防御注册申请多采取谨慎态度。目前，直接在法律上规定防御注册制度的国家并不多，如英国、日本等。即使在这些国家，对于防御注册也规定了非常严格的条件。通常，只有驰名商标才可以申请防御注册。同时对于申请防御注册的商标在其图案构成上，还要求具备非常显著的特征。假如商标的文字就是现实生活中的既有词汇，如熊猫、长城、牡丹等，通常是难以获准防御注册的。

防御注册制度的宗旨是要保护那些具有极高知名度的商标，因为这些驰名商标基于其高知名度，其商誉在事实上已经延伸到了非类似商品上，而不仅仅局限于类似商品。法律应当对这种商誉给予保护。但是，通常商标权的效力是不能延伸到非类似商品上的。比如，当熊猫电器与熊猫洗衣粉、牡丹电视机与牡丹香烟等使用同种商标的不同类商品同时存在于市场中时，普通消费者通常是不会混淆其出处的。但如果一商标具有极高的知名度，且商标图案又极富个性，情况就另当别论了。比如“Haier”一词即为商标权利人所独创，现实中原本无此词汇；假如有人将该商标用在自行车上，虽然海尔集团从未生产自行车，普通消费者一定会误以为生产该自行车的厂商一定属于海尔集团或者同海尔集团是关联公司。这种现象说明像“Haier”这样的驰名商标，其商业信誉已经延伸到不同门类的商品上了，法律应当给予特殊保护，即禁止他人在不同门类的商品上使用与驰名商标相同或者相似的图案或者造型作为商标。多年前，英国曾有人将“Kodak”（柯达）用在自行车上，柯达公司费了九牛二虎之力才通过普通法中的“冒充”诉讼程序打赢了官司。如果当时有防御注册制度，且柯达公司又申请并获准了防御注册，这一案件的审理就会非常简单。在这一方面，防御商标与联合商标具有类似的功效。

【引例评析】

我国现行商标法不仅保护由文字、图形构成的平面商标和三维结构的立体商标，也允许不具有可视性的声音申请注册。引例中所称的“造型别致的酒瓶”具备三维结构的立体造型，只要具备商标法所规定的相关条件就可以通过申请商标注册的方式获得商标法的保护。不过，在2001年前我国商标法不保护立体商标。此外，依照我国专利法，这种特殊的酒瓶造型还可以申请外观设计专利，只是外观设计专利的保护期不像商标保护期那样可以无限制地续展下去，受保护的条件也不尽相同。应当注意的是这种双重或多重保护的存在是以不侵犯在先权利为前提的。

【本章小结】

根据不同的分类方法，商标可以被分成各种门类：

（1）按照商标的构成要素可将商标分为文字商标、图形商标、立体商标、声音商标以及组合商标等。

（2）按照商标使用的对象可将商标分为产品商标和服务商标。在我国商标法条文中，则把用在产品上的商标称为商品商标。

（3）按照使用商标的目的可将商标分为集体商标、证明商标、联合商标、防御商标等。

各类商标都有其自身的功能和特点。

【练习题】

1. 名词解释

组合商标　立体商标　声音商标　集体商标　证明商标　联合商标　防御商标

2. 思考题

（1）由文字和图形组合而成的商标兼备文字商标和图形商标的优点。从商标设计的角度看，其是否存在弊端？

（2）比较联合商标与防御商标的异同。

（3）简述集体商标与证明商标的区别与联系。

3. 案例分析题

王刚在股市上获得巨额收益，决定兴办实业。王刚计划从生产“王刚”牌家具开始，逐渐向所有家庭用品的生产发展。为了防止他人也使用“王刚”二字作为商标，王刚在成立王氏家具公司后，以公司名义将“王刚”二字作为商标分别申请在所有门类的商品和服务上；同时还将“王钢”“王岗”“汪刚”“汪钢”“王港”“WANGGANG”“WONGKONG”等相似读音的文字申请在家具产品上。

问题：

王刚的两类注册行为是否合法？将会产生何种后果？

分析要点提示：

申请注册商标是当事人的权利。当注册申请被核准之后，申请人便对所申请的标记在核定商品门类上享有专用权。这种权利可能对公共利益构成限制，因而包括我国在内的许多国家商标法未规定防御商标。本案中王刚的两类注册行为究竟属于何种性质，尤其是第一类行为是否属于严格意义上的防御注册是本案分析中应当着重考虑的问题之一。另外，如果这些申请均被核准，商标权人通常难以全部实际使用这些商标。这种状态在理论上是否具有合理性也是应当考量的问题。

即测即评

第十九章　商标权

【本章引例】

汽车配件厂甲在其生产的汽车变速箱产品上使用“长城”作为商标已近两年，且在当地与一家汽车厂配套。外省一家汽车配件厂乙也在自己的产品上以“长城”为商标。问：在乙向商标局申请注册并得到核准之后，乙是否有权利要求甲停止使用“长城”商标？

【本章学习目标】

通过本章的学习，你应该能够：

- 掌握商标权的基本内容
- 了解商标权的产生程序、注册条件
- 掌握商标应当具备的条件，着重了解商标显著性的概念

第一节　商标权的产生方式

一、商标权的产生

在世界贸易组织的《TRIPS 协议》中，知识产权被界定为一种私权。商标权作为知识产权的一种，其产生方式与其他知识产权没有太大区别。从世界范围看，商标权的产生无非两种途径，即因注册而产生和因使用而产生，也就是注册（有手续）主义和使用（无手续）主义。在著作权制度的发展历史中，著作权的产生曾经采用过有手续主义，后来曾一度两种方式共存，如今绝大多数国家均采用无手续主义，即创作主义。与著作权产生途径由繁到简形成对照的是，专利权的产生则一直要求一定手续，而且手续越来越严格。在最近的几十年里，许多国家相继将其专利审查的形式审查制改为实质审查。与著作权和专利权的产生方式相比，商标权的产生方式似乎介于二者之间。国际上既有规定商标权因使用而产生的国家，又有规定商标权因注册而产生的国家。当然，也有国家采用双重标准，认为使用和注册均可产生商标权。在一些国家，这两种方式并非对立。即使是在因使用产生商标权的国家，也可能设有商标注册制度，只是注册不是权利产生的前提，仅仅是对权利的确认；而在一些承认注册产生商标权的国家，也未必完全否定因使用而产生商标权，至少承认其在普通法上的权利。在这方面，国际上并没有一个统一做法。

当然，无论是有手续主义还是无手续主义，或者二者兼采，都有其各自的优点和弊端。采注册主义者，权利状况相对稳定；对公众而言，由于注册制度无不伴以相应的公示制度，故而使权利内容更加透明；对政府而言，由于受理、审查注册申请的机关大多依法设立，通过这些机关便可加强对商标使用的管理，至少可以统计出有效的商标数量及各个商标的权利状态；在发生纠纷时，商标注册人最起码可以商标注册证作为权利存在的证据。不过采注册主义也有其弊病，即可能导致一些人滥用注册程序抢注他人商标或者将他人具有商业信誉的标记，如商号或网络域名等作为自己商标注册；对商标注册申请人而言，权利产生手续相对复杂，可能因手续履行失误而致使其商标难以得到有效的法律保护。相应地，使用主义的弊端正好是注册主义的优点；反之亦然。但从总体数量上看，世界上采注册主义的国家还是多于采使用主义的国家。可以认为，如果完全孤立地看待注册主义和使用主义，前者在总体上还是优于后者。

在注册制度中曾经存在自愿注册和强制注册两种制度。苏联以及中国等国都曾在一段时间里实行过强制注册制度。即任何人凡需在其商品上使用商标的，必须将其商标申请注册，未经注册不得使用商标。在这一制度下，商标被异化为一种行政管理的工具，而不是一种财产。因此在这种制度下，几乎谈不上作为法定财产权的商标权。但是，毕竟商标是用于流通领域的商业标记，它在使用中仍然会自然地发挥其区别作用，因而也必然会给商标的使用人带来利益，且市场运行并不因行政规定而否认商标的价值。所以即使在强制注册制度下，商标的使用也仍然会给使用人带来财产利益。在客观上，这种财产利益通过行政手段得到了事实上的保护，因为在注册制度下他人自然无法在同种或者类似商品上注册相同或者相似的商标。

二、我国的商标注册制度

在我国，依照现行商标法，商标权通常因注册而产生。我国现行的商标注册制度大体上可以概括为以下几个方面：

（1）在商标使用方面，实行注册使用与不注册使用相结合，但通常只有注册商标享有专用权。尽管我国商标法详细规定了注册制度，但并不排斥未注册商标的使用。即使是没有履行注册手续的商标，一般也是可以使用的。但是商标专用权通常依注册而产生。未注册商标一般不享有专有权，即不能排斥他人在同种或者类似商品上正当地使用相同或相近似的商标。由于我国早在 1984 年已经参加了《巴黎公约》，应当履行相应的条约义务，因此对于那些尚未注册的驰名商标应该予以保护。故而，注册商标享有商标专用权只是通常情形，未注册的驰名商标也是受法律保护的。我国现行《商标法》第 13 条第 2 款规定，就相同或者类似商品申请注册的商标是复制、摹仿或者翻译他人未在中国注册的驰名商标，容易导致混淆的，不予注册并禁止使用。这一规定说明未注册的驰名商标同样也享有排他性的权利。因为驰名商标一定是在使用中形成的，即使驰名商标未经注册，由于其已经为相关公众所熟知，故而具备较高的商业信誉，法律不应当允许他人随意利用其商誉。需要特别说明的是，从商标法中的规定并不能简单地得出非驰名的未注册商标不受保护的结论。未注册商标只要具备一定知名度同样可以通过反不正当竞争法得到保护，只是保护的力度同注册商标存在差异。

（2）在商标注册方面，以自愿注册为一般原则，强制注册为特例。在市场经济条件下，商标权作为一种私权，国家通常不对这种权利的行使或处分予以干涉。因此，当事人是否将自己的商标申请注册以寻求法律保护，一般不宜作强制性的规定。但是，对于少数特殊产品，现行《商标法》第6条仍然规定了强制注册的制度：“法律、行政法规规定必须使用注册商标的商品，必须申请商标注册，未经核准注册的，不得在市场销售。”我国烟草专卖法规定：卷烟、雪茄和有包装的烟丝必须申请商标注册。

（3）在核准商标注册申请方面，以先申请为原则，先使用为补充。当出现两个或两个以上的申请人将相同或者相近似的图案、造型或声音申请注册在同种或者类似商品上作为商标使用时，依照我国商标法，商标局将核准先申请人的申请。我国现行商标法判断申请先后是采用申请日作为基本时间单位的。也就是说，只要诸申请人是在同一天提出申请的，其申请将被视为同时申请。当出现同时申请时，商标局将通知相关申请人，要求他们分别提交其商标首次使用日的证明。最先使用者的申请将被核准注册。如果诸申请人是同日使用或者均未使用，则由商标局主持抽签仪式决定核准何人的商标注册申请。从这一规定中可以看出，尽管我国商标法确立了以先申请原则为主的注册制度，但并不意味着完全不承认在先使用。《商标法》第59条第3款规定：“商标注册人申请商标注册前，他人已经在同一种商品或者类似商品上先于商标注册人使用与注册商标相同或者近似并有一定影响的商标的，注册商标专用权人无权禁止该使用人在原使用范围内继续使用该商标，但可以要求其附加适当区别标识。”这一规定也被称作先使用例外。

这里介绍的只是我国的商标注册制度的框架，有关详细内容将在后面的部分详述。

第二节　商标注册条件

一个标志能够作为商标使用，必须符合某些法定要求。各国商标法对此都有各自的规定，但其中的基本内容是相同的。本节将以各国商标法及学术界在这一问题上的共同看法为基础，结合我国商标法的具体规定来阐述商标的注册条件。

一、显著性

1. 显著性的内涵

所谓显著性是指一标志作为商标使用时所具备的可区别性。严格说来，显著性并不仅仅是商标注册的法定条件，而且是一个标志作为商标的最起码的自然条件。使用商标的目的是区别，如果一个标志没有显著性，则无法起到区别的作用。因此要求作为商标使用的标志必须具备显著性是天经地义的。在设有注册制度的国家，不具备显著性的标志是不应当获得商标注册的。即使是在靠使用产生商标权的国家，不具备显著性的标志在实践中也是难以作为商标受到保护的。可见显著性是商标必备要件。

在实务中，商标显著性的内容至少可以体现在以下几个方面：

（1）作为商标使用的标志不得直接描述商品本身。

具体地讲，就是不得直接以表示商品功能、质量、数量、原材料等的图案或者造型作为商标使用。比如，以“苹果”一词或者苹果的图形或形状作为饮料的商标，无论该饮料中是否真含有苹果汁，均可能导致消费者误解。这是因为假如该饮料不含苹果汁，使用“苹果”作为其商标势必导致消费者误以为该饮料为苹果饮料，这种行为构成了对消费者的欺骗；假如该饮料中确含苹果汁，则属于直接描述商品的品质，这绝对起不到区别商品

来源的作用，因为其他厂商生产的含有苹果汁的饮料应当可以使用同样的方式描述商品。但根据商标法，商标只能为商标权人所专有，由此禁止其他厂商在其生产的苹果饮料产品上使用“苹果”一词或相应图形描述产品或作为产品装潢的做法显然有失公平。因而在商标法上不应该允许直接表示商品功能、质量、数量、原材料等的图案或造型作为商标使用，否则必将致使不公平的结果。当然，如果将“苹果”二字使用在其他没有描述效果的商品上作为商标则是完全可以的。现实中已有“苹果”手机或电脑、“苹果”服装等。前面已经指出，在各类商标中证明商标是一个例外。证明商标正是为了说明该商品具备某种特征才在商品上使用的。但它的作用并不是为了区别商品的来源，在这一点上证明商标不同于其他商标。因而也有人认为它只是一种商品标记，而不是商标。

（2）不得使用商品的通用名称作为商标标志。

商品通用名称是指消费者对一种或一类商品的惯常称谓。比如，戴在手腕上的计时器通常被称作手表；专门将声音录制在磁带或者磁盘中，并可将录制的声音重新播放出来的设备被叫作录音机或录放机。这些都是该商品的通用名称。如果以某一商品的通用名称作为商标，非但不能在市场中起到区别商品来源的作用，反而可能导致市场混乱。如果一家生产录音机的厂商可以以“录音机”三字是其商标为由，而禁止他人将其生产的相同产品叫录音机，显然不合情理，自然也不合法。但是，一些由厂商自行设计出的标志作为商品的特定名称，则是可以作为商标使用的。比如，西安某制药厂的“达克宁”等就属此类，这其实就是前章已经介绍的产品商标。

（3）以地理名称作为商标，可能会因其显著性不足而被禁止。

以地理名称作为商标使用，其区别作用往往要打折扣，因为它在含义上表示一定的地域范围，故而具有描述作用。公众见了某一地理名称首先联想到的是使用该地理名称的商品一定产自该地理名称所指代的地区，并不是商品本身由何人提供。这就是说，地理名称难以让公众将其与特定的商品或厂商联系起来。比如，由于历史原因我国曾核准天津一家无线电厂商生产的电视机使用“北京”二字作为商标，从而造成许多消费者误以为北京牌电视机是北京生产的。由于地理名称作为商标往往显著性不足，故各国商标法都对其作为商标使用作了一定限制。我国商标法规定，县级以上行政区划的地名或者公众知晓的外国地名，不得作为商标。但是，地名具有其他含义或者作为集体商标、证明商标组成部分的除外；已经注册的使用地名的商标继续有效。比如，重庆市下辖长寿区，“长寿”尽管是地理名称，且属于县级以上行政区划名称，但由于其除了作为地名之外还有其他含义，故依法仍可以将其作为商标使用。除了行政区划名称外，地理名称还有其他门类。在日本，一些著名的繁华街道名称也不得作为商标注册。对于山岳江海等名称能否作为商标使用，各国规定却不尽相同。当然，以一些虚构的地名作为商标使用是不受商标法限制的，比如，伊甸园、花果山等。在我国，现实中确有不少商品以县级以上行政区划名称作为商标使用，且其中大多已被核准注册。究其原因在于1988年前我国商标法并不禁止县级以上行政区划名称作为商标注册，从而造成了既定事实。有的商标已经很有名气，甚至已经成为驰名商标，如青岛啤酒。对于这部分商标，法律依然承认其注册效力。另外，使用地名作为集体商标或者证明商标可以有例外。这是因为集体商标或者证明商标本身有可能就是为了说明该产品的产地。比如重庆的涪陵榨菜使用“涪陵”这一地名作为其证明商标，以表示该榨菜出产于涪陵；浙江的金华火腿使用“金华”作为证明商标，以表示该火腿出自金华。如果这类证明商标的权利人为当地的行业协会，所有当地的满足产品质量要求的企业都可以其会员的身份使用该商标，此时该商标也可被视作集体商标。法律应当允许这种商标注册。

2. 显著性的产生

商标显著性的产生通常有两种方式。第一种方式是，商标图案在设计完成时由于其在构成上所固有的特征足以起到区别作用，从而在作为商标使用时自然具备显著性。现实中，人们根据商标显著性的强弱不同将商标分为强商标和弱商标。所谓强商标，顾名思义，其显著性极强，一般来说其标志原先没有任何约定俗成的或者既定的含义，比如只是一个抽象图案或者造型，或者是现实语言文字中不曾存在的字词。比如，美国的“柯达（Kodak)”、日本的“索尼（Sony）”等商标的文字均非现有词典中所能查到的词汇，而是设计人创造的。这些都属强商标之列。专业设计师在设计商标图案时通常会就其设计图案的显著性专门进行研究。目的在于使其设计出的商标具有较强的显著性。比如，20 世纪 70 年代初香港上海汇丰银行的服务商标便是由著名的犹太设计师 Henry Steiner 设计的一个极富显著特征的、对称的抽象图形。据称该标记的设计费在当时就高达 60 万港元。

除了强商标之外，现实中还存在着大量的弱商标。所谓弱商标，即商标标志本身含有一些既定含义的商标。这种既定含义的存在往往会在一定程度上降低该商标的显著性，但仍可起到区别作用，并不能仅以有含意为由而完全否定其显著性。比如“天鹅”“长江”等虽属于现有词汇，但仍可作为商标起到区别作用。因此各国商标法也仍对此类商标给予保护，只是在保护的水平上与强商标存在一定差异。如美国商标制度中，强商标则肯定可以在“主簿”注册，从而获得较高的保护水平；而弱商标则可能只能在“副簿”注册。在我国，人们一直习惯于使用各种花鸟虫鱼、亭台楼榭、山岳河川等图案作为商标，这类商标均属于弱商标。比如，“熊猫”“牡丹”“长城”等不胜枚举。之所以称其为弱商标，其原因之一在于商标权人无法制止他人在非类似商品上注册或使用相同商标，这便导致了在商标领域里“熊猫国宝不稀有”“牡丹仙子遍地开”“万里长城万里长”……的局面。这种状况事实上在一定程度上降低了商标的区别作用。原因之二在于商标权人更不能制止人们在日常生活中对该标志的一切非商标性使用。比如以北京天坛祈年殿的造型作为商标图案，仅从图形上看固然非常美观，但在现实中这一图形在其他方面的使用频率太高，以至于消费者很难将这一图形仅与某一确定的厂商联系起来，从而影响了其显著性。

参考案例 19-1

厦华公司在电视机等产品上注册了“CHDTV”商标。而长虹公司则在其电视机产品和产品包装上使用了“HDTV”，并在这四个字母上方和左侧加上了一道向内弯曲的弧形图案。厦华公司认为，该弧形图案的走向虽然横跨“HDTV”四个字母，但到了该四字母的左侧便急转直下，并在下部迅速收敛，形状酷似拉丁字母“C”。厦华公司因此将长虹公司告上法庭，认为长虹公司使用了与其注册商标相类似的标记，侵犯了其注册商标专用权。但长虹公司认为，“HDTV”是高清晰度电视（high density television）的英文缩写，在行业内无人不晓，因此“HDTV”应属该产品的通用名称；厦华公司商标的显著性仅仅体现在字母“C”与“HDTV”的结合上。而长虹公司的标记恰恰在最能体现显著性的部分与厦华公司的商标不同，因此不侵犯厦华公司的商标权。法院在对该案进行审理后，没有支持厦华公司的请求。可见弱商标虽然也具备显著性，还能够被核准注册，但在法律能够给予的保护力度上显然不够强。

虽然如此，弱商标在显著性方面也并非无法补救。这便是显著性产生的第二种方式，

靠使用让商标产生“第二含义”。一个弱商标经过长期使用，如果其商品质优价廉，势必在其消费群中产生影响。随着这种影响的不断增强，商标的显著性得以增强。当人们在见到或提到该图案时便会自然地与使用该商标的厂商联系起来时，该标志便产生了第二含义。这里所谓第二含义即相对于其既定第一含义而言的。也可以认为，所谓第二含义即作为商标使用时的含义。第二含义的产生便是商标显著性得以增强的直接反映。比如联想集团在开始使用“联想”作为其商标时，人们很难将“联想”一词与该集团公司联系起来。但时至今日，联想集团通过大量的营销和宣传工作，使其商标的影响深入人心。现在我国消费者在很多场合提到“联想”一词时，已不再仅仅是指该词汇原本的由一事物转而想到另一事物的心理过程的含义，同时还有指代联想集团或该集团所提供的商品的含义。这就是所谓的“第二含义”。

3. 显著性的淡化

在市场上能否起到区别作用，是判断商标是否具备显著性的试金石。一个具备显著特征的商标也可能因为使用不当而使其的区别作用下降，即所谓显著性被淡化。通常，可能使商标显著性淡化的原因有以下几个：

（1）商标使用频度下降或停止使用。一个标志如果从未与某一商品结合，即不能称其为商标。公众正是在商标的不断使用中认可了商标与其所使用的商品间的联系。一般而言，商标的使用频度越高，公众的可辨识程度也越高。相反，如果一个商标在一段时间里极少使用或者根本不再使用，即使过去该商标具有极高的知名度，随着时间的推移也会逐渐被公众淡忘。在法律上，即表现为商标显著性的淡化。许多昔日名噪一时的“老字号”如今已无人知晓；即使重新启用，消费者再见到该商标时也不一定会联想到昔日使用该商标的商品。这便是时间的淡化作用，即此时该商标已经不再具备当年的显著性了。当然，这里仅就商标而言，其实，商号也面临同样的问题。在20世纪末，上海一家轻化工企业曾将其商标“美加净”作为资本与外商合资。但合资企业成立后，由于中方没有控股权，合资企业根本不再使用该商标，结果导致该商标显著性大幅度下降。为了维护本国的品牌，中方只得斥巨资将“美加净”商标权买回自己使用，才使该商标显著性得以恢复。

（2）过分强调商标与特定商品的联系，以致消费者将商标当作该种或该类商品通用名称使用。为了增强商标的区别作用，必须通过使用让公众在商标与其使用的商品间建立起联系。但是，这种联系也应当是有限度的。当过分强化这种联系时，可能会导致公众将该商标当作这种商品的通用名称。历史上这样的案例已有不少。“Aspirin”原本是种治疗头痛的药品的商标，“Thermos”原为热水瓶的商标，“仁丹”原为药品的商标，但由于使用不当，即过分地渲染了该商标与商品间的联系，以致在许多国家已被公众当作商品通用名称使用，致使其作为商标的显著性完全丧失，无法再获得商标法的保护。又比如，“可口可乐”由于其知名度太高，致使该商标中的一部分——“可乐”在事实上已经被淡化为通用名称。尽管可口可乐公司曾采取过一些措施试图挽回，但最终未能如愿。如今，可口可乐公司很难在市场上阻止他人将类似的饮料称为可乐。这可说是物极必反的结果。

（3）在其他商品上使用相同的标志。在这里，其他商品可以分作类似商品和非类似商品；商标的使用也可被分作自己使用和他人使用。依照商标法，他人未经许可在类似商品上使用相同商标是侵权行为，商标权人可以依法制止这种行为。但是，在一般情况下他人在非类似商品上使用相同商标，商标权人则无法制止，除非该商标已经成为驰名商标或者申请过防御注册。通常情况下商标的权利人无权要求他人在非类似商品上停止使用相同或类似商标。前述各种弱商标的权利人通常在法律上就难以禁止他人的这种行为。这种情况的存在说明法律对弱商标的保护力度不及强商标，这种现象也直接限制了弱商标显著性的提高。即使在那些有防御注册制度的国家，通常也不会核准弱商标的防御注册申请，因为从公平原则出发，不应允许个别人对既有的文字、图形或者三维造型作为商标垄断性使用。由此观之，当同一标志同时被使用在不同门类的商品上时，公众对该标志分别与各类使用该标志的商品间的联系一般不会很强，这必然在一定程度上影响商标显著性。更进一步，法律更不会禁止对现有文字、图形或者三维造型依其既定含义的非商标使用，这种非商标意义的使用，也就是该标志原本所既有的“第一含义”层面上的使用，也会在一定程度上影响商标的显著性。所以，从商标权人长远利益的角度看，在一开始选择商标标志时便应当选择强商标；当然如果使用商标的行为仅仅是为了追求眼前利益，弱商标更容易在短时间里被公众接受。事实上，权利人自己在不同商品上使用相同的商标，同样会降低该商标与特定商品间的联系，尤其是当该商标被定位于特定产品的产品商标时。对于企业或公司的总商标则另当别论。

二、符合公共秩序和善良风俗

公共秩序、善良风俗，于不同的国度、对不同的民族其外延往往差异巨大。但各国在商标法的条文中针对商标标志所提出的明确要求却非常相似。

（1）绝大多数国家的商标法均规定了不得以国名、国旗、国徽、国歌、军旗、军徽、军歌等代表国家的标志以及国际组织的名称、旗帜、徽记等相同或近似图案作商标。比如，红十字会的标记“红十字”以及该会在伊斯兰教国家所使用的“红新月”标记在各国都不可能作为商标使用或注册。我国现行《商标法》还规定，“与表明实施控制、予以保证的官方标志、检验印记相同或者近似的”图案不得作为商标使用。当然，国外一些得到有关机构授权的除外，比如常见的瑞士军刀上使用的瑞士官方标志就是一例。在我国，杭州曾有一家企业将“PRC”作为商标申请注册，而 PRC 常被用作中华人民共和国的英文缩写，因此该申请被商标局驳回。我国除了商标法的明确规定之外，还有《特殊标志保护条例》《奥林匹克标志保护条例》《世界博览会标志保护条例》等规定。这些特殊标志均不得作为商标申请注册。不仅如此，这些标志的使用也必须符合相关规定。

（2）不得以民族歧视性的文字、图形、三维造型或声音等标志作为商标。我国曾有厂商以“DARKIE”（黑人）作为牙膏的商标。这大概是因为黑人的肤色可以衬托出其牙齿的洁白，以此作为商标本意是想暗示产品的效果。但是这个商标却屡引起黑色人种的强烈不满。因为“darkie”一词的词义类似于 darky、darkey、negro、nigger 等词汇，均为对黑人的蔑称，故被认为带有种族歧视性质。在认识到该商标的含义之后，商标文字构成已改为“DARLIE”。

（3）商标图案或者造型、声音等不得有悖道德。商标作为一种商业标记广泛出现于公共场所，因而具有广而告之的作用。各国商标法均不允许有悖道德的商标流行于世。商标的素材有悖道德主要有两种情况。第一种情况是商标素材本身所直接表达的含义有悖道德。比如，在前些年曾有人将一种白酒名取作“二房佳酿”，并提出商标注册申请；有人以“泡妞”作为儿童食品的商标；还有人以“塔玛地”作为服务标记使用。近年来，为博眼球更有人申请“MLGB”“叫了个鸡”等。这些标志是与我国社会的正常道德观念和善良风俗直接抵触的。这类商标申请理所当然会被驳回。第二种情况是商标图案本身含义并无问题，但与特定商品结合后可能产生不良影响。比如，有人以“老娘”作为食品的商标，初看并未涉及与道德相悖的问题，但将这一商标使用在豆腐这一特定产品上，尤其是其广告称“‘老娘’豆腐白又嫩，快来吃‘老娘’豆腐……”时，这一商标的问题就一目了然了。又如，有人以“双喜”（Double Happiness）作为商标用在香烟、乒乓球及相关产品上本没有问题，但有企业将其不适当地用在乳罩上作为商标，就曾让英国商标注册当局觉得该商标文字弦外有音。

参考案例 19-2

法国某公司以“Opium”（鸦片）作为商标使用在女用香水上，并在其注册申请过程中称“‘鸦片’代表着诱惑，‘鸦片’是一种禁忌，但却令人上瘾，‘鸦片’给女性营造出烈火浓情的气氛”。该商标在中国申请注册时，被商标局驳回。原因在于鸦片除了是一种毒品外，在中国还是代表那段屈辱历史的符号。这样的标记在中国显然不适合作为商标使用。尽管各国商标法都有公序良俗的要求，但由于各国的文化、国情不同，因此公序良俗的内容也就不同。故同一标记在不同的国家可能会受到不同的待遇。

（4）商标在构成和含义方面都必须无欺骗性。如果一个标志作为商标使用，可能造成对公众的欺骗，那么它将不得作为商标使用。这是各国商标法的通例。法国知识产权法典第 L. 711-3 条第 3 项规定，“可能欺骗公众，特别是在商品或服务的性质、质量或出处方面欺骗公众的标记”不得作为商标或商标要素。我国《商标法》第 10 条第 7 项规定，“带有欺骗性，容易使公众对商品的质量等特点或者产地产生误认的”标志不得作为商标使用。以“长寿”或者“健康”等文字作为香烟的商标，则属带有欺骗性。前述以苹果的文字或者图形作为饮料商标，如果该饮料不含苹果汁，也属带有欺骗性。相应地，以“顶好”“极品”“best”等直接描述商品性能的形容词或者名词作为商标也可能带有欺骗性，应为法律所禁止，除非申请人能证明这些标志经过使用具有了第二含义。

总之，具备显著性是一图案或者造型作为商标使用所应当具备的必要条件，但不是充分条件。有的图案虽然具备显著性，但却不符合本节中提到的其他条件，违背了公序良俗，也不可作为商标使用。在我国，即使一个商标符号符合本节谈到的所有规定，但如果已有人在先向商标局申请注册，在后申请人的申请通常是难以得到核准的，除非有证据证明在先申请行为是为了利用他人的商业信誉恶意抢注商标的行为。

第三节　商标权的内容

一、商标权人的权利

商标权是商标法的重点。各国商标法中对于商标权的内容都有详细的规定。商标权作为民事权利仅体现为一种财产权。其核心在于排他或专有效力。具体而言，商标权的内容主要表现为以下几个方面。

1. 商标权人拥有的是一种财产性的专有权利

使用商标的目的在于使公众能够区分市场上同类或类似商品的出处。不同的生产者通过不同的商标以表示商品的不同来源。商标权人通过商标的长期使用，使公众认可了该商标与其提供的特定商品间的联系。这种联系便是商标的区别作用的基础。法律所要保护的也正是这种联系。商标的使用包括产品的生产者或销售者在产品或者产品的包装上直接使用，还包括服务的提供者在服务场所的使用。不仅如此，在广告中宣传自己的商标也是一种使用方式。商标权人使用商标以示区别是为了维护各自建立起来的客户群。这直接反映出其财产利益之所在。本质上看，商标权中所凝结的商誉就是一种财产利益，这其中并不包含任何真正意义的人格利益。

2. 商标权人有禁止他人使用其商标的权利

商标作为一种无体财产在事实上可以同时为多数人占有。这就使商标权人许可他人使用其商标成为可能。法律上对于这种可能性的确认和保护，即表现为商标权人有禁止他人使用其商标的权利，许可只是禁止权的一种行使方式而已，即表现为“不禁止”。这种禁止权是商标权人专有权的基础。商标权人对其自己享有的具备财产性质的民事权的支配，正是源自这种禁止权或者专有权。在法律上则表现为他人未经权利人许可则不得使用商标权人的商标。因此这种禁止权当为商标权的核心。商标权人在许可他人使用其商标时，可以要求一定的对价，在合同中常常表现为商标许可使用费。各国的合同法都对这种商标使用许可合同予以保护。我国商标法还要求商标权人在订立合同后将许可合同副本由许可方报送商标局备案。

3. 商标权人有权处分其商标

商标权作为一种支配权，其权利人对于权利的处分可以是多方面的，比如转让、放弃等。就转让而言，商标权人可以转让自己的商标权，但商标权转让行为必须附带一定条件。比如，美国、德国、意大利、瑞士等国的商标法都曾经要求商标的转让必须连同先前使用该商标的企业或者至少是企业的一部分一并转让。这种规定的目的是保护公众的利益，防止商标转让后使用同一商标的商品质量发生突变，以致造成公众的误购。又如，商标权人转让了其商标在某些商品上使用的权利，但同时保留了在另一些商品上的使用权，且这些商品属于类似商品，这也可能造成出处混淆的后果。这种转让在法律上也是不允许的，《巴黎公约》第 6 条第 4 项对此有明确规定。不过《巴黎公约》的规定只是赋予了成员有权对此种行为的法律效力予以否定。我国商标法律制度中，虽未对商标连同企业或商誉转让作出规定，但明确规定在同种或者类似商品上注册的相同或者近似商标必须一并转让。

我国商标法在规定商标权人的权利的同时，还对注册商标专用权作了适当的限制。这种限制主要表现为：商标注册人申请商标注册前，他人已经在同一种商品或者类似商品上先于商标注册人使用与注册商标相同或者近似并有一定影响的商标的，注册商标专用权人无权禁止该使用人在原使用范围内继续使用该商标。这一规定与我国专利法中的先用权类似。但考虑到商标与专利的不同属性，我国商标法规定，尽管商标权人不能禁止先用人继续使用其商标，但可以要求其附加适当区别标识，因为市场混淆不仅影响商标使用人的利益，同时会侵害消费者利益。

除此以外，我国商标法还规定了商标权人不得禁止他人正当使用其注册商标中含有的本商品的通用名称、图形、型号，或者直接表示商品的质量、主要原料、功能、用途、重量、数量及其他特点，或者含有的地名。类似地，对于立体商标，注册商标专用权人无权禁止他人正当使用三维商标标志中含有的商品自身的性质产生的形状、为获得技术效果而需有的商品形状或者使商品具有实质性价值的形状。但这种情形是否属于对商标权的限制有不同的解释。因为商标权保护的对象必须具备显著性，而前述商品通用名称、图形以及与商品自身属性或功能、效果相关的造型等原本就不具备显著性。故而它们在法律上根本就不属于商标权保护的范围。从这种意义上讲，这类规定不属于严格意义上的对商标权的限制，因为按照形式逻辑，只有权利存在之后才可能谈得上对权利的限制。原本就是无权行为，自然也就不可能将其解释为权利限制。权利限制应该是在权利的范围内作出的限制。

此外，时下流行的所谓“商标权中的禁止权大于使用权”的说法，在法理上是值得推敲的。这种说法的依据主要来自商标法规定注册商标权人不得随意改变商标图案的规定，即《商标法》第 24 条规定：“注册商标需要改变其标志的，应当重新提出注册申请。”第 49 条第 1 款规定：“商标注册人在使用注册商标的过程中，自行改变注册商标、注册人名义、地址或者其他注册事项的，由地方工商行政管理部门责令限期改正；期满不改正的，由商标局撤销其注册商标。”从这两条规定看，商标注册人使用注册商标不得变更商标标志，即使是近似商标也不得使用。但只要仔细分析这两条规定即可发现，如果不以注册商标名义，商标权人是可以改变商标标志的，即在不使用注册标志的前提下，改变商标并不违反前述规定。至于注册行为与商标权的关系，法理上注册核准只是一种行政确认行为，即对标志与商品间联系的一种行政确认，而非创设民事权利的行为。可见，前述规定仅仅是针对注册商标使用中的行政法律规范，是商标注册行政机关管理注册商标使用的规范，并不涉及作为民事权利的商标权的内容或效力。

二、商标权人的义务

商标权人在享有权利的同时还需承担相应的义务。这种义务主要表现在以下几个方面。

1. 关于商标使用方面的义务

在行政法上，商标权人在使用其注册商标时不得随意改变其商标的构成，否则便违反了商标使用行政管理上的规定。由于注册商标申请在核准时都须经过行政部门公告，因而要求注册商标的使用必须与公告的标志相同是符合情理的。更为重要的是商标权人有使用其商标的义务，不可长期将商标闲置不用，以致资源浪费。我国商标法中规定注册商标不得“没有正当理由连续三年不使用”。在我国商标法上使用商标不仅是一种权利，同时也是一种义务。商标法规定使用义务，完全是出于对公共利益的考虑，主要是为了防止有人将有关商标素材注册后囤积居奇，牟取不正当利益。近年来由于政策误读的原因导致大量商标的注册不是为了使用，进而导致我国商标制度的实施效果受到严重影响，造成司法、行政资源的大量浪费。

2. 关于商标权转让、许可使用方面的义务

商标转让或许可他人使用是商标权人的权利。但注册商标的转让和许可，商标权人有义务履行一定的法律程序。依照我国商标法，注册商标转让必须由转让人和受让人共同向商标局提出申请；转让需经商标局核准并公告方可对抗第三人。对于未注册商标的转让，现行法律没有规定严格的申请、核准以及公告手续，但有一点是不言自明的，即不得在市场中造成混淆或者商品粗制滥造的后果。此外，对于许可他人使用其注册商标的，使用许可合同应当向商标局备案，经商标局公告的合同才能对抗善意第三人。

当然，对于注册商标权人而言，还有一些因注册行为而产生的义务，比如在申请、核准、续展等程序中应当向商标局缴纳相应的费用等。

【引例评析】

尽管从理论上讲注册和使用都可以产生商标权，但依照我国现行商标法，申请注册是产生商标权最为简捷且稳定的途径。通常，商标注册申请一旦被核准，申请人便对其申请的标志享有注册商标专用权，除非该商标注册申请属恶意注册。比如，为利用他人的商誉将他人未注册的有知名度的商标作为自己的商标申请注册。在本案中，甲将“长城”作为商标使用在汽车变速箱上尚不足两年，且其销售范围有限，认定其为驰名商标存在困难。在现行商标制度下，当乙的商标注册申请被核准之后，有权要求甲停止在同种或类似商品上使用与其注册商标相同或相似的商标，除非甲能够证明乙的注册行为存在恶意。

【本章小结】

1. 商标权的产生方式无非两种，即注册或使用。各国的商标法无不是在这两种方式上针对各自的国情进行取舍。比如，确定其中一种方式为商标权的法定产生方式，或者将两种方式均定为商标权的法定产生方式。我国商标法则是采取了注册主义为主的方式，但同时又对使用主义给予了一定考虑，如对未注册的驰名商标赋予了专有权。

2. 显著性是每一个商标均应具备的特征。不具备显著性的标志是无法起到区别作用的。因此凡作为商标使用的标志必须具备显著性。标志的显著性可以因为独到的设计与生俱来，比如强商标；也可以在长期的使用中不断积累，商标的第二含义就是这样产生的。如果使用不当，商标的显著性还可能被淡化。另外商标的标志及其使用均不得违反法律和公序良俗。

3. 商标权人既对其商标享有权利，同时还应就商标的使用承担一定义务。其中商标权的内容主要为禁止他人使用其商标，当然商标权人也可以自行处分其商标权。

【练习题】

1. 名词解释

先注册原则　显著性　第二含义　商标权　注册商标

2. 思考题

（1）简述注册商标应当具备的条件。

（2）简述商标显著性的含义。

（3）商标权人享有哪些权利？

（4）比较商标权产生方式中使用原则与注册原则的优劣。

3. 案例分析题

有人以“PDA”（personal digital assistant）作为商标，并申请注册在电子计算机及其外部设备、中英文电脑记事本等产品上。还有人将“TH-OCR”申请注册在电子计算机及其外部设备、计算机程序等产品上，这里“OCR”为 optical character recognition 的缩写。

问题：

这两个标记是否具备显著性？

分析要点提示：

判断显著性应当首先弄清这两个标记是否属于使用标记的商品的通用名称或直接描述商品的性能、原料等属性。

即测即评

第二十章　商标注册、续展与无效

【本章引例】

个体工商户甲欲以“耗子洞”三字作为其产品的商标。在申请商标注册时，甲除了自己手书的“耗子洞”三字之外，再无其他书面文件。故而，该申请未被商标局受理。甲在申请商标注册时应当提交哪些书面文件?

【本章学习目标】

通过本章的学习，你应该能够：

- 弄清商标的注册、续展等程序的意义
- 掌握我国商标法规定的商标注册、续展以及商标无效宣告等的基本程序

第一节　商标注册的程序

由于各国法律、国情不同，申请商标注册的手续亦有所不同。比如，各国对于申请商标注册所需提交的文件种类和数量都不尽相同。这里主要介绍我国商标法所规定的有关程序。

一、商标注册的申请

申请商标注册时，申请人必须声明申请注册的商标所使用的商品类别和商品名称。在商品分类上我国曾经采用自己制定的 78 类商品分类表。后为了方便国际交往，转而采用《尼斯协定》所确立的《用于商标注册的产品与服务国际分类表》。依照该分类表，所有的商品被分作 42 类，其中产品 34 类，服务 8 类。申请人填写有关申请文件时，应当在《商标注册申请书》中依照分类表明确填写使用商标的商品类别和名称。如果申报的商品名称未被列入商品分类表，申请人应当附送其申报商品的说明。我国商标法允许跨类别申请商标注册。这就是说，一个申请案允许提出在不同类别的商品上使用同一商标的请求。注册申请一旦被核准，其注册效力仅限于被核准的商品范围之内。如果注册商标权利人需要在注册范围以外的其他商品上以注册商标的方式使用商标，即使这些商品与其被注册核准使用的商品属于同一类别，也必须重新申请注册，否则不得以注册商标的方式使用。在 2013

年《商标法》修订后，商标注册申请文件的提交方式既可以以书面形式提交，也可以以数据电文形式提交。

申请商标注册通常至少应当向商标局提交如下申请文件：第一，商标注册申请书一份。第二，商标图样一份，若以颜色组合或者着色图样申请商标注册的，还应当提交着色图样。第三，商标图样的黑白墨稿一份。商标图样必须清晰、便于粘贴，用光洁耐用的纸张印制或者用照片代替。图样的长和宽不应大于10厘米、小于5厘米。如果申请人申请的是立体商标，其提交的图样应当能够反映出该三维标志的整体。若以声音标志申请商标注册，应当在申请书中予以声明，提交符合要求的声音样本，并对申请注册的声音商标进行描述，说明商标的使用方式。对声音商标进行描述，应当以五线谱或者简谱对申请用作商标的声音加以描述并附加文字说明；无法以五线谱或者简谱描述的，应当以文字加以描述；商标描述与声音样本应当一致。如果商标图样为外文或者包含外文，应当解释其含义；没有含义的，应当明确表示该文字没有任何含义。如果申请人委托了代理人，还应当出具授权委托书。申请中要求商标优先权的申请人还需提交有关优先权的证明等文件。

二、商标注册申请的审查

商标局在受理商标注册申请之后，将依照商标法对申请案进行审查。审查内容除了前述的显著性和符合公共秩序、善良风俗外，还需审查是否有他人将相同或者类似的商标标志已经注册在同种或者类似商品上，或者是否有他人在申请日之前已经向商标局提出了相同或者类似的商标注册申请并且申请注册在同种或者类似商品上。只要出现以上情况中的任何一种，该商标注册申请将被驳回。现实中常有这种情况出现，一个申请案中的某些商品已经有人注册在先，但另外一些非类似商品尚无人申请注册。对这种申请案商标局会要求申请人限期修改其商标使用范围。如果申请人不予修正，其申请将被驳回。申请人对于驳回决定不服的，依照现行商标法可以在收到驳回通知书之日起15日内，向商标评审委员会提出复审请求。申请人若是对商标评审委员会的决定不服，可以自收到通知之日起30日内，向北京知识产权法院提起行政诉讼。

经审查符合商标法要求的商标注册申请案，将由商标局依法初步审定，并予以公告。对于初步审定公告的商标，各国商标法都规定了异议程序。即他人认为该商标不应当被核准注册的，可以在审定公告后向商标局提出异议。我国商标法为了避免异议程序被滥用，针对不同的异议理由对异议人的资格作了限定。即在商标初步审定公告之日起3个月内，在先权利人、利害关系人认为该商标注册将有可能侵害其驰名商标、地理标记、未注册商标等在先权益，或者存在与其已注册商标相冲突、违反先申请原则等情形，可以向商标局提出异议。这里的异议人只能是在先权利人或者利害关系人。但是，对于商标注册存在违反我国《商标法》第10条规定的有关公序良俗情形或者缺乏显著性的情形，任何人都可以向商标局提出异议。在公告期满没有人提出异议的，即核准该注册申请，发给商标注册证，并予公告。商标局接到异议请求后，应当听取异议人和被异议人陈述事实和理由，经调查核实后，作出是否准予注册的决定，并书面通知异议人和被异议人。

商标局作出准予注册决定后将向商标注册人发给商标注册证，并予公告。异议人不服的，可以向商标评审委员会请求宣告该注册商标无效。商标局作出不予注册决定，被异议人不服的，可以自收到通知之日起15日内向商标评审委员会申请复审。被异议人对商标评审委员会的决定不服的，可以自收到通知之日起30日内向北京知识产权法院起诉。法院应当通知异议人作为第三人参加诉讼。2013 年《商标法》对异议程序的修改在一定程度上缩短了商标注册审查的周期。根据我国现行商标法，商标注册的有效期为 10 年，自核准注册之日起计算。现实中在当有人提出异议时无疑将可能延迟核准注册的时间。为了充分保护商标权人的利益，防止有人恶意利用异议程序，现行商标法规定，经裁定异议不能成立而核准注册的，商标注册申请人取得商标专用权的时间自初审公告 3 个月期满之日起计算。

参考案例 20－1

美国斯丽法公司就“Slim Fast”向商标局提出商标注册申请，其使用的产品范围是：兽药、婴儿食品、膏药、医用包扎材料、牙填料、牙科用蜡、消毒剂、杀虫剂、杀真菌剂、人用药品、医药卫生制剂、医用营养品、医用营养减肥食物、维持身体并控制体重的代替正餐的医用食物、医用营养饮料（冲剂或液体）、成套的医用营养食物等产品。商标局在审查后认为，“Slim Fast”的英文含义为快速苗条，用于其申请的有关产品上直接表示了产品的功能，故要求申请人删除包括“人用药品”在内的部分产品。但申请人未在规定时间内修正其申请。于是商标局作出驳回申请的决定。申请人对此不服，向商标评审委员会申请复审。申请人认为，“Slim Fast”从未被人们用于形容产品的特效，即使有对产品的描述，最多也是隐含暗示性的。但商标评审委员会认为，“Slim Fast”两单词含义明确，不宜用在人用药品等产品上。故对在人用药品、医药卫生制剂、医用营养品、医用营养减肥食物、维持身体并控制体重的代替正餐的医用食物、医用营养饮料（冲剂或液体）、成套的医用营养食物等产品上使用“Slim Fast”商标的申请予以驳回，但对前述其他产品的申请予以审定公告。申请人未就商标评审委员会的决定向法院提起行政诉讼。

第二节　商标权的续展与商标变更

一、商标权的续展

各国法律都对知识产权的有效期作了规定，商标权也不例外。与其他知识产权不同的是，法律允许商标权在保护期届满前进行续展，且在正常情况下续展次数不受限制。而其他知识产权通常不可续展或者只允许有限次数的续展。比如，有的国家允许专利权进行一至两次续展；我国 1984 年《专利法》就允许外观设计专利和实用新型专利进行一次续展。从理论上讲，无论是专利法还是著作权法，其保护对象在超过保护期后都将进入公有领域。唯有商标法允许商标权不断的续展下去。究其原因，是因为专利法和著作权法所保护的都是智力成果。智力成果的产生靠的是智力劳动者的一次性投入，其全部构成和形态在创造该智力成果时的创造性智力劳动完结时已经形成并被固定，因而其价值形态也已成为客观状态。而商标作为一种工商业标记，其价值是在使用中产生并逐渐积累起来的。一个商标如果从来未曾投入使用，作为狭义的商标它是没有价值的，因为此时该商标不会在消费者心中产生任何影响。只有通过实际使用才能逐渐让消费者认识到该商标与特定商品间的联系，而这种联系正是商标的价值所在。既然商标的价值是在商标的使用过程中不断积累的，因此商标法应当允许商标权的续展。

我国现行《商标法》规定，商标续展注册应当在注册商标有效期届满前 12 个月内提出申请；在此期间如果未能提出续展申请，法律还规定了补救措施，即在保护期届满后还给予了 6 个月的宽展期。如果在宽展期内仍未提出续展注册申请，那么该注册商标将被注销。每次商标续展的有效期为 10 年，从续展前保护期届满之日的第 2 天起算。

二、商标变更

从一般意义上讲，商标变更至少包含两层含义：第一，商标标志的变更；第二，商标权人名义或地址等注录项目的变更。商标图案或者造型的变更包括对商标图案、造型或声音等构成商标标志的要素的变更。在我国，商标权通常需经过注册申请、审查等特定法律程序的确认才能成立，因此权利的效力和范围直接依赖于确认权利时登记和公告的商标标志。理论上任何一种具有对世性的权利都应当经过公示程序才能对抗第三人。商标公告正是实现这种公示的一个程序。如果法律允许商标权人擅自变更其商标标志，则可能导致注册商标的权利范围周界变得模糊。这无疑降低了商标注册制度的优越性，使公众不能准确判断商标权的效力范围，有可能直接危害正常的交易安全。因为公众正是通过商标公告所刊登的商标图案了解和掌握商标权的效力范围的。如果法律允许商标权人随意变更注册商标图案，则有损商标注册制度的公信力。所以我国法律规定，如果需要改变注册商标的标志，必须另行申请注册。但是，在我国商标法上，这种变更商标标志的情况不属于商标变更的范围。我国商标法中所称商标变更仅指前述第二种情形。这是我国商标法在长期实施中所形成的习惯所致。

对于商标权人名义或地址的变更，依法只需办理有关的变更手续即可，无须另行申请商标注册。很显然，这种变更在审查程序方面相对简单。申请变更商标注册人名义的，应当向商标局交送变更商标申请书和变更证明各一份，并交回原商标注册证。经商标局核准后将原商标注册证加注发还，并予以公告。对于申请变更商标注册人地址或其他注册事项的，每一个申请应当向商标局交送变更商标注册人名义申请书和变更其他注册事项申请书，以及有关变更证明各一份，并交回原商标注册证。经商标局核准后将原商标注册证加注发还，并予以公告。

需要注意的是，商标权人在申请变更商标注册人名义或地址时，应当一并将其所有的注册商标全部办理变更手续，否则也有可能导致公众误解。

第三节　商标无效宣告程序

由于对注册商标申请的审查是一件非常复杂的工作，其中存在着许多主观或客观因素。基于当事人提交证据的完整程度以及审查员主观认识的差异，难免会在审查中出现某些有争议的问题甚至失误。对于这些可能的争议或失误在法律程序上应当有补救的手段。前述商标注册申请审查中的异议程序就是其中之一。我国现行商标法是将异议程序置于核准注册和授权之前。如果有关当事人在 3 个月的异议期内由于不知情而未能提出异议，在法律上还可以通过商标注册申请核准之后的无效宣告程序得到补救。

根据提起无效宣告的理由不同，注册商标无效宣告可以分作两类。第一类是一商标的注册与在先注册的商标存在冲突所引起的无效宣告。依照我国现行商标法，在先权利人或者利害关系人可以直接向商标评审委员会提出无效宣告请求。如果申请人提出的理由成立，商标评审委员会将宣告该注册商标无效。需要注意的是，对于这类争议在法律上各国

通常都规定了一个争议期。多数国家规定为3年或者5年。我国商标法规定了从注册之日起算的5年的期限。但对恶意注册的不受此期限的限制。规定这一期限的目的在于维护市场秩序的稳定或增强市场规则的可预测性。

与专利制度相比，专利法中并未规定无效宣告的申请期限，即使是保护期已经届满的专利，法律上也允许提出无效宣告请求。由于商标的价值是在使用中产生和增值的，商标权人为树立其商标形象会不断地对其商标有所投入，比如针对商标的广告宣传等。如果法律上不规定一个期限，便会直接影响商标权的稳定性，进而影响正常的商业活动。出于这种考虑，各国商标法中都有类似的期限。一旦过了期限，商标即成为无争议商标。但是，商标法中规定期限太长或太短，都不利于发挥该制度的作用。在2001年修订《商标法》之前，我国《商标法》规定的商标争议期仅为1年。现实中许多利害关系人在发现注册商标争议问题时，往往已经超过了法律规定的为期1年的争议期。因此，2001年《商标法》将商标争议期增加到5年。

第二类宣告注册商标无效的情形是指由于商标注册违反了注册商标依法所要求的禁止性规范。所谓违反商标注册的禁止性规范，主要是指如商标不具备显著性、违反公序良俗或善良风尚等。比如，我国《商标法》规定不得将公众知晓的外国地名作为商标注册，不得将国旗、国徽、军旗、勋章，国际组织的旗帜、徽章等作为商标注册等。

对于第二类商标无效宣告，我国商标法上没有规定期限。换言之这类商标争议不受时间限制，任何时候都可以提出商标争议。需要指出的是，对于这类商标的争议，由于其违反了商标法禁止性规范或者采取了非法手段，故其行为危害的是正常的市场秩序。所以法律规定商标局在发现这些情况后可以主动作出宣告注册商标无效的决定。任何其他人若发现注册商标有违反公共秩序或善良风俗的，或者注册商标不具有显著性的情形，可直接向商标评审委员会提出无效宣告请求。

应当指出的是，无论是商标局还是商标评审委员会在作出有关注册商标无效的决定或者裁定后，该裁定或者决定对在注册商标被宣告无效前人民法院作出并已执行的商标侵权案件的判决、裁定，地方政府行政管理部门作出并已执行的商标侵权案件的处理决定，以及已经履行的商标转让或者使用许可合同，不具有追溯力；但是，如果不返还商标侵权赔偿金、商标转让费、商标使用费，明显违反公平原则的，则应全部或者部分返还。对于因原商标注册人恶意给他人造成的损失，则仍然应当给予赔偿。

【引例评析】

甲在申请商标注册时至少应当提供下列文件：商标注册申请书一份、商标图样十份、商标图案的黑白墨稿一份以及商标注册申请人的身份证明，如营业执照等。如果申请人委托代理人的，还需提供委托书；要求优先权的，还需提交优先权证明等。甲未按商标法要求提供相应的文件，其申请自然不能被受理。

【本章小结】

1. 商标注册程序始于申请。申请人必须严格按照法律规定的程序和要求向商标局提出注册申请。商标局在受理商标注册申请后，将依法进行审查。审查的内容包括是否满足商标法所规定的相关条件，是否与在先权利相冲突等。对于符合要求的申请，予以核准。

2. 商标权有效期限为10年，超过保护期，权利便终止了。为了延续商标权，法律规定了续展程序。在办理续展注册后，商标权将可再延续 10 年。

3. 根据我国商标法，注册不当的商标可以被宣告无效。通常提出商标争议是有 5 年时效限制的，但对于违反商标法的禁止性规范，或采用欺骗手段、不正当手段取得注册的商标，不受该期限限制。

【练习题】

1. 名词解释

商标注册　商标续展注册　商标无效宣告

2. 思考题

（1）如何申请商标注册？

（2）简述商标续展的程序和条件。

（3）在我国商标法中，如何处理不当注册？

3. 案例分析题

招商银行向商标局申请“一卡通”商标的注册申请，其使用商品范围是第 36 类金融服务等。商标局在审查后认为，该商标直接描述了所指定使用的服务的内容和特点，故驳回该商标的注册申请。申请人不服，请求商标评审委员会复审。

问题：

商标评审委员会是否应当准许该申请商标初步审定公告？

分析要点提示：

现实中除招商银行外尚无其他金融机构使用该标记。该标记经一定时间的宣传已经在公众中具有知名度。虽然该商标与其所使用的服务存在一定联系，商标评审委员会认为该商标在具体的使用中已经产生了显著性，故可以初步审定。

即测即评

第二十一章　商标权的保护

【本章引例】

“Dupont”（杜邦）的产品在世界许多国家可谓家喻户晓。改革开放后，杜邦公司在中国也有了大量的投资，并就“Dupont”进行了广泛的宣传。如今“Dupont”作为商标已在许多门类的商品上注册。问：当有人在其未曾注册的商品上使用“Dupont”作为商标使用时，商标权人能否制止这种行为？

【本章学习目标】

通过本章的学习，你应该能够：

- 掌握侵犯商标权的行为构成要件以及侵权人可能承担的法律责任
- 了解驰名商标在法律上所受到的特别保护的效力和范围

第一节　侵犯商标权的行为

一、侵犯商标权行为的构成

侵犯商标权行为的界定是商标法中的最为重要的问题之一。界定侵权行为必须了解其构成要件。侵犯商标权的行为作为侵权行为的一种，在我国现行法律框架下至少应当具备下面几个构成要件。

1. 被侵权人确实拥有受法律保护的商标权

这一要件包含了两层含义：首先，所述商标应当是法律保护的范围。一个属于法律保护范围内的商标才可能拥有商标权，而商标权的存在是讨论侵犯商标权问题的前提。比如，气味商标在我国现阶段不可能依照商标法申请注册，自然不能套用商标法的规定主张商标权。关于商标权的产生在前面章节已有详尽论述。如果法律根本不保护该商标，则无所谓侵犯商标权之说。其次，被侵权人确实拥有商标权。只有被侵权人确实拥有商标权，才可能被他人侵犯；否则，他人的行为或者根本不构成侵权，或者侵犯的是他人权利或者其他权利。

2. 侵权人存在主观过错

同大多数侵犯民事权利的行为一样，侵犯商标权的行为在归责时同样要求侵权人在主观上应当有过错。

从理论上讲，过错责任原则是行使债权请求权，尤其是损害赔偿请求权时才应当考虑的原则。作为物权请求权或者不当得利请求权的行使，无论是停止侵害或者返还不当得利等具体请求权的实现，均不要求侵害人存在主观过错。只是我国1986年颁布的《民法通则》第106条第2款、第3款的规定，致使在现行法律框架下无法区分债权请求权和物权请求的区别。不过这一规定中存在的问题并不影响对侵犯商标权案件的处理。

3. 侵权人对受法律保护的商标权实施了侵害的行为

商标权表现为权利人对其商标的独占性的支配关系，以及他人对于这种支配关系的尊重和认可。任何人未经权利人许可擅自使用受保护的商标，即破坏了权利人与商标之间的独占性的支配关系。这种支配关系的背后往往伴随着相应的财产利益。故而，独占关系的破坏也必然会伴之以权利人一定的利益损失。权利人要求法律保护其与商标间的独占关系，其最终目的还是在于对其财产利益的保护。

在判断侵犯商标权的行为时，应从总体上就涉嫌侵犯商标权的行为进行分析。未经许可使用与他人受保护的商标相同的标志的行为较容易判断。相比之下，较为困难的是如何判断相似商标。判断商标相似既要从商标的形象或者造型等视觉要素进行判断，还要考虑包括商标的读音、商标的含义、商标的使用方式等其他方面的因素。比如，上海曾出现“露霞”和“霞露”两个均以草书汉字构成的商标，二者都用在化妆品上。尽管二者汉字排列顺序不同，整体考查两商标的构图，因两汉字本身造型相似，加之两商标中的文字均以草书写成，故应将该二商标认定为相似商标。又如，国外某厂商以“M&M's”作为其巧克力豆的商标，有人以“W&W's”为商标用于长条状巧克力食品上。看上去构成两商标的主体部分显然并不相同，但当把字母“W”设计成与字母“M”一样的黑体字型，且巧克力包装做成长条形状置于柜台里或货架上时，购买者往往难以辨别正反，很容易上当受骗。所以判断商标是否相似，应当综合考虑各种因素，只要可能造成误认，则可认为相似。

在判断商标是否相似时，最为重要的原则就是是否会在普通消费者中造成混淆。客观地讲，只有在两个商标间存在不同之处时，才会考虑商标间的相似判断问题。但如果商标间的这种差异不会引起消费者的特别关注，以致当贴有两个不同商标的商品分别存在时，会使消费者混淆，则可认为该二商标相似。可见，判断商标间相似关系时，判断主体应当以普通消费者的注意程度去观察商标。高于普通消费者的注意程度则可能导致损害消费者利益，侵犯商标权的行为得不到惩处；而低于普通消费者的注意程度则可能对商品的生产者或提供者不公。另外，在判断商标相似时应当分别单独观察使用两个商标的商品，而不应当将两个商品并排放在一起比较。因为消费者在现实中接触相关商品时往往是分别在不同场所单独接触其中一种，而不是同时在一个场所见到并排摆放的使用两个商标的商品。有人将这种比较方法叫作隔离观察法或单独比较法。

参考案例 21-1

吉利公司将生产的一种微型汽车的商标命名为“美日”。该汽车使用了外部轮廓为椭圆、内部为字母M的变形、中间一道横线的图形商标。日本丰田公司认为该商标同其商标非常近似，侵犯了其商标权，故起诉至法院。法院在对当事人提交的全部证据作了认真审查后认为，由于消费者在购买汽车产品时的注意程度远高于低值消费品，因此消费者不会因为该二商标都采用了椭圆的外部轮廓而将丰田汽车混淆为吉利汽车。商标的作用就在于区别产品的生产者或者服务的提供者。如果该标志不足以造成消费者的误认或混淆，则不应当认为侵犯了商标权。故法院驳回了丰田公司关于侵犯商标权的诉讼。

二、侵犯商标权行为的表现

侵犯商标权行为的表现形式是非常丰富的。大体上可以分为以下几类：

（1）未经商标注册人的许可，在同一种商品上使用与其注册商标相同的商标的行为。这是最为典型的侵犯商标权的行为。商标权的核心即是排斥他人以同样的方式使用可能造成混淆的商标。在这里，如果他人未经许可在同一种商品上使用相同的商标，无疑会造成消费者误认和混淆。从这种意义上讲，这种行为是最为直接的赤裸裸的侵犯商标权的行为。现实中对于这种侵权行为的惩处力度也是最大的。

从法律上讲，要避免侵权而合法地使用他人商标原则上应当得到商标权人的许可。许可的方式可以有独占、排他或普通许可等多种选择。当然，通过权利转让的方式从原商标权人处取得商标权，进而成为新的商标权人，自然也就可以使用该商标了。

参考案例 21－2

浙江绍兴唐某、金某等人先后从贵州购买假冒的茅台和董酒酒瓶数千个，以及大量假冒的茅台、董酒商标标识，并委托印制了茅台、董酒外包装箱数百个。唐某、金某等人组织他人用普通白酒罐装后以每瓶 100 余元的价格对外批发，共获利 25 万元。在事情败露后，有关机关查扣的尚未售出的假茅台酒达 5 000 余瓶，假董酒 1 500 余瓶。唐某、金某等人的行为即属于典型的、未作任何掩饰的侵犯商标权的行为。本案的有关责任人已被追究刑事责任。

（2）未经商标注册人的许可，在同一种商品上使用与其注册商标近似的商标，或者在类似商品上使用与其注册商标相同或者近似的商标，容易导致混淆的行为。相对于前一种侵权行为，这种侵犯商标权的行为在形式上相对隐晦。具体反映在商标的图案或者使用商标的商品有所不同。因此，在判定侵权的条件上较之前一种侵权行为条件也有所不同，即只有在可能导致混淆的情况下才会被认为属于侵权行为。

现实中，将与他人注册商标相同或者近似的标志用于同一种或者类似商品的名称或者装潢，并足以造成误认的行为也属于这里所介绍的侵犯商标权的行为。商标的价值体现为消费者所认同的商品与商标间的联系。这种联系往往引导消费者在市场上选择不同生产者所提供的同种或者类似商品。将他人商标用作商品名称或者装潢的行为与前述侵犯商标权的行为仅仅是形式上的差异，并无法律意义上的区别。比如，曾有厂商以“五粮液”作为其自产的白酒的特定商品名称使用，尽管该厂商同时使用了其自己的商标，但这种行为仍然侵犯了五粮液酒厂的商标权，因为其行为在事实上使用了他人商标，且使用方式造成了消费者误认。

这里需要注意的是，在不同种类的商品上使用相同或者相近似的商标，在通常情况下，商标法并不禁止。因为商标权的效力一般仅及于同种或者类似商品上的商标使用。我国《商标法》第 56 条规定：“注册商标的专用权，以核准注册的商标和核定使用的商品为限。”这就是说，在不类似的商品上使用相同或者相似的商标，一般不侵犯商标权。前面章节中曾提到我国现有许多不同厂商生产或提供的不同门类的商品均以“长城”“牡丹”“熊猫”等为商标的情况便是佐证。但是对于驰名商标则另当别论。根据世界贸易组织的《TRIPS 协议》和现行商标法的规定，对驰名商标其商标权的效力可以延伸到不同种类的商品。关于驰名商标的保护将在后面详述。

（3）伪造、擅自制造其注册商标标识或者销售伪造、擅自制造的受法律保护的商标标识的行为。商标标识是商标的一种载体，其材料可以是金属，也可以是纸质或者塑料等其他材料。只要能够印制商标图案或者塑造商标造型的材料都可能用来制作商标标识。严格地讲，制造商标标识的行为并未将商品与商标标志联系到一起，即并未在该商标所核准的商品范围内使用商标。但如果制造商标标识的目的是为下一步冒充他人商标的行为作准备，这种行为也应当为法律所禁止。这种伪造的商标标识流传于世，为那些冒牌商品的存在提供了方便。从维护商标权人利益的角度看，这种行为理所当然地应当禁止。在我国，伪造或者擅自制造注册商标标识，以及销售伪造、擅自制造的受法律保护的商标标识的行为均为侵犯商标权的行为。在侵权法上，这种行为也可认定为帮助侵权行为。

（4）销售侵犯商标权的商品的行为。生产冒牌商品的目的通常是牟取暴利，而冒牌商品的销售则是实现这种非法利益的手段。如果在法律上不对销售冒牌商品的行为予以禁止，要充分保护商标权是不可能的。造就良好的商标权保护环境应当综合运用各种法律手段，堵塞冒牌商品的销售渠道则是最为有效的手段之一。前面已经谈到，商标权的效力及于在同种或类似商品上使用相同或者近似商标。销售者在其销售的商品上使用了相同或者相似的商标，如果该商品与商标权人使用的商品属于同种或者类似并可能造成混淆，则销售者的行为理所当然地属于侵权行为。因为其销售的是侵权产品，其销售行为直接利用了他人受法律保护的商标。

当然，从侵权法理论的角度上看，根据过错责任原则并非所有的销售冒牌商品的行为都应承担赔偿责任。对于那些在不知情的情况下所销售的冒牌商品的销售者，可以不承担赔偿责任。这属于侵权法上的善意侵权。但是如果是由于销售商自身的过错而导致其不知销售的商品为侵权商品，当事人仍需承担责任。需要特别说明的是，当一个商家确因不知情而购进一批冒牌商品，销售过程中商标权人告知其销售的商品为冒牌商品后，销售商仍继续销售，则不可以以不知情作为其继续销售冒牌商品的侵权抗辩理由。

（5）故意为侵犯商标权提供方便，帮助他人实施侵权行为的。前述的侵权行为都直接涉及受保护的商标。现实中一些行为并未直接涉及商标，而是为侵犯商标权的行为的实施提供条件或者方便。有学者将这类行为称为间接侵权。对这种行为侵权与否的认定各国法律规定不尽相同。但通常对于故意为侵权行为的实施提供方便的，多界定为共同侵权行为。我国的《商标法实施条例》第 75 条规定，“为侵犯他人商标专用权提供仓储、运输、邮寄、印制、隐匿、经营场所、网络商品交易平台等”则属这类行为。

（6）在 2001 年修订《商标法》时，侵权行为的形式中又增加了一种“未经商标注册人同意，更换其注册商标并将该更换商标的商品又投入市场的”行为。有学者将这种行为称为“反向假冒”。尽管现行商标法中对这种行为已经明确为侵犯注册商标专有权的行为，但学术界对于这种行为是否侵犯商标权尚存在激烈的争论。对这一规定持肯定态度的学者认为，将他人商标从商品上更换的行为事实上剥夺了商标权人的商标与消费者见面的机会，从而进一步剥夺了该商标在消费者中建立起商誉的机会。因此，这种行为侵犯了权利人的商标权。持否定观点的学者则认为，商标权必须以对商标的使用为基础。这种行为事实上没有使用他人商标，何以侵犯他人商标权？双方争议的焦点主要在于这种行为是否侵犯商标权，而不是法律对于这种行为的一般评价。虽然学术界对于这个问题莫衷一是，但有一点是可以肯定的，即以零售价购买商品的买主作为最终用户肯定是可以随意处置其享有所有权的商品的。在极端情况下，最终用户甚至可以毁弃其购买的商品本身，即使该商品上还附带着商标。因为根据权利用尽原则，商标权人的权利已经用尽。由此至少可以推知，在商品零售价格中，一定已经包含了全部商标权的价值。即使该买主在购买商品后又将其转让他人，也不应当是侵权行为。

应当指出的是，侵犯商标权行为的具体表现在现实中还有许多，这里只是对一些较为典型和常见的侵权行为作了简单的分类和归纳，并未穷尽所有侵权行为。至于将他人注册商标、未注册的驰名商标作为企业名称中的商号或者作为网络域名使用且误导公众的行为，在我国现行制度下通常认定为不正当竞争行为，依照反不正当竞争法进行处理。

第二节　驰名商标的认定与法律保护

一、驰名商标的认定

关于驰名商标的概念，相关国际公约并未给出一个非常严谨的定义。但是，在许多国家的立法中都承认这个概念，并在执法活动中加以贯彻，即在执法中对驰名商标给予比普通商标更为严格的高水平的保护。

应当承认，驰名商标的最为重要的特征，即较高的知名度。我国商标法将驰名商标界定为："为相关公众所熟知"的商标。商标在社会中的知名度的高低是决定该商标可否被认定为驰名商标的关键条件。这种知名度在现实中往往被转化为该商标的商业信誉。驰名商标认定中的"相关公众"不同于"一般公众"的概念，尤其是对于应用范围局限于某一专业领域的商品只需要求其为相关领域的人员，如制造商、销售商、使用者所熟知即可。

从理论上讲，一个商标是否驰名是一种事实状态。实现这种状态需要商标权人长时期地妥善经营其商标，比如对其商标进行大量宣传。当一个商标的商誉从使用该商标的商品门类延伸到其他商品门类时，该商标也就成为驰名商标。对驰名商标实行跨类保护的目的就是防止他人非法利用延伸到不同门类商品上的商誉。

驰名商标的产生固然以商标权人长期苦心经营为前提，但在其寻求法律救济时，在法律程序上通常需由有关当局对商标是否驰名的事实状态加以认定。认定方式应当为被动认定。所谓被动认定，是指在发生商标纠纷时，驰名商标认定机关应当事人请求针对纠纷中涉案商标是否驰名作出认定。由于被动认定是在案发之后就纠纷所涉商标是否驰名商标作出的认定，因此这种认定方式也被称为事后认定。

关于驰名商标的认定机构有两个选择：一是由法院认定，即通过司法程序认定；二是由行政机关认定，即通过行政渠道认定。在我国现行体制下，无论是法院还是国家商标行政管理部门都有权认定驰名商标，只是它们各自认定驰名商标的效力有所不同。因为认定驰名商标的目的是解决具体的商标纠纷，所以只有在发生侵犯商标权或商标注册冲突等纠纷时才有意义。由于行政决定或裁定还需接受司法监督，故行政机关认定的驰名商标能否为司法机关所认可还需要相关证据佐证。因此如果纠纷诉至法院，法院在程序上还需对行政部门认定驰名商标的证据重新质证。由于现实中存在一些试图把驰名商标当作广告来作宣传的厂商，其认定驰名商标的目的另有醉翁之意，因此在 2013 年修订《商标法》时专门增加了第 14 条第 5 款："生产、经营者不得将'驰名商标'字样用于商品、商品包装或者容器上，或者用于广告宣传、展览以及其他商业活动中。"需要说明的是，这一规定并非禁止宣传该商标，只是禁止在各类宣传、广告等营销商业活动中声称自己是"驰名商标"。

驰名商标的认定仅仅是为了解决一起具体的商标纠纷。具体讲就是为了解决某一商标的声誉是否已经延伸到不同门类商品上的事实问题，即当他人未经许可在不同门类商品上使用商标权人的商标时是否侵权的问题。因此，即使是知名度很高的商标，在不涉及跨类别使用的情况下，是不需要认定驰名商标的。

我国现行商标法规定的认定驰名商标所应当考虑的条件包括："相关公众对该商标的知晓程度""该商标使用的持续时间""该商标的任何宣传工作的持续时间、程度和地理范围""该商标作为驰名商标受保护的记录"等。这些条件均因时因地而异，因此商标是否驰名作为一种事实状态是会发生变化的。一个商标过去驰名，现在未必驰名；加之认定驰名商标只是为特定案情下是否会造成消费者误认服务的，因此驰名商标的认定仅对特定案件有效。也有人将此概括为个案认定。现实中，此前已经认定的驰名商标仅仅只能供认定机构参考，驰名商标的认定绝不能"一劳永逸"，必须遵守个案认定的做法。

二、驰名商标的法律保护

《巴黎公约》第 6 条第 2 项规定了公约成员保护驰名商标所应当达到的最低标准。《巴黎公约》规定的关于驰名商标的内容主要有三方面：第一，商标主管机关可以应有关当事人的请求，依法拒绝或取消与驰名商标图案相同或者相似商标注册申请或注册，并禁止其使用。第二，至少在商标注册之日起 5 年内允许有关当事人就与驰名商标图案相同或者相似商标注册提出撤销的请求，提出禁止使用请求的期限可由各国自行决定。第三，对于以不诚实手段取得注册或者使用的商标提出取消注册或者禁止使用的请求不应受时间限制。从《巴黎公约》的规定应当可以得出这样的结论：驰名商标无论其是否注册，均受法律保护，即使是在因注册而产生商标权的巴黎公约成员国亦如此；驰名商标在一定程度上不受注册在先原则的约束，在一定期限内可以请求撤销那些与驰名商标相同或者相似的商标注册，并可提出禁止使用的请求。对于恶意抢先注册他人驰名商标的行为，驰名商标的权利人可以在任何时候请求撤销其商标注册。我国是《巴黎公约》的成员，理所当然应当履行《巴黎公约》的有关规定。

1994 年世界贸易组织的《TRIPS 协议》通过。其中对于驰名商标的保护给予了特别关注。该协议第 16 条第 3 款规定《巴黎公约》关于驰名商标的规定也应当适用于当商标使用的商品属于不同门类或者不相近似的情况，只要这种使用方式可能致使消费者误以为两种商品的生产者间存在联系即可。该规定相对于《巴黎公约》而言，进一步提高了对驰名商标的保护水平。我国《商标法》针对这一规定专门作了修订，完全达到了《TRIPS 协议》规定的要求。我国《商标法》第 13 条第 2 款、第 3 款规定："就相同或者类似商品申请注册的商标是复制、摹仿或者翻译他人未在中国注册的驰名商标，容易导致混淆的，不予注册并禁止使用。就不相同或者不相类似商品申请注册的商标是复制、摹仿或者翻译他人已经在中国注册的驰名商标，误导公众，致使该驰名商标注册人的利益可能受到损害的，不予注册并禁止使用。"

关于驰名商标的保护，有的国家规定了防御注册制度。所谓防御注册，是指驰名商标的权利人将其驰名商标在各种不同门类的商品上一并注册，以防止他人仿冒。由于经防御注册的商标不可能都实际使用，因此有关主管当局对申请防御注册的商标是要经过严格审查的。通常要求申请防御注册的商标在显著性方面应当是强商标。换言之，那些利用现有语汇或者常见图形作为商标图案的申请是难以得到批准的。目前，施行防御注册制度的国家并不太多，英国、澳大利亚、日本等国是为数不多的几个国家。由于防御注册制度赋予驰名商标权人以较强的垄断范围，对公众利益影响较大，故这些国家中也有人提出对这一制度的重新评价问题。我国未在法律上规定防御注册制度，这一制度与我国商标法要求所有商标实际使用的规范是相抵触的。

在美国等一些国家，还可以利用反淡化法来保护驰名商标。这里的所谓淡化是指淡化驰名商标的显著性。通常情况下，驰名商标的显著性是较高的，较高的知名度必然意味着其商标与其商品之间的联系已为社会所认可和接受。而这种联系本身就是显著性的体现。但是，不适当地过度抬高知名度，则可能导致公众将该商标所依托的符号用来指代使用该商标的商品门类。这种情形将导致商标的显著性被淡化。即驰名商标与商品间的联系可能不仅仅局限于驰名商标所有人的商品，而会扩展到所有同种或同类商品上。最为典型的情形就是商标标志本身可能会被作为商品的通用名称。比如，阿司匹林、可乐、U盘、Walkman、Jeep等都曾是商标或者商标的主要部分。但如今都已在不同国家或地区被淡化为相关商品的通用名称，而不可能为权利人所专有了。作为驰名商标的所有人应当尽可能避免自己的驰名商标被淡化。淡化行为不仅表现为将驰名商标当作通用名称使用，还可表现为将驰名商标的商品与其他商品进行比较，作为其他商品的衬托等。我国商标法中虽未规定淡化问题，但在司法实践中已有根据反不正当竞争法作出的相关判决。事实上，驰名商标的保护问题本质上当属于反不正当竞争法调整的范围，驰名商标的淡化问题自然也就是其中的一个部分。

总之，驰名商标保护问题是一个复杂的问题。现实中还存在许多具体问题需要研究解决。中国的驰名商标保护制度的实施中，曾一度出现了一些不正常的情形，比如将驰名商标当作荣誉称号使用等。但在2013年《商标法》明确禁止这种做法后，情况已有所改观。

第三节 侵权纠纷的解决

一、纠纷解决的方式

解决侵犯商标权纠纷的方式主要有三种：第一，当事人自行协商和解；第二，寻求有关行政管理机关进行处理；第三，向法院提起诉讼。当事人可以自行选择解决纠纷的方式。自行和解在现实中非常普遍。许多侵犯商标权行为的是非判断非常简单，当事人完全可以预知请求行政机关解决或诉至法院后的结果。在这种情况下侵权方如主动提出和解，给予被侵权人以相应的补偿，不仅节省了双方因诉讼所耗费的精力和财力，还可能减小因诉讼给被告带来的声誉方面的影响。现实中许多侵犯商标权的纠纷都以这种方式得到了解决。

除了自行协商解决之外，寻求行政管理机关处理侵权纠纷的方式在中国是一个行之有效的途径，因而也被广泛采用。依照我国现行《商标法》的规定，地方政府的市场行政管理机关有权对违反商标法、侵犯他人商标权的行为进行查处。通常，具体查处的机关是侵权人所在地或者侵权行为发生地的市场行政管理机关。通过行政机关处理侵犯商标权的纠纷在程序上比较简单，且从制止侵权行为的目的来看也是有效的。但是被侵权人不可能通过这种行政查处得到民事赔偿。行政部门只能在查处过程中就民事赔偿问题进行调解。如果双方未能就赔偿问题达成协议，而被侵权人仍希望获得民事赔偿，只能另行向人民法院提起民事诉讼。

根据我国商标法等有关规定，发生侵权时被侵权人既可以请求行政管理机关查处，也可以直接向人民法院提起侵权诉讼。应当看到，在各种解决侵权纠纷的途径中，司法途径是最终的解决途径。经过行政管理机关处理的案件，当事人不服的仍可就行政管理机关作出的行政决定向人民法院提起行政诉讼。而向法院提起民事侵权诉讼之后，被侵权人可以向法院提出各种民事救济请求。法院将根据具体案情作出包括损害赔偿在内的适当判决。

当然，法院审理案件必须严格按照诉讼程序进行，其相关的程序较为严格或诉讼中的手续也相对复杂。有时从立案到开庭审理需要经过一段时间，这对制止侵犯商标权的行为可能不利。为了弥补这种缺陷，我国商标法规定了诉前保全措施，即有证据证明他人正在实施或者即将实施侵犯其注册商标专用权的行为，如不及时制止，将会使商标权人及有关利害关系人的合法权益受到难以弥补的损害，这种情况下商标注册人或者利害关系人可以在起诉前向人民法院申请采取责令停止有关行为的行为保全措施或相应的财产保全的措施。同时，商标权人也可以在诉讼中提起相应的保全措施的请求。民事诉讼法的相关规定均可适用侵犯商标权的诉讼。另外，我国《商标法》第 66 条还对有关证据诉前保全作出了规定："为制止侵权行为，在证据可能灭失或者以后难以取得的情况下，商标注册人或者利害关系人可以依法在起诉前向人民法院申请保全证据。"通过这些措施商标权可以得到更为周密的保护。

二、法律责任

根据侵权行为后果的严重程度不同、处理侵权行为的机关不同，侵犯商标权的法律责任可以分作三类。

1. 民事责任

民事责任是作为民事权利之一的商标权在受到侵犯时，侵权人所应当承担的最起码的责任，同时也是最基本的法律责任。根据商标法和其他民事法律的规定，侵犯商标权至少应当承担停止侵害、赔偿损失等责任。停止侵害主要是针对那些正在发生的侵权行为。比如，停止侵权商品的销售、制造，停止假冒商标标识的销售和制造等。赔偿损失则是就侵权行为造成的后果而言的。通常，侵权行为给商标权人造成了多大损失就应当予以多少赔偿。然而，在纠纷解决过程中损失额的确定往往比较困难，司法实践中还可采用以侵权期间侵权人所获利润或商标许可费用等作为损害赔偿额度的参照。我国《商标法》第 63 条第 1 款规定："侵犯商标专用权的赔偿数额，按照权利人因被侵权所受到的实际损失确定；实际损失难以确定的，可以按照侵权人因侵权所获得的利益确定；权利人的损失或者侵权人获得的利益难以确定的，参照该商标许可使用费的倍数合理确定。对恶意侵犯商标专用权，情节严重的，可以在按照上述方法确定数额的一倍以上五倍以下确定赔偿数额。赔偿数额应当包括权利人为制止侵权行为所支付的合理开支。"尽管法律作了如此规定，但在现实中权利人要举出确凿证据证明实际损失额度，其负担仍然很重。为此，法院在权利人已经尽力举证，而与侵权行为相关的账簿、资料主要由侵权人掌握的情况下，为确定赔偿数额可以责令侵权人提供与侵权行为相关的账簿、资料；侵权人不提供或者提供虚假的账簿、资料的，法院可以参考权利人的主张和提供的证据判定赔偿数额。在上述方法均难以确定权利人因被侵权所受到的实际损失、侵权人因侵权所获得的利益以及注册商标许可使用费时，法院可根据侵权行为的情节判决给予 500 万元以下的赔偿。我国 2019 年修订的《商标法》规定的法定赔偿额是目前我国知识产权法中法定赔偿的最高限额。

关于《商标法》中 500 万元的法定赔偿，也有人称其为惩罚性赔偿。但从现行《商标法》第 63 条的整体结构看，该法定赔偿只是在现有证据无法充分证明损害赔偿额时的一种补充，其目的依旧是能够让被侵权人获得充分的赔偿。从这种意义上看，该500万元的上限依旧是为了解决赔偿不足而设置的，故不宜将其称为惩罚性赔偿。倒是该条第4款、第5款关于假冒注册商标的相关规定可以视作对侵权人的惩罚："人民法院审理商标纠纷案件，应权利人请求，对属于假冒注册商标的商品，除特殊情况外，责令销毁；对主要用于制造假冒注册商标的商品的材料、工具，责令销毁，且不予补偿；或者在特殊情况下，责令禁止前述材料、工具进入商业渠道，且不予补偿。假冒注册商标的商品不得在仅去除假冒注册商标后进入商业渠道。"

2. 行政责任

行政责任是政府行政部门为了维护正常的市场秩序，对侵犯商标权的行为所给予的法律制裁。在我国，侵犯商标权的行政法律责任的主要表现形式有罚款、收缴或销毁侵权物品（包括侵权商品、工具和伪造的商标标识）、责令停止侵权（包括停止销售侵权物品、消除商品上的侵权商标等）。所有这些责任形式都是公法上的处罚，其目的在于维护正常的市场经济秩序，而不是私法上对权利人的补偿。

3. 刑事责任

对于严重的侵犯商标权的行为，根据刑法还可以处以刑事责任。我国《刑法》第213条、第214条和第215条分别规定了假冒注册商标罪，销售假冒注册商标的商品罪，非法制造、销售非法制造的注册商标标识罪等三条罪名。未经许可在同一种商品上使用与注册商标相同的商标情节严重，销售明知是假冒注册商标的商品销售金额较大，或者伪造、擅自制造他人注册商标标识以及销售伪造、擅自制造的注册商标标识的行为情节严重的，都可以处以3年以下有期徒刑、拘役或者并处或单处罚金等刑罚；情节特别严重的可处以3年以上7年以下有期徒刑，并处罚金。

一般地看，有关商标的纠纷并不限于侵犯商标权纠纷，还包括商标合同纠纷、商标权属纠纷以及各类商标行政纠纷等。对于商标合同纠纷，有关当事人可能有两种选择：一是依照合同约定的仲裁条款或者专门达成的仲裁协议向有管辖权的仲裁机关申请仲裁；二是在合同中没有约定仲裁条款又未另外订立仲裁协议时，任何一方当事人均可直接向法院提起诉讼。商标权属纠纷亦属民事法律纠纷，完全可以使用民事诉讼的相关规定。但有不少权属纠纷是因商标注册而引发，故而在形式上表现为商标确权纠纷。比如，抢注他人有一定知名度的未注册商标，或者申请注册的商标标志与他人已经注册的商标标志相同或相似且足以造成混淆。这些情形都可能引发与商标异议、异议复审、无效宣告等相关的行政纠纷。至于涉及商标行政纠纷，主要有两种情况：第一，因商标注册申请所引起的行政纠纷。这种纠纷包括因对商标评审机构维持商标局驳回商标注册申请和异议、宣告注册商标无效、驳回商标续展申请、驳回商标转让注册申请等决定或者裁定不服所引起纠纷。这类纠纷在我国商标制度中在管辖方面属于专属管辖，由北京知识产权法院负责一审，北京市高级人民法院二审。第二，因不服地方政府行政机关对侵犯商标权行为或者违反商标行政管理规定的行为所进行的处罚的纠纷。被处罚的当事人可以依照行政诉讼法向行政机关所在地法院提起诉讼。

【引例评析】

中国1984年加入了《巴黎公约》，自然应当履行《巴黎公约》所要求的相关义务。根据《巴黎公约》，驰名商标无论注册与否都应当受到法律保护。我国《商标法》在 2001 年修订时也明确将未注册驰名商标纳入保护范围。而事实上，“Dupont”作为商标在我国至少已在 20 类商品上申请注册并得到核准。如果发生引例所述的行为，只要原告能够提供相应的证据，证明“Dupont”已为相关公众所知晓，应当可以作为驰名商标受到保护。

【本章小结】

1. 判断侵犯商标权的行为必须了解该行为的构成及其常见的表现形式。商标权作为一种民事权利，在判定侵权行为时应当适用侵权行为法中的一般规则。判定时除了考虑法律明确规定的条件外，在标志的比较上要综合考虑标志的构成、含义、读音等，在后果方面要抓住是否造成消费者混淆这个核心。

2. 驰名商标是法律保护的重点对象。假冒行为多数情况是假冒有较高知名度的商标。因此各国都对驰名商标给予特别保护。我国商标法也专门明确对驰名商标给予保护，而不论其是否注册。对于已经注册的驰名商标在保护力度上显然大于未注册的驰名商标。这一规定满足了世界贸易组织的《TRIPS 协议》的要求。

3. 侵犯商标权和违反商标法的相关规定的行为均应当承担相应的法律责任。我国商标制度针对不同性质的侵权行为分别规定了民事、行政和刑事法律责任。

【练习题】

1. 名词解释

侵犯商标权的行为　驰名商标　假冒注册商标罪

2. 思考题

（1）我国商标法规定的侵犯商标权行为的表现有哪些？

（2）侵犯商标权的行为可能导致哪些法律责任？

（3）驰名商标在法律上可能受到怎样的保护？注册的驰名商标与未注册的驰名商标在保护水平上是否存在差异？

3. 案例分析题

“海尔”商标在我国已经具有很高的知名度。假设“海尔”从来未在服装上使用该商标。现有一家服装厂以“海尔”作为其商标，并使用在服装产品上。

问题：

依据我国的法律法规，“海尔”商标的商标权人可否主张权利？应如何主张权利？

分析要点提示：

分析本案例的关键在于弄清本案商标权人享有何种权利。要弄清这个问题首先要界定该商标是否属于驰名商标；其次应当弄清驰名商标的权利人与普通商标的权利人在各自享有的权利方面的差异；最后再根据权利人享有的权利内容决定如何主张。

即测即评

第五编

反不正当竞争法

第二十二章　反不正当竞争法概述

【本章引例】

A. 某互联网公司采用爬虫技术专门抓取各网站商品价格，并以比价方式呈现，供消费者选择，由此导致很多在网络上销售商品的公司因为没有价格竞争力而倒闭。

B. 某地一大型调味企业甲的产品采用独特配方，在当地拥有很大的市场份额。为了保护自己的竞争优势，甲企业对自己的配方采取了很多保密手段，并与高管及一线工人签署保密协议。但百密一疏，企业高管李某利用自己从事产品研发能够接触机密信息的优势，拼接各个工序上的信息，了解了配方的所有内容。李某遂辞职离开创设自己的调味工厂，生产与甲企业口味一样的产品，并以价格优势迅速侵占了甲企业的市场份额。甲企业以李某侵犯其商业秘密为由提起诉讼。

问：上述两个例子中哪个例子属于正当竞争，哪个例子属于不正当竞争？为什么？

【本章学习目标】

通过本章的学习，你应该能够：

- 掌握不正当竞争行为的概念与特征
- 了解反不正当竞争法与知识产权法的关系

第一节　不正当竞争行为概述

一、不正当竞争行为的概念

竞争是市场经济最基本的运行机制。竞争与商品经济同时产生，而不正当竞争则是商品经济竞争机制的负效应，且违反了公平竞争这一最基本的原则。正如党的十八届三中全会指出“建立统一开放、竞争有序的市场体系，是使市场在资源配置中起决定性作用的基础”。社会主义市场经济的健康发展，需要竞争者遵守共同的竞争规则，以保护自由公平的竞争，制止不正当竞争。为此，《反不正当竞争法》第 2 条明确了经营者在生产经营活动中，应当遵循自愿、平等、公平、诚信的原则，遵守法律和商业道德。

根据反不正当竞争法的规定，不正当竞争行为是指经营者在生产经营活动中违反法律规定，扰乱市场竞争秩序，损害其他经营者或者消费者的合法权益的行为。

具体讲，反不正当竞争行为包含如下内容：

（1）不正当竞争行为的主体是从事商品经营和营利性服务的法人、非法人组织和个人，即经营者。但现实中，非经营者参与不正当竞争的情况也是大量存在的。

（2）不正当竞争行为所侵犯的客体是其他经营者和消费者的合法权益与社会的经济秩序。反不正当竞争法虽然规定了“保护经营者和消费者的合法权益”，但由于法律明文规定不正当竞争行为只发生在“经营者”之间，因此损害消费者利益是法律在判断不正当竞争行为时重要的参考因素。

参考案例 22-1

某商店怂恿店员给刚宰杀的鸭子注水，然后冷冻。出售时又声称，速冻食品售出概不退换。消费者胡某为办婚宴买了10只鸭子，解冻时发现肥鸭变瘦了，这才知道买了注水鸭，要求商店退货，双方为此发生争执。此种行为从现行法律的规定来看，对于消费者来说，属于侵犯消费者权益的行为，应当依据《消费者权益保护法》的规定处理；而对于其他竞争者来说，则属于违反诚实信用原则的不正当竞争行为。

（3）不正当竞争行为的主体在主观上有过错，而且这种过错是出于故意，即明知或者应当知道自己的行为违反法律和商业道德。

（4）不正当竞争行为是客观上实施了违反诚实信用原则和公认的商业道德的竞争行为。反不正当竞争法一方面具体列举了“混淆仿冒”“商业贿赂”“虚假宣传”“侵犯商业秘密”“违法有奖销售”“商业诋毁”“网络不正当竞争行为”等行为类型属于不正当竞争行为；另一方面，经营者实施上述明确列举以外的行为，如果违反本法第2条第1款规定的诚信原则或者商业道德等，也会构成不正当竞争行为。

二、反不正当竞争法的历史发展

1. 世界各国立法的历史发展

反不正当竞争法是应公平竞争的要求而产生的。资本主义初期是一个自由竞争的时代，营业自由、竞争自由是资本主义初期经济发展的保障。起初，各国通过运用和发展民法的一般原理来规范竞争行为。伴随着资本主义经济的成熟与发展，自由竞争资本主义过渡到垄断资本主义阶段，营业自由、竞争自由的原则遭到严重的冲击，需要通过专门立法来维护公平竞争、公平交易的法律秩序。

反不正当竞争法包括反不正当竞争行为规范和限制竞争行为（反垄断）规范两个渊源。反不正当竞争行为的规范滥觞于德国。1896年在德国就已经出现了禁止营业诽谤、不当引诱顾客、泄露秘密的反不正当竞争法，它是世界上最早的作为特别法禁止不正当竞争的法律。而现代意义上的制止不正当竞争行为的法理是在法国确立的，法国最早提倡营业自由、竞争自由，并在《人权宣言》中确立了人人都有从事正当的商业或选择职业的自由。其反不正当竞争的规则依据《法国民法典》第1 382条、第1 383条关于不法行为和准不法行为的规定，逐步通过判例形成体系。限制竞争行为的规范，即反垄断立法以美国为典范，但反垄断立法的历史则可追溯到古罗马时期。公元元年前后，罗马皇帝颁布过关于粮食商业的法律，禁止粮行阴谋提高价格。在资本主义发展中后来居上的美国由于工业的飞速发展，大资本势力之间的限制正当竞争行为表现得更为明显。在继受英国法理的基础之上，美国的反垄断法理论独树一帜，以联邦贸易委员会为首的各种行政委员会对不同领域里的限制正当竞争行为予以规范。1890 年《谢尔曼法》明确了以法律制止垄断行为的方式。1914 年又通过《克莱顿法案》及《联邦贸易委员会法》，1938 年制定了《威勒·李法案》，进一步扩大和强化了对典型限制正当竞争行为的规范。

2. 我国反不正当竞争立法的发展

我国的反不正当竞争立法是随着经济体制的发展而逐步确立的。1980 年 10 月，国务院常务会议通过《关于开展和保护社会主义竞争的暂行规定》，第一次通过立法要求维护社会主义竞争。而在 1986 年通过的《民法通则》中则确定了诚实信用原则作为民事活动的基本原则，并作为社会主义竞争的基本原则。在反不正当竞争法通过以前，司法实践就是通过该原则来确定当事人之间的市场竞争的。1993 年 9 月第八届全国人民代表大会常务委员会上通过的《中华人民共和国反不正当竞争法》（以下简称《反不正当竞争法》），正式确立了我国反不正当竞争立法的基本规则。该法分总则、不正当竞争行为、监督检查、法律责任及附则共 5 章 33 条。2017 年 11 月通过修订后的《反不正当竞争法》，自 2018 年 1 月 1 日起施行，其最重要的修改内容是因应《反垄断法》的出台，将涉及规制限制竞争行为的条款剥离。2019 年 4 月，全国人大对《反不正当竞争法》中涉及商业秘密的 4 个条款进行了一次集中修改，修改条款自决定公布之日即 2019 年 4 月 23 日起施行。

三、不正当竞争行为的种类

不正当竞争行为具有不确定性的特点，这是与反不正当竞争法作为一种行为法的特点联系在一起的。由于不正当竞争行为的类型很多且具有不确定性，因此各国立法大都采用概括和列举相结合的办法。我国的立法也采用这种模式。根据我国立法，不正当竞争行为包括以下几种类型：

（1）仿冒混淆行为。它是指在市场交易中以假冒、模仿等引起市场混淆的竞争行为。这是最古老且极普遍的一种不正当竞争行为，这种竞争行为损害竞争对手，欺骗消费者，获取不正当竞争优势。一般包括仿冒有一定影响的商品名称、包装和装潢，以及擅自使用他人有一定影响的企业名称（包括简称、字号等）、社会组织名称（包括简称等）或姓名（包括笔名、艺名、译名等）及其他各种混淆行为。

（2）商业贿赂行为。即竞争者通过财物或者其他手段贿赂交易相对方的雇员或代理人、利用职权或者影响力影响交易的单位或个人，谋取交易机会或者竞争优势的行为。

（3）虚假宣传行为。所谓虚假宣传行为是指经营者利用广告或者其他方法，对商品（包括服务）的质量、制作成分、性能、用途、生产者、有效期限、产地等作不真实的或者引人误解的宣传。

（4）侵犯商业秘密的行为。

（5）违法有奖销售行为。有奖销售是经营者常用的一种促销手段，对顾客具有很强的吸引力。有奖销售并非都是不正当竞争行为，只有违反法律规定的有奖销售才是不正当竞争行为。

（6）商业诋毁行为。经营者编造、传播虚假信息或者误导性信息，损害竞争对手的商业信誉、商品声誉的行为。

（7）网络不正当竞争行为。经营者利用技术手段，通过影响用户选择等方式，实施妨碍、破坏其他经营者合法提供的网络产品或者服务的行为。

在上述几类不正当竞争行为中，第1项、第4项、第7项的内容是与知识产权有关的不正当竞争行为。对于这些不正当竞争行为，我们将在以后几章作详细介绍。

参考案例 22-2

甲企业拥有当地最大的养鸡场，长期为当地市场提供质优价廉的禽蛋。乙企业在当地专业养鸭，为了促进自己的禽蛋销售，乙企业故意在当地传播甲企业给自己的鸡喂食苏丹红以获得红心鸡蛋的谣言，导致甲企业的鸡蛋滞销。乙企业的行为就属于典型的商业诋毁行为，应当承担停止侵害、赔偿损失等法律责任。

第二节　反不正当竞争法在知识产权法中的地位

关于反不正当竞争法在法律体系中的地位，有两种不同的见解：一种观点是将反不正当竞争法列入经济法的范畴，将反不正当竞争法视为经济法的重要组成部分；另一种观点认为，反不正当竞争法是知识产权法的一部分。我们认为，由于反不正当竞争法规范包括的范围很广，而且带有明显的诸法合体的性质。反不正当竞争法融公法与私法于一体，即集行政法、民法甚至刑法规范于一体，因此反不正当竞争法很难单独归入经济法或者知识产权法的范畴。但这不影响我们讨论与知识产权法相关部分的反不正当竞争法与知识产权法的关系。

首先需要明确的一点是，两部法律有着共同的目标和原则。反不正当竞争法与知识产权法的目标都是维护法人、非法人组织、自然人对其智力成果及相关成就的财产利益，维护健康的经济关系，特别是公平的竞争关系，并共同遵循诚信原则和利益平衡原则。当然这两者间也存在下列差别：

（1）知识产权法是权利法，即知识产权法侧重于建立一种绝对权制度，通过明确授予智力成果的创造者以独占性的排他权实现对智力成果的保护。而反不正当竞争法是行为法，它在特定的竞争关系中约束经营者的行为，其约束的依据往往是一些原则性的规定，如诚信原则、公序良俗原则等。因此反不正当竞争法对于智力成果的保护不是一种绝对性的保护，而是一种相对的保护。从某种程度上讲，知识产权法主要规范的是静态的法律关系，而反不正当竞争法则主要规范的是动态的法律关系。

（2）知识产权的规定更为具体，而反不正当竞争法的规定更为原则性。由于行为法的特点，导致对象的不确定性，反不正当竞争法的规定更为原则性，更为抽象。

（3）在法律适用上，知识产权法的规定优先于反不正当竞争法，因此反不正当竞争法只是起着补充性的作用。故专利法、商标法、著作权法无法调整的领域，一般由反不正当竞争法进行调整。从另一个角度讲，反不正当竞争法是知识产权法的兜底条款。如专利法保护不了商业秘密、商标法保护不了未注册商标、著作权法保护不了作品名称，所有这些，反不正当竞争法都有可能提供保护。法律适用上的这种差别，一个很重要的原因是反不正当竞争法的调整范围更为宽泛，即反不正当竞争法具有原则性和抽象性的特点。考虑到反不正当竞争法主要起到的是“拾遗补缺”的作用，因此司法机关在适用法律时，如果专利法、商标法、著作权法等知识产权法有规定的，应当首先适用这些专门的权利法，这对于保护当事人的合法权益也是有利的。

【引例评析】

A案例属于正当竞争。因为比价网站提供信息对称的服务，对于消费者有利，其采用的竞争手段是合法、道德的。这样的竞争是向社会提供真正的财富，这样的竞争能够促进生产力的发展。

B案例属于侵犯商业秘密的不正当竞争行为。李某的行为违反了《反不正当竞争法》第9条保护商业秘密的规定，将自己在保密义务下获得的商业秘密用于竞争，以不正当手段消除了甲企业的竞争优势，构成不正当竞争行为。

【本章小结】

1. 不正当竞争行为是指经营者在生产经营活动中违反反不正当竞争法规定，扰乱市场竞争秩序，损害其他经营者或者消费者的合法权益的行为。

2. 反不正当竞争法是应公平竞争的要求而产生的。资本主义初期是一个自由竞争的时代，营业自由、竞争自由是资本主义初期经济发展的保障。起初，各国通过运用和发展民法的一般原理来规范这些行为。伴随着资本主义经济的成熟与发展，自由竞争资本主义过渡到垄断资本主义阶段，营业自由、竞争自由的原则遭到严重的冲击，必然需要通过立法来维护公平竞争、公平交易的法律秩序。

3. 不正当竞争行为具有不确定性的特点，这是与反不正当竞争法作为一种行为法的特点联系在一起的。由于不正当竞争行为的类型很多且具有不确定性，因此各国立法大都采用概括和列举相结合的办法。我国的立法也采用这种模式。

4. 了解反不正当竞争法与知识产权法的关系。两者的目标都是维护企业、个人对其智力成果及相关的财产利益，维护健康的经济关系，特别是公平的竞争关系。当然两者间也存在一定的差别：(1) 知识产权法是维权法，侧重通过明确授予智力成果的创造者以独占性的排他权的方式实现对智力成果的保护。反不正当竞争法是行为法，它在特定的竞争关系中约束经营者的行为。(2) 知识产权的规定更为具体，而反不正当竞争法的规定更为原则性。(3) 在法律适用上，知识产权法的规定优于反不正当竞争法，反不正当竞争法只是起着补充性的作用。

【练习题】

1. 名词解释

不正当竞争行为　虚假宣传行为

2. 思考题

在法律适用上，如何处理知识产权法与反不正当竞争法的关系？

3. 案例分析题

A百货公司因经营不善，决定采取有奖销售的方式推销商品。凡购买百货公司200元以上物品的即获得奖券一张，设特等奖至四等奖共五个奖次。自开奖以来，销售额大增，但在销售中特等奖及一等奖从未出现。后有人向市场监督管理局举报，经查该百货公司根本就没有投放特等奖及一等奖。

问题：

A 百货公司的行为属于什么性质的行为？

分析要点提示：

应从不正当有奖销售行为的构成要件和特点入手判断该行为是否属于不正当竞争行为，进而确定是否属于欺骗性有奖销售的不正当竞争行为。

站在消费者的立场上，百货公司的行为也构成侵犯消费者权益。

即测即评

第二十三章　仿冒混淆行为

【本章引例】

甲公司生产的“咸亨”酒在国内外市场上享有较高声誉，但甲公司没有申请“咸亨”的商标注册。后来乙公司先后向其他黄酒生产厂家购进坛装加饭酒、元红酒，然后以“咸亨加饭”“咸亨特加饭”“咸亨元红”等名称公开在市场上销售。由于乙公司的行为，造成甲公司直接经济损失30万元。问：乙公司的行为属于什么性质？

【本章学习目标】

通过本章的学习，你应该能够：

- 了解仿冒混淆行为的类型
- 掌握名称、包装及装潢受保护的要件
- 掌握反不正当竞争法在保护企业名称上的要件变化

第一节　混淆行为概述

《反不正当竞争法》第6条具体规定了各种混淆行为：“经营者不得实施下列混淆行为，引人误认为是他人商品或者与他人存在特定联系：（一）擅自使用与他人有一定影响的商品名称、包装、装潢等相同或者近似的标识；（二）擅自使用他人有一定影响的企业名称（包括简称、字号等）、社会组织名称（包括简称等）、姓名（包括笔名、艺名、译名等）；（三）擅自使用他人有一定影响的域名主体部分、网站名称、网页等；（四）其他足以引人误认为是他人商品或者与他人存在特定联系的混淆行为。”

在商品交换过程中，为了能使消费者区别不同品种的商品或服务，或者为了区别不同生产者、经营者所生产和经营的同类商品或服务，商品生产者和经营者在其所生产、经营的商品或服务上标上企业名称，使用特定的域名和网页，采用特有的包装、装潢等。这些特有的标志便于消费者挑选，也督促生产者、经营者加强对自己商品的质量管理。

在“注意力经济”时代，经营者各显神通，努力提高自己商品或者服务的影响力和美誉度，但这种努力需要长时间的耕耘和努力，而且风险比较大。因此在实践中有很多经营者会通过“搭便车”“傍名牌”等非法的方式获得收益。即通过仿冒他人主体标识（企业名称、域名等）及商品标识（包装、装潢等），引人误认为或者认为有特定联系，借用他人、他人商品的美誉度和影响力提高自己或者自己商品的市场竞争力。这些仿冒混淆行为不但损害了被混淆对象的合法权益，欺骗或者误导了消费者，而且扰乱了市场竞争秩序，属于典型的不正当竞争行为。

2017年修订的《反不正当竞争法》对禁止仿冒混淆行为进行了一定的修改，修改内容主要体现为：

（1）混淆的判断标准是“引人误认为是他人商品或者与他人存在特定联系”。

（2）取消知名商品的限定，采用“有一定影响”的表述。

（3）删除了一些在其他法律已经明确规定的违法行为，如商标法规定的假冒注册商标行为，《产品质量法》规定的伪造或者假冒认证标志、名优标志行为等。

（4）采用列举加兜底的立法方式，规定了“其他足以引人误认为是他人商品或者与他人存在特定联系的混淆行为”，避免现实中出现挂一漏万的情形。

第二节　仿冒有一定影响的商品名称、包装、装潢行为

仿冒他人有一定影响的商品名称、包装、装潢行为的构成要件有以下几个。

一、有相同使用或近似使用的行为

根据反不正当竞争法的规定，仿冒人只有对他人商品的名称、包装、装潢作相同或者近似的使用时，才能构成不正当竞争行为。此处的“使用”包括将这些标识用于商品或者其包装上的使用，还应当包括在张贴、印刷、交易文书、广告等媒介上为促销其商品所作的使用。从市场监督管理部门的有关解释来看，以营利为目的，专门制造、销售他人知名商品的包装、装潢等标识也属于“使用”的行为。对于“近似”的认定，应当根据具体案件具体处理。

二、名称、包装、装潢须有一定的影响

受反不正当竞争法保护的名称、包装、装潢应当具有一定的影响。“有一定的影响”是指为相关公众所知悉，也就是相关公众将名称、包装、装潢作为商品来源的标记识别，并对该商品标识有一定程度的了解。因此受反不正当竞争法保护的名称、包装、装潢必须已经具备区别商品来源的功能。

三、造成“引人误认为是他人商品或者与他人存在特定联系”的结果

反不正当竞争法将“引人误认为是他人商品或者与他人存在特定联系”作为构成混淆行为的要件。这种“误认为”包括实际误认与可能误认两种情形。引人误解的结果是混淆，这种混淆分为两个方面：一是将经营者的商品来源混淆；二是误认为他人存在许可使用、关联企业等特定联系。“引人误认为”中的“人”应当以相关领域的普通消费者，该消费者以与商品价值相适应的一般注意力对商品形成的整体印象来判断。

四、行为人主观上为故意

反不正当竞争法规定行为人“擅自使用”他人有一定影响的商品名称、包装、装潢为混淆行为。“擅自使用”显然意味着行为人明知是他人的名称、包装、装潢，未经他人同意而自行使用。其主观心理状态为故意。

参考案例 23-1

A公司投资餐厅，一直使用“美国加州牛肉面大王”名称，其有20多家连锁店，并有“红蓝白”装饰牌匾。B公司在其后开业，亦使用“美国加州牛肉面大王”名称，并有“红白蓝”装饰牌匾。A公司诉B公司的行为构成不正当竞争。法院判决确认A公司的“美国加州牛肉面大王”已经在餐饮业有一定影响，B公司的行为仿冒有一定影响的名称及装潢，构成不正当竞争，应承担停止侵害、赔偿损失的民事责任。

第三节　仿冒有一定影响的企业名称或者姓名及其他混淆行为

《反不正当竞争法》第6条第2项与第3项分别规定，擅自使用他人有一定影响的企业名称（包括简称、字号等）、社会组织名称（包括简称等）、姓名（包括笔名、艺名、译名等）的行为与擅自使用他人有一定影响的域名主体、网站名称、网页的行为，如果产生引人误认为是他人商品或者与他人存在特定联系的效果，就会构成不正当竞争行为。同时第4项采用兜底式立法明确，其他足以引人误认为是他人商品或者与他人存在特定联系的混淆行为属于不正当竞争行为。现就这些行为的具体内容分析如下。

一、仿冒有一定影响的名称或者姓名的行为

与仿冒名称、包装、装潢的不正当竞争行为一样，仿冒有一定影响的名称或者姓名的行为需要有相同或者近似的使用行为、名称或者姓名具有一定的影响、造成误认为是他人商品或者与他人存在特定联系的结果、擅自使用等要件。但与前述仿冒行为不一样的是，这一行为仿冒的客体是他人的企业名称或者姓名，是主体标识，不是商品标识。他人的企业名称或者姓名包括企业名称、社会组织名称以及自然人的姓名。其中的企业名称除了全称以外，还包括简称和字号，社会组织名称包括简称，自然人的姓名还包括艺名、笔名、译名。名称或姓名是主体的一种表征，同样具有区别商品或者服务的作用。从这个角度来说，在反不正当竞争法上其意义与商品的名称、包装和装潢是一样的。修订前的反不正当竞争法，对于企业名称或者姓名没有要求具有一定的影响这个要件，现在与名称、包装、装潢一样，要求具有一定的影响。原来没有这种要求的主要理由在于企业名称或姓名属于法定的权利，因此自然不容侵犯。但反不正当竞争法对于企业名称或姓名的保护，不是保护其作为人格利益的权利，而是其区分商品或者服务的来源，因此跟商品的名称、包装和装潢一样，需要由企业自己通过长期的使用而具有一定的影响。同样因为这一点，要构成假冒企业名称或者姓名的行为，必须有引起市场混淆的法律后果。只有当行为可能引起市场混淆时，反不正当竞争法才予以干预。这正是反不正当竞争法与民法对企业名称或者姓名保护的不同之处。

参考案例 23-2

上海第二羊毛衫厂是全国较为知名的羊毛衫厂，在全国有一定的影响力。A厂专业生产羊毛衫多年，但销路一直不好。为了扩大销量，A厂在产品上随意印上“群芳”商标，并印上上海第二羊毛衫厂的企业名称。自此以后，销路果然大有增加。经查：上海第二羊毛衫厂并无“群芳”商标。A厂的行为属于冒用他人企业名称的不正当竞争行为。至于A厂使用“群芳”商标，只要未使用他人的注册商标，原则上是允许的。

二、擅自使用他人有一定影响的域名主体部分、网站名称、网页的行为

在互联网时代，消费者了解商品和服务的手段越来越多，通过访问企业网站获得第一手信息成为重要的获取资讯的方式。因此企业的域名、网站名称、网页都成为宣传企业、介绍产品的重要媒介。这些媒介通过企业的不断努力，自然也会在消费者心目中产生一定的影响，并转化为对顾客的吸引力。经营者擅自使用他人有一定影响的域名主体部分、网站名称或者网页，引人误认为是他人商品或者与他人存在特定联系的，属于不正当竞争行为。此类不正当竞争行为的构成要件与前面的两类行为是一样的。

另外，由于仿冒行为的层出不穷，法律为了防止挂一漏万，专门就标识的仿冒规定了兜底条款，以确保在出现新类型的混淆行为时，可以引用兜底条款规制现有立法没有明确的仿冒标识行为。

第四节　仿冒混淆行为的法律责任

《反不正当竞争法》第18条专门规定了仿冒混淆行为在民事责任以外的法律责任：经营者违反本法第6条规定实施仿冒混淆行为的，由监督检查部门责令停止违法行为，没收违法商品。违法经营额5万元以上的，可以并处违法经营额5倍以下的罚款；没有违法经营额或者违法经营额不足5万元的，可以并处25万元以下的罚款。情节严重的，吊销营业执照。经营者登记的企业名称违反本法第6条规定的，应当及时办理名称变更登记；名称变更前，由原企业登记机关以统一社会信用代码代替其名称。

根据这一条的规定，我们可以将仿冒混淆行为的法律责任分为民事责任和行政责任两种。

一、民事责任

仿冒混淆行为造成他人损害的，应当按照《反不正当竞争法》第17条的规定处理：经营者违反本法规定，给他人造成损害的，应当依法承担民事责任。因不正当竞争行为受到损害的经营者的赔偿数额，按照其因被侵权所受到的实际损失确定；实际损失难以计算的，按照侵权人因侵权所获得的利益确定。赔偿数额还应当包括经营者为制止侵权行为所支付的合理开支。经营者违反本法第6条规定，权利人因被侵权所受到的实际损失、侵权人因侵权所获得的利益难以确定的，由人民法院根据侵权行为的情节判决给予权利人500万元以下的赔偿。

二、行政责任

仿冒混淆行为的行政责任，根据《反不正当竞争法》第 21 条的规定，应当具体区分各种行为分别处理。首先，针对经营者违反本法第 6 条规定实施仿冒混淆行为的，由监督检查部门责令停止违法行为，没收违法商品。其次，如果违法经营额 5 万元以上的，可以并处违法经营额 5 倍以下的罚款；没有违法经营额或者违法经营额不足 5 万元的，可以并处 25 万元以下的罚款。再次，经营者的违法行为情节严重的，吊销营业执照。最后，经营者登记的企业名称违反本法第 6 条规定的，应当及时办理名称变更登记；名称变更前，由原企业登记机关以统一社会信用代码代替其名称。

【引例评析】

乙公司的行为是典型的仿冒混淆行为，属于不正当竞争行为。根据《反不正当竞争法》第 6 条的规定，经营者仿冒他人的商业标识从事市场交易造成混淆，损害竞争对手的，构成不正当竞争，应当受到法律的制裁。如果甲公司通过诉讼解决，应当可以要求乙公司承担停止侵害、赔偿损失等法律责任。

【本章小结】

1. 仿冒混淆行为是一种典型的不正当竞争行为。所有的仿冒混淆行为都存在非法利用他人商誉信誉的恶意。反不正当竞争法对于一些较为典型的仿冒混淆行为作出了明确的规定。

2. 仿冒有一定影响的商品名称、包装、装潢的行为是最为常见的一种仿冒混淆行为。由于商标法只调整假冒他人注册商标的行为，因此反不正当竞争法中对上述行为的规定对于完善我国市场经济法制有着重要作用。

3. 仿冒混淆行为的目的是获得非法利益，因此被仿冒的标志多为在公众中有知名度或者信誉卓著的标记，其中包括名人的姓名、著名的证明标记等。这些以利用他人商业信誉获取非法利用的行为都属于不正当竞争行为，都应当受到法律制裁。我国法律对于仿冒混淆行为的制裁是非常严厉的，其中包括民事、行政和刑事的法律手段。

【练习题】

1. 名词解释

仿冒混淆行为

2. 思考题

（1）仿冒混淆行为的构成要件有哪些？

（2）仿冒混淆行为应承担哪些法律责任？

3. 案例分析题

琼瑶为我国台湾知名作家，在大陆亦为广大读者所知晓。琼瑶的小说在大陆的出版发行由 A 出版社独家进行。后有 B 出版社出版署名为“琼瑶新著”的图书，其封面设计、书名、内容等均与琼瑶的著作类似。在被监督检查部门查处时，B 出版社抗辩说，“这本小说作者的笔名就叫琼瑶新”。

问题：

（1）B出版社的行为是否构成不正当竞争行为？属于什么类型的不正当竞争行为？

（2）B出版社的抗辩能否成立？

（3）如果B出版社的行为构成不正当竞争，A出版社可以获得什么样的救济？

分析要点提示：

首先应当确定本案是否属于仿冒混淆行为，然后确定案中被混淆的对象，进而确定仿冒混淆行为的性质。一旦行为性质确定，B出版社的抗辩理由成立与否以及行为的法律责任等问题也就迎刃而解了。

即测即评

第二十四章　侵犯商业秘密的行为

【本章引例】

原告某研究所开发了一项陶瓷制作技术，该项成果经鉴定，属于国内首创，达到国际先进水平。为了保护这一技术成果，该研究所采取了各种保密措施，并与员工签有保密协议。被告某陶瓷厂在原告生产成型产品以后，也开始生产同样的产品，经查发现被告的厂长区某、技术员吴某均系原研究所工人，区某属于辞职离开研究所，而吴某则因合同期满离开研究所。而且被告生产产品的模具均从原告点采购厂家购买，并指示这些厂家按照原告提出的技术规格、性能制作。因此原告认为被告侵犯其商业秘密，要求其承担相应的民事责任。问：被告的行为是否属于侵犯商业秘密的行为？

【本章学习目标】

通过本章的学习，你应该能够：

- 掌握商业秘密的概念及法律特征
- 熟悉侵犯商业秘密行为的种类

第一节　商业秘密与商业秘密保护

一、商业秘密的概念

根据《反不正当竞争法》第 9 条的规定，商业秘密是指不为公众所知悉、具有商业价值并经权利人采取相应保密措施的技术信息和经营信息。其主要的法律特征包括以下几方面。

1. 秘密性

《反不正当竞争法》第 9 条要求的“不为公众所知悉”即为秘密性的要求。这要求商业秘密必须具有实质上的秘密性或秘密因素。侵害人除非采用不正当手段，否则要获得商业秘密就很不容易或者要花费一段时间。商业秘密不要求新颖性，因为商业秘密保护的目的在于提高利用商业信息方面的社会道德水平，禁止人们不劳而获使用他人的秘密信息。商业秘密是拥有人花费劳动才取得的，别人未经许可获取、使用、公开他人商业秘密的行为是不道德的。但下列情形，法律不认定其为“不为公众所知悉”：（1）该信息为其所属技术或者经济领域的人的一般常识或者行业惯例。(2) 该信息仅涉及产品的尺寸、结构、材料、部件的简单组合等内容，在进入市场后相关民众通过观察产品即可直接获得。(3) 该信息已经在公开出版物或者其他媒体公开披露。

2. 价值性

商业秘密现在或将来的使用，会给权利人带来现实的或潜在的竞争优势。商业秘密并不要求在发生诉讼时就已经为原告所利用，而只要存在产生价值的可能性即可。这要求商业秘密具有确定性，应构成完整的可应用的方案。如果不能为商业秘密的拥有者带来经济利益，侵害人的侵犯就没有必要。

3. 保密性

商业秘密的合法控制人必须要有保密措施。商业秘密一旦公开，就失去了存在的价值。是否对商业秘密采取保密措施对于商业秘密所有人来说，是取得法律保护的前提。企业平时要注意采用各种保密措施，为诉讼作准备，因为商业秘密诉讼往往是一个证据对证据的推理过程。一般情况下，如果权利人采取了下列措施的，可以被认定为采取了保密措施：(1) 限定涉密信息的知悉范围，只对必须知悉的相关人员告知其内容。(2) 对于涉密信息载体采取了加锁等防范措施。(3) 在涉密信息的载体上标有保密标志。(4) 对于涉密信息采用密码或者代码等。(5) 签订保密协议。(6) 涉密场所限制来访者或提出保密要求。

二、商业秘密保护的发展

对商业秘密的保护是以尊重和维护商业道德为基础发展而来的，一开始表现为对合同的尊重和履行。这种商业道德成为对商业秘密进行法律保护的理论基础。历史上商业秘密的保护一直可以追溯到古罗马时代。有学者考证，当时有奴隶主诱使别人的奴隶泄露其主人的秘密，由于奴隶没有人格，只是被作为“物”看待，因此受害的奴隶主可以起诉诱使奴隶泄露秘密的奴隶主，要求赔偿，其赔偿额为损失的 2 倍。近代史上对商业秘密保护比较早的国家是英国，英国主要依据判例对当事人加以保护，并最先采用秘密审理程序，但至今英国还没有相应的成文法保护商业秘密。用成文法保护商业秘密以美国为代表，1939 年《侵权法重述》规定了商业秘密的保护对象及要求保护的条件，1979 年制定了《统一商业秘密法》。其他国家则大都采用反不正当竞争法来保护，这里面涉及一个理论问题，即商业秘密是不是一种独立的财产权，由于大陆法系国家大都不承认商业秘密为财产权，所以都没有采用单行法的方式进行保护。我国沿袭大陆法的传统，用反不正当竞争法来规范。《反不正当竞争法》第 9 条具体规定了商业秘密的概念、侵害商业秘密的具体表现以及侵犯商业秘密需要承担的法律责任。

第二节　侵犯商业秘密的行为及其法律责任

一、侵犯商业秘密的行为

《反不正当竞争法》第 9 条第 1 款、第 2 款和第 3 款通过对侵害手段的列举规定了侵犯商业秘密行为的类型。其中第 1 款规定，经营者不得实施下列侵犯商业秘密的行为：(1) 以盗窃、贿赂、欺诈、胁迫、电子侵入或者其他不正当手段获取权利人的商业秘密；

(2) 披露、使用或者允许他人使用以前项手段获取的权利人的商业秘密；(3) 违反保密义务或者违反权利人有关保守商业秘密的要求，披露、使用或者允许他人使用其所掌握的商业秘密；(4) 教唆、引诱、帮助他人违反保密义务或者违反权利人有关保守商业秘密的要求，获取、披露、使用或者允许他人使用权利人的商业秘密。第 2 款规定，经营者以外的其他自然人、法人和非法人组织实施前款所列违法行为的，视为侵犯商业秘密。第 3 款规定，第三人明知或者应知商业秘密权利人的员工、前员工或者其他单位、个人实施本条第 1 款所列违法行为，仍获取、披露、使用或者允许他人使用该商业秘密的，视为侵犯商业秘密。

现在我们具体分析这些具体的侵犯商业秘密的行为。

(1) 以盗窃、贿赂、欺诈、胁迫、电子侵入或者其他不正当手段获取权利人的商业秘密。

此条规定的核心在于当事人的获取行为违法，因此法律规范的重点在获取，当事人的行为不必等到公开、使用之时才违法。因为商业秘密作为拥有人的利益，在采取保密手段予以保护的情况不应当被非法击破。侵害人违反拥有人的意志，用不正当手段获取其商业秘密，当然为法律禁止。违法获得商业秘密的手段包括盗窃、贿赂、欺诈、胁迫、电子侵入等。其中盗窃指行为人采取不易被权利人发现的方法，秘密地将权利人的商业秘密据为己有。由于时代的发展，权利人拥有的商业秘密往往存放在电脑上，因此采用电子手段侵入窃取商业秘密的现象大量增加，《反不正当竞争法》在修改的时候增加了对电子侵入的规范。

参考案例 24-1

A 仪表厂是某汽车制造厂的供货商，某日该厂接到举报，称原本厂职工孙某盗窃技术图纸，建 B 厂生产摩托车仪表。警方在 B 厂搜查发现了大量的 A 仪表厂的技术资料。孙某供认他是利用金钱引诱 A 仪表厂的两个技术员窃取图纸并转手与他。孙某的行为就属于以贿赂方式获得商业秘密的不正当竞争行为。

在此处需要注意两个问题：一是商业秘密的盗窃手段，在很多时候与有体物的盗窃不同。商业秘密的盗窃不一定需要将有形的载体带走，如可以是将载有商业秘密的文件复制后还回原件，保留复制件，还可以是将商业秘密的内容记忆下来，回去进行整理。二是“用不正当手段获取他人商业秘密”的“手段”是不可穷尽的概念，特别是利用现代科技获取商业秘密的手段层出不穷，只要获取手段不正当，法律就要禁止。

(2) 披露、使用或者允许他人使用以不正当手段获取的商业秘密。

该条款的规定是以行为人已经用不正当手段获取了他人商业秘密为前提的。如果行为人没有以不正当手段获取商业秘密的行为，即使有此处的“披露、使用或者允许他人使用商业秘密的行为”，也不构成侵犯商业秘密的行为。

该款中的“披露”，指行为人将商业秘密向他人公开。其中的“他人”包括特定人和不特定的公众。“使用”是指行为人在各个方面运用他人商业秘密；“允许他人使用”是指行为人将商业秘密提供给第三人使用。

(3) 违反保密义务或者保密约定，披露、使用或者允许他人使用其所掌握的商业秘密。

该条款规范的对象是以正当手段获得商业秘密的，但由于其对权利人有明示或默示的保密义务，因而不得披露、使用或允许他人使用其所掌握的商业秘密。在正常的商业往来中第三人可能因正常业务而获得别人商业秘密，但该第三人有可能因此产生明示或默示的保密义务。需要明确的是，虽然《反不正当竞争法》规范的主体是经营者，但是根据该条款的规定，即使是企业、公司的普通职工，如果违约披露、使用或者允许他人使用商业秘密，同样构成侵犯商业秘密的行为。

（4）教唆、引诱、帮助他人违反保密义务或者保密约定，获取、披露、使用或者允许他人使用权利人的商业秘密。

该条规范的是共同侵权的情形。侵权人之一采用教唆、引诱或者帮助的方式，帮助另外的侵权人实施侵害商业秘密的侵权行为。这种帮助行为不但构成侵权，而且与具体实施人构成共同侵权行为，应当对外承担连带责任。

（5）第三人明知或者应知商业秘密权利人的员工、前员工或者其他单位、个人实施本条第一款所列违法行为，仍获取、披露、使用或者允许他人使用该商业秘密的，视为侵犯商业秘密。

第三人明知或应知别人的行为属于侵犯他人商业秘密的行为，仍然获取、披露、使用或者允许他人使用商业秘密的行为，同样属于法律规定的侵犯商业秘密的行为。当然，在这种类型的侵权行为中，需要考虑第三人的主观过错问题，只有在第三人明知或者应知的情况下，才能要求第三人承担民事责任。

参考案例 24-2

A公司职员胡某、何某、孙某提出集体辞职，在未获得公司同意的情况下擅自离职，带走商业秘密，并利用原公司的经营渠道、经营信息，与B公司恶意串通，盗用A公司名义对外签订进出口合同。此种行为构成侵犯了A公司商业秘密的不正当竞争。其中B公司的行为就属于明知他人有违法窃取商业秘密的行为，仍使用商业秘密的不正当竞争行为，应当承担共同侵权的民事责任。

由于商业秘密并非独占性的权利，只是其保密的状态不被非法破坏，因此第三人通过自行开发研制或者反向工程等方式获得的商业秘密，不属于侵犯商业秘密的行为。但如果当事人以不正当手段知悉商业秘密在先，反向工程在后，不得主张免责。其中的“反向工程”是指通过技术手段对从公开渠道取得的产品进行拆卸、测绘、分析等而获得该产品的有关技术信息。

另外，由于商业秘密的内容是保密的，因此权利人在指控侵权人时，往往面临举证责任的分配问题。根据《反不正当竞争法》第32条的规定，在侵犯商业秘密的民事审判程序中，商业秘密权利人提供初步证据，证明其已经对所主张的商业秘密采取保密措施，且合理表明商业秘密被侵犯，涉嫌侵权人应当证明权利人所主张的商业秘密不属于本法规定的商业秘密。商业秘密权利人提供初步证据合理表明商业秘密被侵犯，且提供以下证据之一的，涉嫌侵权人应当证明其不存在侵犯商业秘密的行为：（1）有证据表明涉嫌侵权人有渠道或者机会获取商业秘密，且其使用的信息与该商业秘密实质上相同；（2）有证据表明商业秘密已经被涉嫌侵权人披露、使用或者有被披露、使用的风险；（3）有其他证据表明商业秘密被涉嫌侵权人侵犯。根据这一条的规定，法律在双方的举证责任分配上，作了有利于权利人的安排。

二、侵犯商业秘密行为承担的法律责任

《反不正当竞争法》第17条、第21条及其他法律，对侵犯商业秘密行为的民事责任、

行政责任和刑事责任分别作了规定。

1. 民事责任

侵犯他人商业秘密，给被侵害的经营者造成损害的，应当承担停止侵害、损害赔偿等民事责任。如果是要求停止侵害的，停止侵害的时间一般持续到该项商业秘密已为民众知悉时为止。当然，法院也可以根据实际情况作出一定的改变。

侵犯他人商业秘密要求赔偿的，赔偿数额按照其因被侵权所受到的实际损失确定；实际损失难以计算的，按照侵权人因侵权所获得的利益确定。经营者恶意实施侵犯商业秘密行为，情节严重的，可以在按照上述方法确定数额的1倍以上5倍以下确定赔偿数额。赔偿数额还应当包括经营者为制止侵权行为所支付的合理开支。权利人因被侵权所受到的实际损失、侵权人因侵权所获得的利益难以确定的，由人民法院根据侵权行为的情节判决给予权利人500万元以下的赔偿。

2. 行政责任

《反不正当竞争法》第21条规定：经营者以及其他自然人、法人和非法人组织违反本法第9条规定侵犯商业秘密的，由监督检查部门责令停止违法行为，没收违法所得，处10万元以上100万元以下的罚款；情节严重的，处50万元以上500万元以下的罚款。

3. 刑事责任

《刑法》第219条规定，有下列侵犯商业秘密行为之一，给商业秘密的权利人造成重大损失的，处3年以下有期徒刑或者拘役，并处或者单处罚金；造成特别严重后果的，处3年以上7年以下有期徒刑，并处罚金：

（1）以盗窃、利诱、胁迫或者其他不正当手段获取权利人的商业秘密的；

（2）披露、使用或者允许他人使用以前项手段获取的权利人的商业秘密的；

（3）违反约定或者违反权利人有关保守商业秘密的要求，披露、使用或者允许他人使用其所掌握的商业秘密的。

明知或者应知前款所列行为，获取、使用或者披露他人的商业秘密的，以侵犯商业秘密论。

【引例评析】

《反不正当竞争法》第9条第1款第3项规定，违反保密义务或者保密约定，披露、使用或者允许他人使用其所掌握的商业秘密的，属于侵犯商业秘密的不正当竞争行为。被告的行为属于侵犯商业秘密的行为，因为被告与原告之间签有保密协议，被告应当承担保密义务，被告的行为既构成违约行为，也侵犯了原告的商业秘密。原告有权要求被告依据《反不正当竞争法》第17条的规定承担民事责任。

【本章小结】

1. 商业秘密是指不为公众所知悉、具有商业价值并经权利人采取相应保密措施的技术信息和经营信息。其主要的法律特征包括秘密性、价值性、保密性。

2. 侵犯商业秘密行为的类型很多，尤其是2019年4月对《反不正当竞争法》的修改，对于侵犯商业秘密的类型作了新的规定，需要特别掌握。

【练习题】

1. 名词解释

商业秘密

2. 思考题

商业秘密是否是财产权？

3. 案例分析题

王某为某医院主任医师，家学渊源。王某在祖传秘方的基础上，结合西医的医学成果，成功研制出“脚气一贴灵”的特效药。后王某将该药方转让给A制药厂，同时要求A制药厂承担不向任何单位和个人透露这一药方的保密义务。A制药厂生产的这种药品获得了很好的经济效益。B制药厂一直希望得到这个药方。某日B制药厂的业务员李某在出差时发现A制药厂的副厂长郑某有生活作风问题，于是李某胁迫郑某交出药方，否则就要揭露郑某的丑事。郑某无奈，只好将药方复制给了李某。B制药厂的产品上市后，A制药厂经调查发现，药方系郑某泄露。A制药厂要求B制药厂停止制造和销售该药品，但遭到拒绝。A制药厂遂起诉到法院。

问题：

（1）A制药厂是否有权要求B制药厂停止制造和销售该药品？理由是什么？

（2）B制药厂的行为属于哪种类型的不正当竞争行为？

分析要点提示：

（1）应当根据B制药厂的行为是否已经构成了侵犯商业秘密的不正当竞争行为，从而确定A制药厂是否有权要求B制药厂停止制造和销售该药品。

（2）B制药厂的行为属于以胁迫手段获取商业秘密的不正当竞争行为。

即测即评

第二十五章　商业诋毁行为

【本章引例】

某商场由于经营规模扩大，对周围从事同类经营的个体户的业务有很大影响。其中一个个体户指使其6名亲朋好友，冒用该商场客户的名义，向当地的行政执法机关写投诉信，无中生有地反映商场销售假冒伪劣商品，使该商场名誉扫地，营业额急剧下降。问：该个体户的行为属于什么性质？

【本章学习目标】

通过本章的学习，你应该能够：

- 掌握商业诋毁行为的概念及特征
- 了解商业诋毁行为的具体方式
- 了解商业诋毁行为的法律责任

第一节　商业诋毁行为的概念和特征

一、商业诋毁行为的概念

商业诋毁行为，指从事市场生产经营活动的经济组织或个人，为了竞争目的，针对特定竞争对手，通过编造、传播手段，散布关于竞争对手的虚假信息或者误导性信息，贬低竞争对手的商业信誉、商品声誉，削弱竞争对手市场竞争力的行为。

所谓商业信誉，是指社会对特定经营者的评价，其内容包括对经营者的信用、资产、经营能力、经营作风以及商品质量等方面的评价。

商业信誉对经营者至关重要，商业信誉直接关系到经营者在社会经济生活中的地位和尊严，据此形成对交易对方的吸引力，它的影响甚至决定了经营者的经营业绩和财产收益。当事人对他人的商业信誉进行诋毁，必然损害正常的市场竞争秩序。正因为如此，反不正当竞争法要对这种行为加以禁止。

商业诋毁行为是一种被广泛禁止的不正当竞争行为。《巴黎公约》规定的三种不正当竞争行为中就有商业诋毁行为，其具体内容包括在交易中损害竞争者的营业所、商品或工商业活动的信誉的虚假陈述。

二、商业诋毁行为的特征

（1）实施本行为的主体是从事市场交易活动的组织或个人，包括法人、非法人组织以及个体工商户等，而且与被诋毁的主体之间存在竞争关系。《反不正当竞争法》第 11 条明确要求被损害的对象是竞争对手的商业信誉、商品声誉，因此当事人之间必须具有竞争关系。需要注意的是，传统理论对于竞争对手的定义比较窄，限于生产、销售相同或相似商品或服务的经营者。但随着实践发展，竞争对手的范围不断扩大，尤其是随着争夺消费者注意力、购买力等商业利益冲突，传统上不属于竞争对手的情形，也可能被认定为竞争对手。如网络游戏提供者、社交软件提供者、视频网站都可能因争夺消费者的上网流量、广告机会而成为竞争对手。实践中需要区分一种情形，纯粹消费者对经营者的商业信誉、商品声誉进行诋毁的，应当按照侵害名誉权处理。

（2）商业诋毁行为的主观方面一般表现为故意，即以明知为条件，属明知故犯行为。但如果捏造人与散布人不是同一人时，散布人只要有过失也同样要承担责任。因此过失也可以构成散布虚假事实的商业诋毁行为。

（3）行为的客观方面表现为针对市场上的特定的竞争对手，采用文字、言论等形式，通过各种渠道，编造、传播虚假信息或者误导性信息。虚假信息是指内容不真实，与实际情况不符的信息。误导性信息是指信息虽然真实，但是仅仅陈述了部分事实，容易引发错误联想的信息。特定的竞争对手可以是具体的个人，也可以是针对整个特定的行业。

（4）该行为所侵犯的客体是竞争对手的商业信誉和商品声誉。商业诋毁行为造成的损害表现为社会评价的减损。商品声誉是指建立在商品或者服务质量基础上的信誉。

第二节　商业诋毁行为及其法律责任

一、商业诋毁行为的具体方式

《反不正当竞争法》第 11 条规定，经营者不得编造、传播虚假信息或者误导性信息，损害竞争对手的商业信誉、商品声誉。根据这一条规定，结合司法实务中的实际情况，商业诋毁行为可以归纳为以下表现方式：

（1）利用散布公开信、召开新闻发布会、刊登对比性广告与声明性公告等形式，制造、散布贬损竞争对手商业信誉、商品声誉的虚假信息或者误导性信息。特别需要注意的是，一方当事人采用的方式往往是夸大一点、忽略其余。

（2）在对外经营过程中，向客户或消费者散布虚假事实或者误导性事实，以贬低竞争对手的商业信誉、诋毁其商品或服务的质量声誉。

（3）在出售的商品的包装说明上，对竞争对手的同类产品进行诋毁。

（4）组织人员，以顾客或消费者的名义，向有关经济监督管理部门作关于竞争对手产品质量低劣、服务质量差、侵害消费者权益等情况的虚假投诉，贬损其商业信誉。

（5）唆使他人在公众中造谣并传播、散布竞争对手所售的商品质量有问题等虚假事实，从而使公众对该商品失去信赖。

需要指出的是，记者在新闻媒体上刊登有损于经营者商业信誉的不实报道，当属于侵犯经营者名誉权的行为，不构成恶意诋毁、贬低竞争对手的商业信誉。因为记者与经营者没有竞争关系，不互为竞争对手，不能作为该行为的主体。当然，如果记者与经营者合谋时，应当承担共同侵权责任。

参考案例 25－1

A公司专门生产汽车零部件，主要供应各大汽车制造公司。一次，B汽车厂商来到A公司洽谈业务，后双方签订的合同总价值达2 000万美元。C公司也生产汽车零部件，听说此事后，希望将生意接过来自己做，但又没有接触机会。因此C公司专门想了一个办法，派了两名公司的雇员到B汽车厂商下榻的宾馆的餐厅吃饭。两人故意坐在B汽车厂商的餐桌旁，并高声谈论A公司及其产品。其中一名自称是A公司的中层管理人员，向另一人诉说公司目前面临困境，称公司实际上已濒临倒闭，倒闭的原因主要是产品质量非常差，以至于各大汽车制造公司纷纷退货。C公司的这种行为就属于商业诋毁行为，应当承担消除影响、赔偿损失的民事责任。

二、商业诋毁行为的法律责任

根据《反不正当竞争法》及其他法律的规定，商业诋毁行为可能产生民事责任、行政行政和刑事责任。其中民事责任的部分，应当按照《反不正当竞争法》第17条的规定处理。对于商业诋毁行为可能产生的行政责任，《反不正当竞争法》第23条规定："经营者违反本法第十一条规定损害竞争对手商业信誉、商品声誉的，由监督检查部门责令停止违法行为、消除影响，处十万元以上五十万元以下的罚款；情节严重的，处五十万元以上三百万元以下的罚款。"

另外需要指出的是，如果行为人的行为给他人造成重大损失或者情节严重的，有可能承担刑事责任。《刑法》第221条规定了损害他人商业信誉、商品声誉罪："捏造并散布虚伪事实，损害他人的商业信誉、商品声誉，给他人造成重大损失或者有其他严重情节的，处二年以下有期徒刑或者拘役，并处或者单处罚金。"

【引例评析】

该个体户的行为属于商业诋毁行为，符合《反不正当竞争法》第11条的规定，属于不正当竞争行为。按照法律规定，其应当承担停止侵害、消除影响、赔偿损失等民事责任。

【本章小结】

1. 商业诋毁行为，指从事市场生产经营活动的经济组织或个人，为了竞争目的，针对特定竞争对手，通过编造、传播手段，散布关于竞争对手的虚假信息或者误导性信息，贬低竞争对手的商业信誉、商品声誉，削弱竞争对手市场竞争力的行为。

2. 商业诋毁行为具有如下特征：（1）行为主体是从事市场交易活动的组织或个人，且与被诋毁的主体之间存在竞争关系。（2）行为的主观方面一般表现为故意，在特殊情况下过失也可以构成商业诋毁行为。（3）行为人实施了编造、传播虚假信息或者误导性信息的行为。（4）行为人的行为侵害了竞争对手的商业信誉、商品声誉。

【练习题】

1. 名词解释

商业诋毁行为　商业信誉

2. 思考题

如何区分商业诋毁与新闻中的不实报道？

3. 案例分析题

A 玻璃搪瓷厂研制出一种金胆保温瓶，产品上市后，销路不好。厂家为了打开销路，召开了一次“金胆保温瓶”研制成功新闻发布会。会上厂家除大肆吹嘘金胆保温瓶的优越性以外，还公开宣称：目前居民普遍使用的银胆保温瓶有毒，对人体有害；而金胆保温瓶既可保温，又无毒无害。消息通过各家新闻单位传播出去以后，导致以前销售银胆保温瓶的商业单位纷纷停止进货或取消合同。国内银胆保温瓶厂家的产品大量积压，经济损失惨重，而金胆保温瓶销售量则大增。后经国家玻璃搪瓷产品质量监督检测中心全面检测表明，我国各大银胆保温瓶厂家生产的银胆质量都完全符合国家标准，没有任何有毒的症状。

问题：

（1）A 玻璃搪瓷厂的行为属于什么性质的行为？A 厂应当承担什么责任？

（2）这些新闻单位是否承担连带责任？在什么情况下它们承担连带责任？

分析要点提示：

（1）A 厂的行为属于商业诋毁行为。竞争对手可以对 A 厂提起民事诉讼，要求 A 厂停止侵害、消除影响、赔偿损失。监督检查部门可以责令 A 厂停止违法行为、消除影响，并处以一定数额的罚款。

（2）这些新闻单位不用承担商业诋毁连带责任，而应当按照侵犯名誉权处理。但如果新闻单位明知 A 厂的商业诋毁行为，仍进行相关宣传，则应当承担连带责任。

即测即评

第二十六章　互联网环境下的不正当竞争行为

【本章引例】

用户甲使用A公司的网络信号上网，并使用B搜索引擎搜索相关内容时，A公司在搜索结果页面出现前插入C公司的广告页面，该广告页面遮挡搜索结果长达5秒钟。遮挡期间如果点击广告页面即进入相关广告宣传网站窗口，不点击则5秒钟后自动显示搜索结果页面。问：A公司的行为属于什么性质？

【本章学习目标】

通过本章的学习，你应该能够：

- 掌握互联网不正当竞争行为的概念及特征
- 了解互联网不正当竞争行为的具体类型

第一节　互联网不正当竞争行为概述

随着互联网技术和商业模式的不断更新，网络领域涉及不正当竞争的纠纷不断涌现。2017年《反不正当竞争法》修改时一个重大变化就是在法律中专门增加了对于互联网不正当竞争行为的规定。

互联网领域的不正当竞争行为有两类情况：一类是传统不正当竞争行为在互联网领域的延伸，如利用网络实施混淆行为、虚假宣传及商业诋毁等不正当竞争行为；另一类是互联网领域特有的、利用技术手段实施的不正当竞争行为，如以数据作为争夺对象的数据爬取行为，或以争抢流量为核心的流量劫持、强制跳转行为。这些行为的特质是必须基于特定的技术手段，以信息技术和数字技术为内核的不正当竞争行为。《反不正当竞争法》第12条就是规范互联网领域特有的不正当竞争行为的规定，即经营者不得利用技术手段，通过影响用户选择或者其他方式，实施下列妨碍、破坏其他经营者合法提供的网络产品或者服务正常运行的行为：（1）未经其他经营者同意，在其合法提供的网络产品或者服务中，插入链接、强制进行目标跳转；（2）误导、欺骗、强迫用户修改、关闭、卸载其他经营者合法提供的网络产品或者服务；（3）恶意对其他经营者合法提供的网络产品或者服务实施不兼容；（4）其他妨碍、破坏其他经营者合法提供的网络产品或者服务正常运行的行为。

第二节　互联网不正当竞争行为及其法律责任

一、互联网不正当竞争行为的具体类型

《反不正当竞争法》第 12 条列举了互联网领域特有的不正当竞争行为形态，这些行为或恶意排除、剥夺其他经营者公平竞争机会，或恶意利用其他经营者商誉的“搭便车”行为，或侵害消费者在互联网领域的“自主选择权”。根据《反不正当竞争法》第 12 条的规定，妨碍、破坏其他经营者合法提供的网络产品或者服务正常运行的具体行为有以下几种类型：

（1）未经其他经营者同意，在其合法提供的网络产品或者服务中，插入链接、强制进行目标跳转。

这种不正当竞争行为的核心是流量劫持。所谓流量劫持，是指经营者利用互联网技术手段，迫使其他经营者的用户数量流向指定网页的情形。就互联网经营者而言，流量是互联网竞争的核心，流量直接意味着商品或者服务获得的关注度和交易机会。正因为如此，流量成为互联网经营者不惜采取各种不正当手段进行抢夺的目标。实践中的流量劫持有多种表现形式，如输入法和浏览器之间的流量劫持、比价软件的流量劫持。

（2）误导、欺骗、强迫用户修改、关闭、卸载其他经营者合法提供的网络产品或者服务。

这种行为既是对用户选择权的剥夺，也是对其他互联网经营者的合法经营进行不当干扰。这种不当干扰可以体现为更高权限的系统软件阻碍其他软件的运行或者妨碍他人的商业模式（以性能优化、提升用户体验为名的视频广告拦截行为），也可以体现为安全软件警示误导用户、利用搜索引擎导引他人流量。

参考案例 26-1

用户安装甲公司的安全软件后，软件自动对电脑进行体检，以红色字体警示用户乙公司的社交软件存在严重健康问题（实际上并不存在），并以绿色字体提醒用户点击安全软件提供“一键修复”功能。用户点击该“一键修复”功能后，安全软件能够禁用该社交软件的部分插件，包括社交软件自带的安全监测功能，并将该社交软件的安全沟通界面替换成自己的相应界面。甲公司的行为就属于误导、欺骗用户修改他人合法提供的网络产品或者服务的不正当竞争行为。

（3）恶意对其他经营者合法提供的网络产品或者服务实施不兼容。

兼容是指软件在某一个操作系统中运行稳定的状态，或者是同其他软件能够同时正常运行，不产生经常性错误的状态。网络产品和服务多指操作系统的兼容性和应用软件的兼容性。恶意不兼容实际上是经营者利用自己的平台优势或者设置自己在用户系统的优先权限排斥他人软件的进入，实际上是一种恶意排除他人竞争的效果。实践中由于软件不兼容是一种客观存在的现象，因此对于恶意的判断问题，就成为司法实践的难点。

（4）其他妨碍、破坏其他经营者合法提供的网络产品或者服务正常运行的行为。

互联网上的不正当竞争行为类型多样，很难通过列举的方式穷尽周延。或因为没有统一认识而没有规定，也可以因为新技术导致新的不正当竞争行为，因此规定兜底条款非常

有必要。如恶意抓取数据行为。

参考案例 26-2

A搜索引擎公司利用自己的搜索机器人，没有经过专门经营服务点评的B公司同意，抓取B公司网站上的用户点评数据，并完整呈现在自己的地图上。这种数据抓取行为就属于互联网不正当竞争行为。因为在互联网时代，用户信息已越来越成为互联网时代企业发展数据经济、提升业务效率、扩大商业资源、发挥竞争优势、支撑技术创新的重要因素，用户信息的保护程度与措施也是衡量经营者行为正当性的重要标准。这种未经许可抓取数据的行为同样是对竞争者的不正当竞争。互联网条款对此没有规定，只能适用兜底条款处理。

二、互联网不正当竞争行为的法律责任

根据《反不正当竞争法》及其他法律的规定，互联网不正当竞争行为可能产生民事责任、行政责任和刑事责任。其中民事责任的部分，应当按照《反不正当竞争法》第17条的规定处理。对于互联网不正当竞争行为可能产生的行政责任，《反不正当竞争法》第24条规定："经营者违反本法第十二条规定妨碍、破坏其他经营者合法提供的网络产品或者服务正常运行的，由监督检查部门责令停止违法行为，处十万元以上五十万元以下的罚款；情节严重的，处五十万元以上三百万元以下的罚款。"经营者的不正当竞争行为如果符合计算机犯罪的要件，就需要按照刑法的有关规定承担刑事责任。

【引例评析】

根据《反不正当竞争法》第12条第2款的规定，A公司的行为属于未经其他经营者同意，在其合法提供的网络产品或服务中插入链接的行为，构成不正当竞争行为。按照法律规定，其应当承担停止侵害、消除影响、赔偿损失等民事责任。

【本章小结】

1. 互联网领域的不正当竞争行为有两类情况：一类是传统不正当竞争行为在互联网领域的延伸，如利用网络实施混淆行为、虚假宣传及商业诋毁等不正当竞争行为；另一类是互联网领域特有的、利用技术手段实施的不正当竞争行为。《反不正当竞争法》第12条是专门规范互联网领域特有的不正当竞争行为的。

2.《反不正当竞争法》第12条在采用兜底条款的情况下，列举了常见的三种互联网领域特有的不正当竞争行为：(1) 未经其他经营者同意，在其合法提供的网络产品或者服务中，插入链接、强制进行目标跳转；(2) 误导、欺骗、强迫用户修改、关闭、卸载其他经营者合法提供的网络产品或者服务；(3) 恶意对其他经营者合法提供的网络产品或者服务实施不兼容。

【练习题】

1. 名词解释

互联网不正当竞争行为

2. 思考题

互联网不正当竞争行为与传统不正当竞争行为有哪些异同？

3. 案例分析题

A 公司的一款浏览器可以提供视频网站广告过滤功能。用户使用该浏览器访问 B 公司的视频网站时，无须进行特别操作，浏览器就可以自动识别 B 公司网站服务器的相关阈值、函数并作出相应修改，从而直接过滤视频广告内容。B 公司为了反制 A 公司的行为，在预装了 B 公司 App 的情况下，用户电脑将直接拒绝 A 公司浏览器的安装。

问题：

（1）A 公司的行为如何定性？

（2）B 公司的反制行为如何定性？

分析要点提示：

在判断经营者的行为是否构成不正当竞争时，需要分析主观心理状态、对他人软件的干涉程度、是否违反商业道德或者诚信原则等多个方面的要件，不能仅凭一点得出结论。

即测即评

图书在版编目（CIP）数据

知识产权法/郭禾主编．--6版．--北京：中国人民大学出版社，2020.4
高职高专法律系列教材
ISBN 978-7-300-28033-2

Ⅰ.①知…　Ⅱ.①郭…　Ⅲ.①知识产权法—中国—高等职业教育—教材　Ⅳ.①D923.4

中国版本图书馆CIP数据核字（2020）第064305号

“十二五”职业教育国家规划教材
经全国职业教育教材审定委员会审定
普通高等教育“十一五”国家级规划教材
教育部高职高专规划教材
全国普通高等学校优秀教材
高职高专法律系列教材
知识产权法（第六版）
主　编　郭　禾
撰稿人　郭　禾　张勇凡　姚欢庆
Zhishi Chanquanfa

出版发行　中国人民大学出版社
社　　址　北京中关村大街31号　　**邮政编码**　100080
电　　话　010-62511242（总编室）　　010-62511770（质管部）
010-82501766（邮购部）　　010-62514148（门市部）
010-62515195（发行公司）　　010-62515275（盗版举报）
网　　址　http://www.crup.com.cn
经　　销　新华书店
印　　刷　北京七色印务有限公司　　**版　　次**　2000年8月第1版
开　　本　787 mm×1092 mm　1/16　　2020年4月第6版
印　　张　16　　**印　　次**　2023年12月第7次印刷
字　　数　380 000　　**定　　价**　40.00元